城郊区农产品安全提升技术与模式

香　宝　李裕元等　著

科学出版社

北　京

内 容 简 介

城市郊区是一个具有自身产业特色和社会经济发展规律的特殊区域，本书集中展示“十二五”国家科技支撑计划项目的最新研究成果，对城郊区污染土壤修复及农产品安全质量提升技术进行较全面的介绍，主要内容包括：城郊区污染土壤安全利用与低富集作物品种筛选及污染土壤修复技术、城郊区农产品安全质量提升技术、我国南北方典型城郊区农产品安全种植技术模式及应用实例。

本书可供从事环境科学、农业科学、生态学、食品科学等研究的科研人员及大专院校师生阅读参考。

图书在版编目(CIP)数据

城郊区农产品安全提升技术与模式／香宝等著．—北京：科学出版社，2022.8

ISBN 978-7-03-055755-1

Ⅰ．①城…　Ⅱ．①香…　Ⅲ．①农产品-质量管理-安全管理-研究-中国　Ⅳ．①F326.5

中国版本图书馆 CIP 数据核字（2017）第 298638 号

责任编辑：杨逢渤／责任校对：樊雅琼

责任印制：吴兆东／封面设计：无极书装

科学出版社 出版

北京东黄城根北街 16 号

邮政编码：100717

http://www.sciencep.com

北京厚诚则铭印刷科技有限公司 印刷

科学出版社发行　各地新华书店经销

*

2022 年 8 月第　一　版　开本：720×1000　1/16

2023 年 6 月第二次印刷　印张：12 1/4

字数：250 000

定价：148.00 元

（如有印装质量问题，我社负责调换）

前　　言

本书主要在“十二五”国家科技支撑计划项目“城郊环保型高效农业关键技术研究与示范”课题二“城郊区农产品安全提升共性关键技术研究与示范”（2014BAD14B02）成果的基础上凝练而成。全书主要针对我国城郊区农产品在硝酸盐和重金属含量方面超标的问题，基于项目执行期（2014 年 1 月～2017 年 12 月）内的主要试验研究结论和新构建的技术模式体系，集成国内外相关领域的部分研究成果，做到理论分析与生产实践密切结合，力求集中展示该领域的最新进展，以期为我国城郊区农产品质量安全问题的系统解决提供技术支撑。本书内容涵盖我国城郊区农产品安全质量提升共性技术的全流程，其中主要包括：我国城郊区农田土壤环境与农产品安全状况及国内外农产品安全提升技术研究现状、硝酸盐及重金属污染土壤安全利用与低富集蔬菜作物品种筛选、污染土壤修复技术、城郊区农产品安全质量过程控制技术、城郊区农产品安全生产优化管理技术体系，以及农产品安全种植技术模式及应用。

本书为项目全体参与人员的集体研究成果，根据编委会安排由相关执笔人汇总撰写而成。全书各章节详细分工如下：第 1 章：李裕元和李希（1.1 节）、香宝和方广玲（1.2 节）；第 2 章：周脚根（2.1 节）、孙学成和苏本营（2.2 节）；第 3 章：颜增光（3.1 节、3.2 节）、方广玲（3.3 节）、潘洪玉和王岩（3.4 节）；第 4 章：孙学成（4.1 节）、潘洪玉和王岩（4.2 节、4.4 节）、赵小虎（4.3 节）；第 5 章：潘洪玉和王岩（5.1 节）、孙学成（5.2 节）；第 6 章：苏本营（6.1 节）、李裕元和李希（6.2 节）。全书由李裕元负责统稿。

限于作者的水平和时间仓促，书中不足之处在所难免，敬请读者给予批评指正。

著　者

2020 年 9 月 6 日

目　　录

第1章　绪　　论

1.1　我国城郊区农田土壤环境与农产品安全现状

经过长期的演化和发展，我国城郊区已形成了一个具有自身产业特色和社会经济发展规律的特殊区域（全智等，2011a，2011b）。城郊区自然条件优越，是我国农业的精华地带，也是城市生态环境的安全屏障。全国城郊区农产品商品化率已达75%，大、中城市食品（蔬菜、果品、禽、蛋、奶）供应的50%以上来自城郊区。在未来50年，我国城郊区面积将成倍扩大，对城市农产品供应的主导地位将更加巩固。可见，城郊农业与城市农产品供应关系十分密切，对城市农产品质量安全的影响也最为突出，直接关系到我国约8亿城市和郊区人口的健康问题。与此同时，在我国全面步入小康社会和城市化快速发展的新阶段，城郊区又是城市延伸、服务产业（如旅游、休闲等产业）拓展的主要目标区域，是城市与农村发展的结合点和热点。但是，长期以来对城郊区发展定位的不明确导致出现一系列的环境问题，尤其是土壤等环境质量的恶化和生态功能的衰退及由此引起的农产品安全问题十分突出，已经成为影响我国城乡生态、农产品质量安全和居民健康的重要因素，并严重制约我国城郊经济和社会的可持续发展（朱旭彬等，2016）。

1.1.1　城郊区农田土壤环境现状

长期以来，我国城郊农业区存在土地复种指数高、化学品投入高、污染物多途径输入、耕地重用轻养等突出问题，导致农田土壤环境状况不容乐观，问题主要体现在土壤严重富营养化、盐渍化、土壤功能性障碍以及复合污染等方面，其中对农产品安全质量产生最直接影响的主要为土壤重金属污染和硝酸盐富集问题。

1.1.1.1　土壤重金属污染现状

近年来，我国科技工作者对全国不同区域城郊区土壤重金属污染状况开展了大量卓有成效的工作，发现我国城郊区农田土壤重金属含量分布具有典型的“环状”分布特征，即距离污染源（如化工厂、污染河道）越近，重金属污染问题越突出（陈志凡等，2016），城郊区农田土壤重金属污染问题主要还是外源性污染。这与全国农田土壤重金属总体分布格局的典型区域分布特征不尽一致。张小敏等（2014）的研究表明，从全国尺度来看，我国土壤重金属空间格局总体上以西南地区含量相对较高，不同元素的区域规律也比较明显：Pb 含量较高的为云南、贵州和四川，Cd 含量较高的为云南、四川、贵州和辽宁，Zn 在云南最为富集，Cu 在广东最为富集。因此，重金属背景值在区域上的差异是我国各地区土壤重金属含量差异的初始原因，而人类活动引入的重金属是土壤重金属富集的主要原因。

城郊区属于多因素影响叠加的区域，重金属污染发展趋势比较明显，但是除部分区域个别重金属有明显超标或高于当地背景值以外，多数城郊区农田土壤重金属含量尚低于国家土壤环境质量二级标准。王彬武等（2014）的研究发现，随着城市化及集约农业的发展，北京土壤中 8 种重金属元素（Cr、Ni、Zn、As、Hg、Cd、Pb 和 Cu）在 1985～2006 年均有不同程度的积累，其中 Hg、Cd、Pb 和 Cu 元素在 20 年间不仅含量大幅增大，污染风险范围也明显扩大，但仍属于低风险等级。何龙雪等（2014）研究发现，长春近郊蔬菜种植区土壤中 As、Hg 的含量尽管普遍超过了其土壤背景值，但均低于国家《土壤环境质量标准》（GB 15618—1995）① 中的二级标准值，即土壤中 As、Hg 含量基本上不会对植物生长造成危害，仍适合蔬菜种植。王斌等（2010）对天津近郊西青区主要农产品产地土壤中重金属 As、Hg、Zn、Pb、Cu、Cr 和 Cd 含量的研究结果也表明，各项重金属平均含量均低于国家土壤环境质量二级标准值，均处于轻微生态风险水平，但高于天津土壤背景值和全国土壤背景值，Cd、Cu、Hg 仅在个别点位出现超标现象。江汉平原（如武汉、宜昌等）城郊区 Cu、Zn、Pb 和 Cd 四种重金属元素呈累积趋势，为该区域菜地土壤的主要污染元素，尤其是随着城郊区蔬菜种植年限的延长，土壤重金属累积趋势尤为明显（田应兵等，2005）。郑州、开封等地区城郊区的土壤重金属也有不同程度的累积，Cd 为主要的潜在污染元素，超过河南土壤背景值，达到轻度污染程度，但尚未超出国家土壤环境质量二级标准（杨磊和万红友，2011；陈志凡等，2016）。席晋峰等（2011）比较了京津唐、张家港和长株潭三个地区的露天菜地、设施菜地、水田和旱地的土壤重金属含量状况，发现城郊区大部分农田土壤重金属含量尚低于国家土壤环境质量二级

---

① 《土壤环境质量标准》（GB 15618—1995）已于 2018 年废止，现行标准为《土壤环境质量 农用地土壤污染风险管控标准（试行）》（GB 15618—2018）和《土壤环境质量 建设用地土壤污染风险管控标准（试行）》（GB 36600—2018）。

标准，但长株潭地区部分污染区重金属含量超出国家土壤环境质量二级标准，产生污染的土壤很难再恢复利用。由于历史原因，湖南是重金属污染的重灾区，形势较为严峻。邹玲等（2009）对长沙郊区蔬菜基地土壤重金属污染状况的调查结果显示，Hg、Cd、Cu为主要重金属污染元素，含量变化范围分别为0.02～1.50mg/kg、0.10～3.70mg/kg、23.50～95.90mg/kg，5个蔬菜基地中，陈家渡（种植年限达30年以上）达中度污染水平，其他4个种植年限较短的蔬菜基地均达轻度污染水平，这与全智等（2011b）的研究结果基本一致。刘琼峰等（2013）对长沙城郊18个乡镇513个农田样点土壤Pb、Cd含量进行了采样分析，并运用模糊综合评价法和层次分析法对重金属Pb、Cd的生态风险进行了评价，结果认为，22.9%的样点土壤Pb、Cd的生态风险指数为Ⅲ级和Ⅳ级水平，具有较高的生态风险，且主要分布在河流、城镇、建设用地和农村居民点的聚集区。可见，多区域的城郊区土壤重金属污染的轻重有一定差异，但是污染发展趋势比较明显，尤其是长株潭城郊区的土壤重金属污染形势要相对严峻，值得关注。

关于城郊区土壤重金属污染的原因，多数研究表明，相对活跃的人类经济活动是主要原因，如长期土地高强度集约化利用条件下的污水灌溉（贾锐鱼等，2012），长期过量使用普遍含有重金属的化肥、农药，以及超标养殖场畜禽有机肥（吴清清等2010；董騄睿等，2014），此外，周边区域的工业生产（Sun et al.，2010；Ma et al.，2016）、污水灌溉、交通污染导致的干湿沉降（Wu et al.，2011；何龙雪等，2014；陈志凡等，2016）等也对城郊区土壤重金属的累积产生一定的贡献，但不同区域的污染物来源及污染程度有所差异。

1.1.1.2 土壤硝酸盐富集现状

硝酸盐污染是城郊区土壤污染的另一重要方面，蔬菜种植区是土壤硝酸盐污染的主要区域。一方面，由于蔬菜是喜硝态氮（NO_3^--N）且极易富集硝酸盐的作物（Zhu et al.，2012；都韶婷等，2010），土壤硝酸盐含量过高会导致蔬菜等农产品硝酸盐含量增加，农产品品质下降；另一方面，由于土壤对硝酸盐不具有吸附固定能力，土壤硝酸盐含量过高容易导致其向地下水的迁移，从而对地下水水质构成威胁。崔敏等（2012）对武汉城郊区典型露天菜地的研究表明，菜地土壤100cm内各土层NO_3^--N平均含量为11.2mg/kg，其中耕层0～20cm土壤NO_3^--N平均含量为21.1mg/kg；60cm深度处土壤溶液中NO_3^--N平均含量为27.5mg /L，尽管土壤硝态氮累积程度并不算高，但是菜地附近井水中NO_3^--N平均含量为19.6～39.8mg /L，其含量约是世界卫生组织饮用水安全标准（10mg/L）的2～4倍，也明显超出我国的饮用水安全标准（20mg/L）。

我国主要城郊区土壤普遍存在硝酸盐富集的问题（表1-1）。参考有关菜地表层（0～20cm）硝酸盐养分分级标准：≥76mg/kg（极高）、64～76mg/kg（高）、37～64mg/kg（中等）、15～37mg/kg（缺）、<15mg/kg（极缺）（鲁剑巍，2006），我国大部分城郊区的设施（大棚）菜地表层（0～20cm）土壤的硝酸盐平均含量达到极高的水平，如西安、上海、苏州等城市；广州硝酸盐平均含量相对较低，仅为39.9mg/kg，但是即使在平均含量较低的城市，也存在局部超级累积的地区，如北京部分地区土壤硝酸盐含量最高可达500mg/kg以上。总体而言，城郊大棚菜地表层（0～20cm）土壤的氮素累积程度远高于露天菜地表层（0～20cm），如闵炬等（2012）对太湖地区的研究表明，大棚菜地表层（0～20cm）土壤的矿质氮（硝态氮和铵态氮的总和）含量平均高达279.2mg/kg，而露天菜地表层（0～20cm）土壤的矿质氮含量平均仅为106.7mg/kg，表明设施（大棚）菜地表层（0～20cm）土壤养分的表层富集现象更为明显（Shi et al., 2009）。随着种植年限的延长，土壤硝酸盐的累积程度也会逐渐增强。徐运清等（2015）对长沙城郊区不同种植年限菜地表层（0～20cm）硝酸盐含量的研究表明，种植20年以上的菜地表层（0～20cm）土壤的硝酸盐平均含量高达60mg/kg，而种植5年以下的菜地表层（0～20cm）土壤的硝酸盐含量仅为15.99mg/kg，说明种植年限越久，土壤硝酸盐累积越明显。城郊区土壤硝酸盐累积的主要原因是长期大量施肥。大量调查表明，蔬菜种植区年施肥量普遍都在240Nkg/hm^{2}以上，要比周边一般的大田粮食作物的年施肥量高2～10倍（表1-1），从而导致大量植物不能利用的养分在土壤中不断富集。

表1-1 我国几个大城市城郊区菜地表层（土层）土壤硝酸盐含量状况

城市	土地利用方式	土层	含量范围/(mg/kg)	平均含量/(mg/kg)	年施肥量/(Nkg/hm^2)	文献来源
北京	露天菜地	0～30cm	0.93～527.40	46.20	1741	杜连凤等（2009）
西安	大棚菜地	0～100cm	153.70～1871.30	505.90	240	周建斌等（2006）
西安	露天菜地	0～100cm	68.40～325.40	153.10	240	周建斌等（2006）
武汉	露天菜地	0～20cm	14.90～67.50	21.10	502～840	崔敏等（2012）
长沙	露天菜地	0～20cm	7.16～143.99	46.98	1599～3247*	全智等（2011b）；徐运清等（2015）
上海	大棚菜地	0～20cm	139.56～641.27	348.29	—	姚春霞等（2005）
上海	露天菜地	0～20cm	20.44～333.51	111.52	—	姚春霞等（2005）
苏州	大棚菜地	0～20cm	5.65～403.05	100.28	—	王海候等（2009）
广州	露天菜地	0～20cm	3.45～156.64	39.90	—	官利兰等（2013）
重庆	露天菜地	0～20cm	1.19～182.64	51.44	600	杨芸等（2014）
贵阳	露天菜地	0～20cm	0.96～17.84	6.13	—	罗益等（2015）

* 为总施肥量，非纯氮用量

1.1.2 城郊区农产品主要质量安全问题

蔬菜是城郊区最主要的农产品类型，蔬菜供应也是我国城郊区的最主要服务功能之一，但是由于城郊区农产品质量安全面临着城郊区农业快速发展和城郊区生态环境日益恶化的双重压力，在城市工业和生活废弃物不断增加、农业生产高强度化等诸多因素的共同作用下，当前我国城郊区环境污染已对城郊区农产品质量安全构成严重威胁。近年来的调查表明，我国城郊区农产品化学污染超标率已达到相当高的程度，且分布范围十分广泛。农业部（现农业农村部）等有关部门组织的调查和监测表明，我国各城市的主要农产品（包括粮、果、菜、茶、肉、蛋、奶等）均不同程度地出现硝酸盐、重金属、抗生素、农药和其他药物残留超标的现象，每年造成的经济损失超过100亿元，农产品出口退货事件经常发生，严重影响了我国农产品的国际竞争力。鉴于城郊区农业与生态环境矛盾日趋严峻的现实，开展城郊区农产品质量安全提升关键技术及其生产模式研究，对保障城市生态环境安全和食品健康、促进城郊区农业可持续发展及提升我国农产品的国际竞争力都具有重要意义。

1.1.2.1 重金属含量超标问题

大量研究表明，我国多地城郊区以蔬菜为主的农产品重金属含量超标现象比较突出。吴金水等（2010）基于“十一五”国家科技支撑计划重点项目“城郊区环保型特色农业支撑技术研究与示范”的研究成果，初步分析了我国几个典型城郊区农产品的重金属含量状况，发现在武汉城郊蔬菜基地采集的44个蔬菜样品中，Cd超标率达45.5%，As超标率达40.1%；在长沙、株洲、湘潭城郊区随机采集的153个水稻样品中，稻米Cd污染问题较为严重，92%的样品Cd含量超过国家食用标准《食品中污染物限量》（GB 2762—2005）。张宇燕和陈宏（2012）对重庆主城区17种市售蔬菜204个样品中重金属Zn、As、Hg含量的测定分析结果表明，15.7%的市售蔬菜样品属于重度超标。郭智广等（2012）的调查结果显示，在郑州市郊调查分析的794个蔬菜样品中，重金属Pb、Cd污染较为严重，其中绿叶菜类Pb的超标率最高（14.5%），而根茎类和豆类超标率相对较低，分别为3.3%和3.8%。杭州近郊蔬菜Cd、Cu、Hg的超标率分别为28%、15%、59%；长沙蔬菜重金属超标率为50%；沈阳近郊大白菜Pb和Cd超标率分别为100%和58%，黄瓜Cd、Hg、Pb超标率分别为73%、27%、18%；上海宝山区蔬菜Pb和Cd超标率分别高达82%和54%；成都蔬菜Pb和Cd超标率分别为22%和29%；重庆水稻Pb超标率为25%~50%，玉米Pb超标率为22%~

66%，Cd 和 Hg 超标率均为 11%。可见，我国城郊区农产品重金属含量超标问题具有区域差异，但已经十分突出且具有一定的普遍性，进一步摸清污染源、采取相应的治理或防控措施已经迫在眉睫。大量研究初步表明，化肥农药的过量投入、污水灌溉、干湿沉降等导致的土壤表层重金属富集是城郊区蔬菜重金属含量超标的主要原因，修复土壤和改善产地污染环境是改善蔬菜品质的根本性措施。

1.1.2.2 蔬菜硝酸盐超标问题

蔬菜硝酸盐超标问题是目前城郊区农产品品质较为突出且普遍的问题。据课题组对我国部分城郊区农产品硝酸盐含量状况进行的研究，发现武汉城郊区蔬菜的硝酸盐污染状况达到严重污染等级的占 35.8%、达到重度污染等级的占 8.6%、达到中度污染等级的占 9.9%、达到轻度污染等级的占 45.7%，其中叶菜类污染最严重，占叶菜类样品数的 58.3%（吴金水等，2010）。大量研究表明，全国各大城市郊区的自产和市售蔬菜的检测结果（表 1-2）均显示硝酸盐超标率普遍较高，但是不同类型的蔬菜，其硝酸盐超标差异较大，其中以叶菜类硝酸盐超标最为突出，其次是根茎类，茄果类、瓜类和豆类等果实类蔬菜的硝酸盐超标率普遍较低。例如，杜连凤等（2009）对京郊地区蔬菜硝酸盐的调查结果表明，各类蔬菜硝酸盐含量排序为：绿叶菜类>根茎类>白菜类>茄果类、瓜类、豆类，但是由于各类蔬菜的评价标准不同，硝酸盐超标率顺序略有差异，排序如下：根茎类（80.9%）>绿叶菜类（37.9%）>茄果类、瓜类、豆类（29.7%）>白菜类（2.2%）。

表 1-2 我国部分城市郊区蔬菜硝酸盐含量状况 （单位：mg/kg）

地区	蔬菜类型				文献来源
	绿叶菜类、白菜类	茄果类、瓜类、豆类	葱蒜类	根茎类	
北京	1348.9（647.7）*；2685.5（1253.6）**	489.7（310.2）	—	1873.4（609.3）	杜连凤等（2009）
西安	427.8（303.9）	1.16	79.7（73.3）	237.3（155.8）	程智慧等（2008）
郑州	1017.2（784.4）*；5375.0（3337.9）**	902.4（707.3）†；321.0（128.7）‡	708.5（74.9）	4181.0（5205.7）	李贞霞等（2005）
武汉	3482.2（1312.8）	238.2（237.9）†；227.7（111.7）‡	—	980.2（636.3）	黄敏等（2011）
长沙	2109.0	413.1		1196.8	黄道友等（2008）

续表

地区	蔬菜类型				文献来源
	绿叶菜类、白菜类	茄果类、瓜类、豆类	葱蒜类	根茎类	
上海（大棚）	836.76（258.85）	107.04（52.85）	—	—	姚春霞等（2005）
上海（露地）	317.98（119.12）	75.72（51.18）	—	—	姚春霞等（2005）
镇江	3046.5（1410.4）	40.2	707.0（615.2）	44.8	周加倍等（2005）
广东（深圳、番禺、阳山）	2659.4（930.0）	690.0（476.3）	—	—	杜应琼等（2004）
重庆	1619.73（693.90）	1327.67（497.30）	1078.39（359.20）	—	杨芸等（2014）
贵阳	1545.15（128.14）	83.86（79.44）	—	1081.52（66.72）	罗益等（2015）

注：括弧中数据为标准差，无标准差的样本数为1或未统计；＊为白菜类；＊＊为绿叶菜类；† 为茄果类和瓜类；‡ 为豆类

造成不同类型蔬菜硝酸盐污染差异的原因与养分在植物体内的代谢过程有关，植物的营养器官（尤其是叶片等同化器官）更容易富集硝酸盐；此外，土壤硝酸盐累积也是蔬菜体内硝酸盐累积的重要因素。蔬菜是喜硝态氮且极易富集硝酸盐的作物，20世纪80年代的研究结果表明，蔬菜中硝酸盐累积最多的是根茎类蔬菜，叶菜类居其次（沈明珠，1982），与当前以叶菜类蔬菜硝酸盐累积最多的现状迥然不同，这在很大程度上归因于蔬菜大量施肥导致的土壤硝酸盐累积。研究表明，植株体内的硝酸盐含量与土壤硝酸盐含量具有直接关系。例如，王翠红等（2005）的研究发现，在长沙地区，叶菜类蔬菜（小白菜、红苋菜、绿苋菜）的硝酸盐含量与土壤硝酸盐含量呈显著正相关关系。黄道友等（2008）研究发现，近郊地区蔬菜硝酸盐超标率远高于远郊和一般农区，这与近郊菜地种植历史久、施肥量大，造成的土壤硝态氮积累和地下水硝酸盐污染问题突出等因素密切相关。吴琼等（2009）综述了蔬菜中硝酸盐含量与氮肥施用量的关系，发现各地市售蔬菜的硝酸盐含量与当地氮肥施用水平呈正相关关系，随施肥水平升高，硝态氮积累逐步增多，因此吴琼等（2009）认为蔬菜中硝态氮积累量受施肥水平的影响远高于受土壤肥力本身的影响。但也有研究发现，蔬菜硝酸盐含量与土壤全氮的含量具有更好的相关性（罗益等，2015），其可能原因在于土壤硝酸盐含量有易变性。土壤和植物的采样阶段对测定结果也有较大影响，因为土壤硝

态氮含量与距离施肥时间的长短密切相关（黄道友等，2008），如在武汉地区，随着肥料氮在土壤中的形态转化，在施肥后 15～30 天土壤会出现一个硝态氮含量高峰期（崔敏，2012），与硝态氮相比，土壤全氮含量的变化则较为稳定，加之除了施肥阶段以外，土壤中矿质氮的主要来源还是土壤全氮，因此在养分富集程度较高的城郊区菜地土壤中，植物体内的硝酸盐含量也会与土壤全氮含量具有较好的相关性。也有研究发现，国内不同地区的研究结果不尽一致，如西安城郊区的调查结果显示，其叶菜类硝酸盐累积并不十分明显（表 1-2），这意味着气候条件或者季节变化可能也对蔬菜硝酸盐含量有一定的影响。

总而言之，土壤的养分累积（富营养化）是蔬菜硝酸盐含量升高和品质下降的最主要原因，因此从根本上来讲，合理施肥和降低菜地养分富集是降低蔬菜硝酸盐污染风险、提高蔬菜品质的关键。

1.1.2.3 农药残留超标问题

农药残留超标问题也是影响城郊区蔬菜等农产品安全的重要方面。近年来，我国在不断完善标准、加大对蔬菜农产品农药残留的监督管理力度，农产品农药残留超标的问题已经逐渐得到有效控制，到 2007 年全国各大城市蔬菜农药残留合格率普遍在 90% 以上，到 2015 年、2016 年则分别在 98% 以上、96% 以上，但是目前还有一些问题不容忽视，以叶菜类为主的蔬菜农药残留超标问题依然较为突出，甚至一些高毒禁（限）用农药检出的问题也偶有发生（李安等，2016；蒋凯亚等，2017），可见农产品的质量安全问题牵涉面广、环节多、生产过程复杂，需要常抓不懈，加大监管力度。另外，随着人民生活水平的提高，城乡居民对农产品品质的要求也在不断提升，如对农产品质量达到“无公害”、“绿色”乃至“有机”的需求量在不断攀升，因此研发和推广应用生态循环、绿色环保和生物防控等病虫害防治新技术，已经成为提升城郊区农产品品质的新需求（龚久平等，2017；杨蕙等，2017）。

1.2 国内外农产品安全提升技术研究现状

相对于蔬菜硝酸盐超标问题而言，农产品重金属污染物超标问题是农产品质量安全控制的技术难点，也是近年来国内外开展科学研究和技术研发的热点。针对重金属污染耕地土壤安全利用与农产品质量安全提升技术，国内外开展了大量的研究，概括而言，主要包括采用物理化学手段降低土壤重金属活性，通过筛选低积累品种阻止作物对重金属的吸收，通过农艺措施和种植结构调整阻控食用作物对重金属的吸收和积累，以及以上多种技术的优化组合等。

1.2.1　土壤安全利用与修复技术

污染土壤修复是指利用物理、化学或生物的方法，转移、吸收、降解和转化土壤中的污染物，使其浓度降低到可接受的水平，或将有毒有害污染物转化为无害物质的过程。污染土壤修复研究起步于20世纪70年代后期，在过去的50余年中，欧美等地，以及日本、澳大利亚等发达国家相继制定了大量的土壤修复计划，并投资研究了大量土壤修复技术与设备，使土壤修复技术得到了迅猛发展。我国的污染土壤修复研究起步较晚，在“十五”期间才开始逐步得到重视，近年来，科学技术部、国家自然科学基金委员会、生态环境部等部门有计划地部署了一批土壤修复研究项目和专题，带动了我国土壤污染控制与修复科学技术的研究与发展，但研发水平和应用经验与美国、英国等发达国家还存在很大差距。2016年国务院印发了《土壤污染防治行动计划》，标志着我国污染土壤安全利用与修复的科学研究与技术研发步入了一个新的阶段。

针对土壤重金属污染物而言，污染物的土壤固化/稳定化是当前国内外实现土壤安全利用的主要技术手段。所谓土壤固化/稳定化是指运用物理或化学的方法将土壤中的污染物固定起来，或者将污染物转化成化学性质不活泼的形态，从而阻止污染物在土壤环境、土壤-植物系统中的迁移、扩散，降低土壤中污染物的毒害程度及其在农产品可食部位的累积量，但该技术并没有清除土壤中的污染物，而是对污染物暴露和迁移的阻断。固化/稳定化材料是影响固化/稳定化效果的主导因素（Guo et al.，2006）。根据土壤Cd固化/稳定化材料性质特点可将其可初步划分为三大类：常规无机材料（磷化合物、碱性物质、黏土矿物、金属氧化物）、常规有机材料（有机物料、炭材料）以及有机或无机类新材料（表1-3），但各类固化/稳定化材料的成分结构、修复效果以及作用机制存在较大差异。

表1-3　土壤Cd固化/稳定化材料列表

材料类型		物质名称	作用机理
常规无机材料	磷化合物	磷矿粉、磷酸、钙镁磷肥、磷灰石等	矿物表面吸附重金属或与重金属形成沉淀
	碱性物质	硅酸钙、钢渣、石灰、石灰石、碳酸钙镁等	提升土壤pH，增加胶体表面负电荷，从而促进土壤胶体对重金属离子的吸附；也可以与重金属离子发生化学反应生成金属沉淀，从而降低重金属离子的生物有效性

续表

材料类型		物质名称	作用机理
常规无机材料	黏土物质	海泡石、蛭石、坡娄石、膨润土、硅藻土、高岭土	矿物表面离子交换吸附、固定重金属
	金属氧化物	零价铁、硫酸亚铁、硫酸铁、针铁矿、水合氧化锰、水钠锰铁、赤泥	通过矿物表面专属吸附或共沉淀来固定重金属
常规有机材料	有机物料	有机堆肥、城市污泥、作物秸秆、腐殖酸、胡敏酸、富里酸	形成溶解度较低的大分子金属有机络合物
	炭材料	秸秆炭、污泥炭、骨炭、黑炭、果壳炭	通过胶体表面功能团的配位反应、离子交换吸附来固定重金属
有机或无机类新材料	新材料	介孔材料、多酚物质、纳米材料、有机或无机多孔杂化材料	物质表面吸附、络合晶格结构固化重金属

资料来源：李剑睿（2015）

1.2.1.1 常规无机材料及其应用

研究表明，磷化合物施入土壤中可直接或间接吸附土壤中的重金属离子，土壤溶液中的磷酸根也可与重金属离子形成磷酸盐沉淀，从而固化/稳定化土壤重金属，降低重金属的生物有效性。应用磷化合物固化/稳定化土壤重金属，已成为一项广泛适用的技术措施，并应用到污染土壤和地下水修复中（Zwonitzer et al.，2003；Raicevic et al.，2005）。在美国，含磷材料因见效快、费用较低，被优先应用于重金属 Pb、Cd 污染土壤的治理。国内关于含磷材料在 Cd 污染土壤中的应用也有大量的报道，王秀丽等（2015）研究发现，分别施用磷酸二氢钾、磷酸氢二铵可使土壤有效重金属含量分别降低 25.2%~51.7%、21.6%~46.8%。根据赵艳玲（2016）的研究，在 Cd 污染土壤中添加钙镁磷肥能显著降低水稻品种湘早籼 24 号成熟期根系、叶片、穗轴和籽粒中的重金属含量，当钙镁磷肥用量为 2.0g/kg 时，稻米中的重金属含量与对照组相比可下降 38.3%。

碱性物质可以提高土壤 pH，增加胶体表面负电荷，从而促进土壤胶体对重金属离子的吸附；也可以与重金属离子发生化学反应生成金属沉淀，从而降低重金属的生物有效性（Gray et al.，2006）。重金属污染土壤施加 750kg/hm^2 的氧化钙，可使土壤有效态重金属降幅超 10%，但氧化钙长期施用会导致土壤过度石灰化，引起土壤有效态重金属含量升高，作物产量下降（Naidu et al.，1997）。

黏土物质结构层带电荷、比表面积较大，能与土壤重金属发生交换吸附、共沉淀等反应，降低土壤重金属的生物有效性。近年来其因易得、价格较低、效果明显，且对土壤质地结构、理化性状影响较小，而被广泛应用于重金属污染土壤修复实践中（孙约兵等，2012；Sun et al.，2013；李丽等，2017；Zhou et al.，2017）。孙约兵等（2012）的研究表明，重度Cd污染（Cd含量2.5～5.0mg/kg）红壤添加5%的海泡石，土壤pH显著升高，菠菜地上部、根部重金属含量降幅分别达45.6%、70.2%，菠菜可食部分Cd含量可达到国家食品卫生标准，且土壤过氧化氢酶、蔗糖酶的活性分别提高15.4%、34.0%，细菌与真菌的数量也有显著增加。

金属氧化物是土壤中含量较低的天然组分之一，主要以晶体态、胶膜态等形式存在，且粒径小、溶解度低，对土壤中各种化学过程有重要影响，能通过与土壤重金属发生表面吸附、共沉淀等作用，来实现对土壤重金属的吸附固定（Chen et al.，2000；Liu et al.，2014；Yu et al.，2016）。

1.2.1.2 常规有机材料及其应用

有机物料能够有效提高土壤pH和阳离子交换量，而且其活性成分还能够与重金属离子形成大分子有机络合物，从而降低重金属的生物有效性和毒性。一些研究表明，农田土壤施用秸秆、猪粪等有机物料能提高土壤pH，降低土壤Eh，同时加强氧化铁的活化，从而促进土壤中活性较高的游离态和交换态Cd向活性较低的有机结合态转化，影响Cd在土壤中的形态分布，降低植物对Cd的吸收。Mohamed等（2010）对比了猪粪、水稻秸秆、绿肥三种有机物料对Cd离子的固定效果，发现经水稻秸秆处理后，Cd元素主要被固定在土壤腐殖酸和颗粒态有机质中，因此水稻秸秆可作为一种钝化效果好、价格低的有机材料应用到重金属污染土壤修复中。

近年来，出现生物炭材料用于重金属污染农田的土壤生态修复的报道（Beesley et al.，2011；王磊等，2016）。生物炭是原材料作物秸秆、木材、畜禽粪便及城镇污泥在缺氧或无氧环境下热分解得到的一类含炭、高度芳香化、稳定性较高的固态物质，具有较大的孔隙度和比表面积，且表面带有大量负电荷，能够吸附大量可交换态金属阳离子，从而降低重金属离子的生物有效性（Houben et al.，2013）。另外，生物炭还含有丰富的矿质营养元素，能够提高土壤肥力，促进作物生长。生物炭影响作物对重金属离子吸收的机理主要表现为：①利用其复杂的孔隙结构、巨大的比表面积和所带负电荷吸附污染土壤中的Cd离子，降低其生物有效性；②通过其丰富的无机矿物组分与重金属离子发生化学反应，生成沉淀物质；③通过改变土壤理化性质（如提高土壤pH），降低重金属的生物有效性，从而降低作物对重金属的吸收和富集。

1.2.1.3 有机或无机类新材料及其应用

近年来，具有特殊结构和物质组成的介孔材料、功能膜材料及纳米材料等新型材料也被大量应用于重金属污染农田的土壤修复中。研究发现，在重金属复合污染土壤中添加介孔材料后，添加处理的土壤有效态 Cd 含量与对照相比有显著下降，而有机结合态 Cd 含量则同步增加，小白菜地上部 Cd 含量也大幅降低（林大松等，2006）。王林等（2011）的研究表明，针对重金属复合污染土壤，添加有机或无机多孔杂化新材料处理土壤，其运用毒性特征沥滤法提取的土壤有效态 Cd、Pb 含量均有显著降低，油菜地上部可食部位的 Cd 含量最大可下降 66.79%。

1.2.2 农产品安全种植与生产管理技术

1.2.2.1 低积累作物品种筛选和应用

土壤重金属污染主要通过农作物的吸收进入食物链，进而对人体健康产生危害，因此培育、筛选和推广种植对重金属吸收和积累较少的作物品种，限制重金属进入食物链已成为当前研究热点与发展方向（Yu et al.，2006；Tang et al.，2016），也是降低农产品重金属污染风险的有效手段之一。国内外在水稻植株 Cd 吸收积累规律及其生理遗传机理、低积累水稻品种选育技术等方面已开展了大量的研究（吴启堂等，1999；Yu et al.，2006；Sebastian and Prasad，2014；Tang et al.，2016）。20 世纪 90 年代初，加拿大就开始了对硬粒小麦 Cd 低积累品种的筛选，通过与其他国家引进的小麦基因型进行对比研究，发现不同基因型小麦 Cd 积累存在显著差异（Mclaughlin et al.，1999），并将低积累水稻品种选育技术应用于生产实践。吴启堂等（1999）研究发现，就稻米产量与糙米 Cd 含量两项指标而言，杂交稻油优 63、汕优 64 等均较高，常规稻则波动较大，而优质稻野奥丝苗、增城丝苗等则是糙米 Cd 含量较低。

遗传因素是控制不同品种水稻组织中 Cd 吸收、转运和分配的主要因素，大量研究已揭示水稻 Cd 积累基因的多样性和控制 Cd 积累的数量性状位点（QTL）、微小核糖核酸（miRNAs）（Ueno et al.，2010；Abe et al.，2013；龙小林等，2014；Ding et al.，2016）。越来越多的有关水稻 Cd 吸收和积累的基因被发现，主要包括 Cd 转运子基因、Cd 信号转导基因和维持水稻植株体内物质平衡的有关基因等（Ueno et al.，2010），也有研究表明不同水稻品种中均存在与上述过程有关的 QTL（Abe et al.，2013），而 miRNAs 在后转录水平上对靶基因的表达进行调控，从而也能够调控水稻对 Cd 的积累。Ding 等（2016）的研究表明，在 Cd 胁迫下 miRNA390 过量表达的转基因株系中，*osHMA2* 和 *osNramp5* 的表达增强，从而促进水稻地上部 Cd 积累量增加。

近年来，也出现了大量对玉米、大豆、甘薯及多种蔬菜 Cd 低积累品种筛选的报道。杜彩艳等（2017）从 8 个西南地区普遍种植的玉米品种中筛选出 3 个 Cd 低积累品种；智杨（2015）对东北地区普遍种植的 25 种大豆进行比较发现，沈农 10 号、铁丰 31 号、铁豆 36 号、铁丰 37 号和辽豆 21 号 5 个品种为 Cd 低积累大豆品种；Huang 等（2015）从 30 个甘薯品种中筛选出 4 个低积累品种。针对蔬菜 Cd 低积累作物品种筛选，国内也开展了大量的工作，陈瑛等（2009）、代成成（2010）、何飞飞和杨君（2011）分别从 60 个、34 个、27 个小白菜品种中筛选出 Cd 低积累品种 23 个；陈瑛等（2010）和黄志亮（2012）从 53 个大白菜品种中筛选出 8 个 Cd 低积累品种；黄志亮（2012）还从 37 个菠菜品种和 59 个甘蓝品种中分别筛选出 2 个和 6 个低积累品种；娄伟（2010）利用大田试验分别筛选出 Cd 低积累茄子品种 4 个、萝卜品种 4 个和胡萝卜品种 2 个；张堃（2011）分别筛选出 Cd 低积累油麦菜品种 6 个、芹菜品种 8 个；另外，陈艳（2013）筛选出 Cd 低积累苋菜品种 4 个；邱丘（2011）筛选出 Cd 低积累菜心品种 6 个；程怡（2010）筛选出 Cd 低积累番茄品种 3 个。但低积累作物品种目前还没有明确的界定，多数学者认为，低积累作物品种能够降低自身对重金属污染物的吸收和积累，且可使用器官重金属含量低于国家食品卫生标准，以满足安全食用的作物品种（Yu et al.，2006；伍钧等，2011）。另外，低积累作物品种在中轻度 Cd 污染农田土壤中的推广利用还存在较大不足，应当予以加强。

1.2.2.2 农艺技术调控

采用适当的农艺管理技术，如水分管理、施肥、间套作等技术，可不同程度降低作物对重金属的吸收和积累。王美娥等（2015）研究发现，水稻根系对 Cd 的吸收和积累受根系内部因素和根系周围土壤环境的双重影响。纪雄辉等（2007）研究表明，不同水分管理（湿润灌溉、间歇灌溉和长期淹水灌溉）条件对水稻根、茎叶和糙米中 Cd 含量有很大影响，其中长期淹水灌溉条件下糙米 Cd 含量显著下降，与间歇灌溉和湿润灌溉相比分别下降 41.3% 和 70.7%，其机理主要在于淹水条件下水稻根膜吸附的还原态铁 Fe^{2+} 增加，导致根际有效态 Cd 降低。吉芳英等（2012）研究认为，土壤淹水厌氧培养过程中，pH 向中性转变，体系 Eh 降低，土壤从氧化环境转入还原环境，导致土壤 Cd 被吸附后逐渐达到形态上的稳定，部分 Cd 由稳定性最差的可交换态向更稳定的碳酸盐结合态和铁锰氧化物结合态转变。

肥料管理影响作物对重金属的吸收和积累。研究表明，对大多数作物而言，氮肥能够促进作物对 Cd 的吸收和积累（Heupke，2007；Zhao et al.，2012），而氮肥的形态也会影响作物对 Cd 的吸收。杨永杰（2016）的试验结果表明，施用硝态氮肥的水稻 Cd 吸收能力最强，其次是酰胺态氮（如尿素），最弱的是铵态氮肥，其中硝态氮肥处理的水稻根部 Cd 含量是铵态氮肥处理的 2.79 倍，硝态氮肥是通过 Fe 转运系统间接促进水稻对 Cd 的吸收和积累，铵态氮肥则是通过下调根部 *osHMA3* 基因表达增加水稻植株 Cd 向地上部转运，而尿素则是通过上调水稻 Cd 吸收和转运基因的表达增加 Cd 的积累。磷肥能够降低作物对 Cd 的吸收和积累，据刘昭兵等（2012）的研究，钙镁磷肥、磷酸二氢钾、磷酸氢钙、过磷酸钙、磷酸一铵 5 种磷肥均能显著降低水稻茎叶中 Cd 含量，降幅达 24.9%~50.8%，其中钙镁磷肥、磷酸二氢钾和磷酸氢钙能提高土壤 pH，其降低土壤 Cd 有效性的效果达到显著水平，含钙磷肥（钙镁磷肥和过磷酸钙）降低水稻 Cd 积累的效果也较好。陈苏等（2007）的研究表明，钾肥（K_2SO_4）施用能够减少小麦对 Cd 的吸收，降低 Cd 的植物有效性，主要原因在于钾肥施用能够影响土壤中交换态 Cd、碳酸盐态 Cd 的含量，降低了小麦根际、非根际土壤交换态 Cd 的含量。土壤中其他元素的存在对 Cd 的植物有效性也有不同程度的影响。蓝兰（2010）的研究表明，中微量元素肥料 Fe、Mn、Mg、Si、Se 对土壤 Cd 的有效性表现为拮抗关系，而 Ca、Zn、Cu 则表现为协同关系，针对 Cd 污染土壤，宜施用铁肥、锰肥、镁肥、硼砂、硅酸钠，以及亚硒酸钠降低土壤 Cd 的有效性，从而降低小麦对 Cd 的吸收。

叶面生理阻控技术可降低作物对重金属的吸收和积累。叶面生理阻控技术主要是通过在植物细胞壁上沉淀或螯合重金属以及提高作物对重金属的抗逆性等手段，来减少甚至完全阻断重金属向食物链的转移（章明奎等，2017）。由于该技术具有成本低、环境友好、操作方便等优势，近年来已经成为我国农田重金属污染防治研究的一个新方向。有报道表明，在水稻、生菜、芥菜、辣椒叶面喷施硅肥可有效降低作物对 Cd 的积累，降低程度分别达 40.2%、33.5%~40.1%、24.5%、13.4%~26.1%（刘吉振等，2011；崔晓峰等，2012；李芳柏和刘传平，2013；刘传平等，2013）。叶面喷施硒肥也能够有效降低蔬菜和瓜果对 Cd 的积累，其中番茄和蒜苗下降 24.46%、番茄和黄瓜下降 60.6%~75.8%、西瓜下降 6.61%~66.13%、草莓果实下降 18.33%（宫象雷，2005；张海英等，2011；张翠翠等，2013；刘俊，2014）。叶面喷施稀土元素也能够降低作物对 Cd 的积累，对生菜、番茄、黄瓜、油菜喷施稀土元素，其 Cd 积累分别可下降 31.7%~45.3%、19.4%~37%、32%~49.8%、7.26%~20.92%（张丽霞等，2001；崔晓峰等，2012；刘俊，2014）。

与超富集植物间套作或轮作可有效降低食用作物对重金属的吸收和富集，是保障农产品质量安全的有效技术措施。将超富集植物东南景天（*Sedum alfredii*）与玉米、黑麦草间作可显著降低黑麦草和玉米的 Cd 含量，降低程度在 25% 以上，原因可能在于东南景天对 Cd 的强吸收作用（蒋成爱等，2009）。杨代宇（2016）的研究表明，树番茄幼苗混种超富集植物乌点规（*Solallum nigrum*）时，树番茄幼苗地上部 Cd 含量可降低 18.15%。Cd 富集植物油菜与大白菜间作在一起，能够降低大白菜对 Cd 的提取（Su et al.，2008）。但也有研究结果认为，超富集植物伴矿景天（*Sedum plumbizincicola*）和苋菜轮作或间作对作物 Cd 含量无显著影响（唐明灯等，2012）。

改变种植作物类型也能够有效降低作物对重金属的积累，保障农产品质量安全。研究表明，在中、轻度重金属污染的土壤上，不种叶菜类和块茎类蔬菜而改种食用部位污染物累积少的作物，如瓜果类蔬菜或果树等，也能有效降低农产品的重金属含量（谢华等，2008）。

主要参考文献

陈苏，孙丽娜，孙铁珩，等.2007. 钾肥对镉的植物有效性的影响. 环境科学，28（1）：182-188.

陈艳.2013. 不同苋菜品种对重金属累计差异和机制初探. 广州：暨南大学硕士学位论文.

陈瑛，李廷强，杨肖娥，等.2009. 不同品种小白菜对镉的吸收积累差异. 应用生态学报，20（3）：736-740.

陈瑛，李廷强，杨肖娥.2010. 不同品种大白菜对镉的吸收积累差异. 绍兴文理学院学报，30（7）：32-36.

陈志凡，范礼东，陈云增，等.2016. 城乡交错区农田土壤重金属总量及形态空间分布特征与源分析——以河南省某市东郊城乡交错区为例. 环境科学学报，36（4）：1317-1327.

程智慧，刘旭新，董志刚，等.2008. 西安蔬菜主产区土壤硝态氮累积现状与蔬菜产品. 浅层地下水氮素污染调查研究. 西北农业学报，17（1）：188-192，198.

程怡.2010. 镉低积累番茄、小白菜品种和控镉叶面剂的筛选及叶面剂效应研究. 武汉：华中农业大学硕士学位论文.

崔敏.2012. 武汉城郊菜地生态系统硝酸盐淋失机制及其调控研究. 武汉：华中农业大学硕士论文.

崔敏，胡承孝，Di H J，等.2012. 武汉市城郊区集约化露天菜地生产系统硝态氮淋溶迁移规律研究. 植物营养与肥料学报，18（3）：637-644.

崔晓峰，丁效东，李淑仪，等.2012. 叶面施硅和铈对缓解生菜镉、铅毒害作用的研究. 安全与环境学报，12（5）：7-12.

代成成.2010. 镉低积累小白菜品种的筛选. 武汉：华中农业大学硕士学位论文.

董騄睿，胡文友，黄标，等. 2014. 南京沿江典型蔬菜生产系统土壤重金属异常的源解析. 土壤学报，51（6）：1251-1261.
都韶婷，金崇伟，章永松. 2010. 蔬菜硝酸盐积累现状及其调控措施研究进展. 中国农业科学，43（17）：3580-3589.
杜彩艳，张乃明，雷宝坤，等. 2017. 砷、铅、镉低积累玉米品种筛选研究. 西南农业学报，30（1）：5-10.
杜连凤，赵同科，张成军，等. 2009. 京郊地区 3 种典型农田系统硝酸盐污染现状调查. 中国农业科学，42（8）：2837-2843.
杜应琼，王富华，李乃坚，等. 2004. 广东省蔬菜硝酸盐含量的调查与分析. 生态环境，13（1）：19-22.
宫象雷. 2005. 在植物体锌、硒对铅、镉的拮抗作用研究. 合肥：中国科学技术大学硕士学位论文.
龚久平，杨晓霞，高静，等. 2017. 重庆市蔬菜农药残留质量安全现状与建议. 南方农业，11（16）：96-99.
官利兰，张新明，徐鹏举，等. 2013. 广东省典型菜地土壤肥力调查与质量评价. 广东农业科学，（14）：81-84.
郭智广，徐为霞，王毅红，等. 2012. 郑州地区蔬菜中铅镉污染状况调查与分析. 微量元素与健康研究，29（1）：35-37.
何飞飞，杨君. 2011. 小白菜吸收积累镉的品种差异研究. 中国农学通报，27（22）：172-175.
何龙雪，王洋，刘强，等. 2014. 长春市近郊蔬菜地中 As、Hg 的分布特征与潜在生态风险评价. 土壤与作物，3（3）：117-121.
黄道友，黄新，刘钦云，等. 2008. 湖南省主要蔬菜土壤的肥力特征与蔬菜硝酸盐污染现状研究. 农业现代化研究，29（6）：747-750.
黄敏，李静静，余萃，等. 2011. 几种食前处理对蔬菜中硝酸盐和亚硝酸盐的去除效果. 食品科学，32（9）：82-86.
黄志亮. 2012. 镉低积累蔬菜品种筛选及其镉积累与生理生化特性研究. 武汉：华中农业大学硕士学位论文.
吉芳英，王图锦，叶姜瑜，等. 2012. 三峡库区土壤淹水对 Cd 形态稳定性的影响. 土木建筑与环境工程，34（2）：115-120.
纪雄辉，梁永超，鲁艳红，等. 2007. 污染稻田水分管理对水稻吸收积累镉的影响及其作用机理. 生态学报，27（9）：3930-3939.
贾锐鱼，林友红，陈一国，等. 2012. 西安市近郊菜园蔬菜重金属现状调查及评价. 西安科技大学学报，32（4）：485-489.
蒋成爱，吴启堂，吴顺辉，等. 2009. 东南景天与不同植物混作对土壤重金属吸收的影响. 中国环境科学，29（9）：985-990.
蒋凯亚，林燕，田芦明. 2017. 市售蔬菜农药残留情况及质量安全预警. 长江蔬菜，（12）：68-70.
蓝兰. 2010. 不同中微量及有益元素对土壤镉有效性和小麦吸收镉的影响. 雅安：四川农业大

学硕士学位论文.
李安，王北洪，潘立刚，等.2016. 北京市蔬菜中农药残留现状及慢性膳食暴露评估.食品安全质量检测学报，7（3）：1164-1169.
李芳柏，刘传平.2013. 农作物重金属阻隔技术新型复合叶面硅肥及其产业化.中国科技成果，（16）：77-78.
李剑睿.2015. 农艺措施联合钝化技术对水稻土镉污染修复效应研究.北京：中国农业科学院博士学位论文.
李丽，刘中，宁阳，等.2017. 不同类型粘土矿物对镉吸附与解吸行为的研究.山西农业大学学报（自然科学版），37（1）：60-66.
李贞霞，张百俊，陈碧华.2005. 郑州市主要蔬菜硝酸盐污染的调查研究.安徽农业科学，33（5）：877 -878.
林大松，徐应明，孙国红，等.2006. 应用介孔分子筛材料（MCM-41）对土壤重金属污染的改良.农业环境科学学报，25（2）：331-335.
刘传平，徐向华，廖新荣，等.2013. 叶面喷施硅铈复合溶胶对水东芥菜重金属含量及其他品质的影响.生态环境学报，22（6）：1053-1057.
刘吉振，徐卫红，王慧先，等.2011. 硅对不同辣椒品种生理特性、镉积累及化学形态的影响.中国蔬菜，1（10）：69-75.
刘俊.2014. 镧、硒对镉胁迫下番茄、黄瓜产量品质及Cd含量的调控作用.重庆：西南大学硕士学位论文.
刘琼峰，李明德，段建南，等.2013. 长沙城郊农田土壤重金属Pb、Cd的生态风险评价研究.农业环境科学学报，32（8）：1564-1570.
刘昭兵，纪雄辉，彭华，等.2012. 磷肥对土壤中镉的植物有效性影响及其机理.应用生态学报，23（6）：1585-1590.
龙小林，向珣朝，徐艳芳，等. 2014. 镉胁迫下籼稻和粳稻对镉的吸收转移和分配研究.中国水稻科学，28（2）：177-184.
娄伟.2010. 镉铅低累积萝卜、胡萝卜、茄子品种筛选及萝卜镉累积规律研究.武汉：华中农业大学硕士学位论文.
鲁剑巍.2006. 测土配方与作物配方施肥技术.北京：金盾出版社.
罗益，舒英格，秦松，等.2015. 城郊乡级尺度菜地土壤氮素对蔬菜硝酸盐含量的影响.西南农业学报，28（2）：670-674.
闵炬，陆扣萍，陆玉芳，等.2012. 太湖地区大棚菜地土壤养分与地下水水质调查.土壤，44（2）：213-217.
邱丘.2011. 菜心Cd积累的品种间差异及Cd污染控制方法研究.广州：中山大学博士学位论文.
全智，秦红灵，李明德，等.2011a. 氮肥优化减施对土壤氮磷累积及蔬菜产量品质的影响.水土保持学报，25（3）：103-107.
全智，吴金水，魏文学，等.2011b. 长期种植蔬菜后土壤中氮、磷有效养分和重金属含量变化.应用生态学报，22（11）：2919-2929.

沈明珠 . 1982. 蔬菜中的硝酸盐 . 农业环境科学学报，(2)：23-27.
孙约兵，徐应明，史新，等 . 2012. 海泡石对镉污染红壤的钝化修复效应研究 . 环境科学学报，32（6）：1465-1472.
唐明灯，艾绍英，罗英健，等 . 2012. 有机无机配施对生菜生长及其 Cd Pb 含量的影响 . 农业环境科学学报，31（6）：1104-1110.
田应兵，程水源，周建利，等 . 2005. 城郊菜地土壤重金属含量及其影响因素 . 湖北农业科学，(2)：66-70.
王彬武，李红，蒋红群，等 . 2014. 北京市耕地土壤重金属时空变化特征初步研究 . 农业环境科学学报，33（7）：1335-1344.
王斌，蒙海涛，张震，等 . 2010. 天津近郊农田土壤重金属含量特征及潜在生态风险评价 . 环境研究与监测，23（4）：11-15.
王翠红，黄启为，周卫军，等 . 2005. 叶菜类蔬菜硝酸盐含量及其与土壤肥力因素的关系 . 生态环境，(2)：218-219.
王磊，苏本营，香宝，等 . 2016. 生物质炭对土壤植物系统重金属迁移转化的影响机制 . 环境科学与技术，39（S2）：66-72.
王林，徐应明，梁学峰，等 . 2011. 新型杂化材料钝化修复镉铅复合污染土壤的效应与机制研究 . 环境科学，32（2）：581-588.
王海候，沈明星，陆长婴，等 . 2009. 苏州市菜地土壤硝酸盐累积现状与特征分析 . 江苏农业科学，(3)：355-356.
王美娥，彭驰，陈卫平 . 2015. 水稻品种及典型土壤改良措施对稻米吸收镉的影响 . 环境科学，36（11）：4283-4290.
王秀丽，梁成华，马子惠，等 . 2015. 施用磷酸盐和沸石对土壤镉形态转化的影响 . 环境科学，36（4）：1437-1444.
吴金水，等 . 2010. 城郊环境保育农业理论与实践 . 北京：科学出版社 .
吴启堂，陈卢，王广寿 . 1999. 水稻不同品种对 Cd 吸收累积的差异和机理研究 . 生态学报，19（1）：104-107.
吴清清，马军伟，姜丽娜，等 . 2010. 鸡粪和垃圾有机肥对苋菜生长及土壤重金属积累的影响 . 农业环境科学学报，29（7）：1302-1309.
吴琼，杜连凤，赵同科，等 . 2009. 菜地硝酸盐累积现状、影响及其解决出路 . 中国农学通报，25（2）：118-122.
伍钧，吴传星，孟晓霞，等 . 2011. 重金属低积累玉米品种的稳定性和环境适应性分析 . 农业环境科学学报，30（11）：2160-2167.
席晋峰，俞杏珍，周立祥，等 . 2011. 不同地区城郊用地土壤重金属含量特征的比较 . 土壤，43（5）：769-775
谢华，刘晓海，陈同斌，等 . 2008. 大型古老锡矿影响区土壤和蔬菜重金属含量及其健康风险 . 环境科学，29（12）：3503-3507.
徐运清，秦红灵，全智，等 . 2015. 长期蔬菜种植对菜地土壤剖面硝酸盐分布和地下水硝态氮含量的影响 . 农业现代化研究，36（6）：1080-1085.

杨代宇 . 2016. 混种两种生态型少花龙葵杂交 F1 代对树番茄幼苗镉积累的影响 . 成都：四川农业大学硕士学位论文 .

杨蕙，刘怡娅，向红，等 . 2017. 2014—2016 年贵州省 761 份市售蔬菜中农药残留监测结果分析 . 现代预防医学，44（11）：1969-1973.

杨磊，万红友 . 2011. 郑州市城郊菜地土壤重金属环境质量评价 . 河南农业科学，40（12）：84-87.

杨永杰 . 2016. 氮肥形态与用量对水稻镉积累和毒害的影响及调控机制研究 . 北京：中国农业科学院博士学位论文 .

杨芸，王崇力，徐卫红，等 . 2014. 重庆市菜园土壤与蔬菜硝酸盐和亚硝酸盐含量及相关性研究 . 食品科学，35（14）：136-140.

姚春霞，陈振楼，陆利民，等 . 2005. 上海市郊菜地土壤和蔬菜硝酸盐含量状况 . 水土保持学报，19（1）：84-88.

张翠翠，常介田，赵鹏 . 2013. 叶面施硒对西瓜镉和铅积累的影响 . 华北农学报，28（3）：159-163.

张海英，韩涛，田磊，等 . 2011. 草莓叶面施硒对其重金属镉和铅积累的影响 . 园艺学报，38（3）：409-416.

张堃 . 2011. 两种叶菜镉、铅低积累品种筛选及其快速鉴别方法研究 . 广州：中山大学博士学位论文 .

张丽霞，梁利芳，陈超球 . 2001. Nd（Ⅲ）及其配合物对重金属镉污染植物的缓解作用 . 广西师范学院学报（自然科学版），18（4）：47-49.

张小敏，张秀英，钟太洋，等 . 2014. 中国农田土壤重金属富集状况及其空间分布研究 . 环境科学，35（2）：692-703.

张宇燕，陈宏 . 2012. 重庆市市售蔬菜中锌、砷、汞的污染现状评价 . 三峡环境与生态，34（1）：47-51.

章明奎，倪中应，沈倩 . 2017. 农作物重金属污染的生理阻控研究进展 . 环境污染与防治，39（1）：96-101.

赵艳玲 . 2016. 镉胁迫和磷酸盐水平对水稻镉积累特性的影响 . 北京：中国农业科学院硕士学位论文 .

智杨 . 2015. 大豆品种间镉铅低积累性与品质差异性的评估与相关性 . 沈阳：东北大学硕士学位论文 .

周加倍，董英，王利群，等 . 2005. 蔬菜及土壤硝酸盐污染状况研究 . 江苏农业科学，（2）：89-91.

周建斌，陈竹君，唐莉莉，等 . 2006. 日光温室土壤剖面矿质态氮的含量累积及其分布特性 . 植物营养与肥料学报，12（5）：675-680.

朱旭彬，蔡滨莲，林伟杰，等 . 2016. 我国市郊农田重金属污染研究进展 . 环境科学与技术，39（s1）：137-142.

邹玲，王翠红，李洪斌，等 . 2009. 长沙市边缘带菜园土壤重金属含量及污染现状评价 . 湖南农业大学学报（自然科学版），35（1）：107-110.

Abe T, Nonoue Y, Ono N, et al. 2013. Detection of QTLs to reduce cadmium content in rice grains using LAC23/Koshihikari chromosome segment substitution lines. Breeding Science, 63 (3): 284-291.

Beesley L, Moreno-Jiménez E, Gomez-Eyles J L, et al. 2011. A review of biochars' potential role in the remediation, revegetation and restoration of contaminated soils. Environmental Pollution, 159 (12): 3269-3282.

Chen H M, Zheng C R, Tu C, et al. 2000. Chemical methods and phytoremediation of soil contaminated with heavy metals. Chemosphere, 41: 229-234.

Ding Y F, Ye Y Y, Jiang Z H, et al. 2016. MicroRNA390 is involved in cadmium tolerance and accumulation in rice. Frontiers in Plant Science, 7: 235.

Gao X P, Brown K R, Racz G J, et al. 2010. Concentration of cadmium in durum wheat as affected by time, source and placement of nitrogen fertilization under reduced and conventional-tillage management. Plant and Soil, 337 (1-2): 341-354.

Gray C W, Dunham S J, Dennis P G, et al. 2006. Field evaluation of in situ remediation of a heavy metal contaminated soil using lime and red-mud. Environmental Pollution, 142 (3): 530-539.

Guo G, Zhou Q, Ma L Q. 2006. Availability and assessment of fixing additives for the in situ remediation of heavy metal contaminated soils: a review. Environmental Monitoring and Assessment, 116 (3): 513-528.

Heupke W. 2007. Cadmium concentration in winter wheat as affected by nitrogen fertilization. European Journal of Agronomy, 26 (3): 209-214.

Houben D, Evrard L, Sonnet P. 2013. Mobility, bioavailability and pH-dependent leaching of cadmium, zinc and lead in a contaminated soil amended with biochar. Chemosphere, 92 (11): 1450-1457.

Huang B, Xin J, Dai H, et al. 2015. Identification of low-Cd cultivars of sweet potato (*Ipomoea batatas* (L.) Lam.) after growing on Cd-contaminated soil: uptake and partitioning to the edible roots. Environmental Science and Pollution Research International, 22 (15): 11813.

Liu R, Altschul E B, Hedin R S, et al. 2014. Sequestration enhancement of metals in soils by addition of iron oxides recovered from coal mine drainage sites. Soil and Sediment Contamination: An International Journal, 23 (4): 374-388.

Liu R, Xu F, Zhang P, et al. 2016. Identifying non-point source critical source areas based on multi-factors at a basin scale with SWAT. Journal of Hydrology, 533: 379.

Ma L, Yang Z, Li L, et al. 2016. Source identification and risk assessment of heavy metal contaminations in urban soils of Changsha, a mine-impacted city in Southern China. Environmental Science and Pollution Research International, 23 (17): 1-9.

Mclaughlin M J, Parker D R, Clarke J M. 1999. Metals and micronutrients-food safety issues. Field Crops Research, 60: 143-163.

Mohamed I, Ahamadou B, Ming L, et al. 2010. Fractionation of copper and cadmium and their binding with soil organic matter in a contaminated soil amended with organic materials. Journal of

Soils and Sediments, 10 (6): 973-982.

Naidu R, Kookana R S, Sumner M E, et al. 1997. Cadmium sorption and transport in variable chargesoils: a review. Environmental Quality, 26: 602-617.

Novak J M, Busscher W J, Laird D L, et al. 2009. Impact of biochar amendment on fertility of a southeastern coastal plain soil. Soil Science, 174 (2): 105-112.

Raicevic S, Kaludjerovic- Radoicic T, Zouboulis A I. 2005. In situ stabilization of toxic metals in polluted soils using phosphates: theoretical prediction and experimental verification. Journal of Hazardous Materials, 117 (1): 41-53.

Santamaria P. 2006. Review nitrate in vegetables: toxicity, content, intake and EC regulation. Journal of the Science of Food and Agriculture, 86 (1): 10-17.

Sebastian A, Prasad M N V. 2014. Cadmium minimization in rice. A review. Agronomy for Sustainable Development, 34 (1): 155-173.

Shi W M, Jing Y, Feng Y. 2009. Vegetable cultivation under greenhouse conditions leads to rapid accumulation of nutrients, acidification and salinity of soils and groundwater contamination in South-Eastern China. Nutrient Cycling in Agroecosystems, 83 (1): 73-84.

Su D C, Lu X X, Wong J W C. 2008. Could cocropping or successive cropping with Cd accumulator oilseed rape reduce Cd uptake of sensitive Chinese cabbage? Practice Periodical of Hazardous Toxic and Radioactive Waste Management, 12 (3): 224-228.

Sun Y, Zhou Q, Xie X, et al. 2010. Spatial, sources and risk assessment of heavy metal contamination of urban soils in typical regions of Shenyang, China. Journal of Hazardous Materials, 174 (1-3): 455-462.

Sun Y B, Xu Y M, Wang L, et al. 2013. Assessment of sepiolite for immobilization of cadmium-contaminated soils. Geoderma, 193-194: 149-155.

Tang X, Li Q, Wu M, et al. 2016. Review of remediation practices regarding cadmium-enriched farmland soil with particular reference to China. Journal of Environmental Management, 181: 646-662.

Ueno D, Yamaji N, Kono I, et al. 2010. Gene limiting cadmium accumulation in rice. Proceedings of the National Academy of Sciences of the United States of America, 107 (38): 16500-16505.

Wu S, Zhou S, Li X. 2011. Determining the anthropogenic contribution of heavy metal accumulations around a typical industrial town: Xushe, China. Journal of Geochemical Exploration, 110 (2): 92-97.

Yu H Y, Liu C, Zhu J, et al. 2016. Cadmium availability in rice paddy fields from a mining area: the effects of soil properties highlighting iron fractions and pH value. Environmental Pollution, 209 (1): 38.

Yu H, Wang J, Fang W, et al. 2006. Cadmium accumulation in different rice cultivars and screening for pollution-safe cultivars of rice. Science of the Total Environment, 70 (2-3): 302-309.

Zhao L, Wang F J, Yang H, et al. 2012. Impacts of nitrogen (Urea) fertilization on cadmium accumulation nitrate contents and nutritive values in Chinese cabbage. Advanced Materials Research,

393-395（4）：809-817.

Zhou W，Ren L，Zhu L. 2017. Reducement of cadmium adsorption on clay minerals by the presence of dissolved organic matter from animal manure. Environmental Pollution，223：247-254.

Zhu T，Zhang J，Cai Z，et al. 2012. The N transformation mechanisms for rapid nitrate accumulation in soils under intensive vegetable cultivation. Journal of Soils and Sediments，11（7）：1178-1189.

Zwonitzer J C，Pierzynski G M，Hettiarachchi G M. 2003. Effects of phosphorus additions on lead，cadmium，and zinc bioavailabilities in a metal- contaminated soil. Water Air and Soil Pollution，143（1-4）：193-209.

第2章　城郊区污染土壤安全利用与低富集作物筛选

2.1　城郊区污染土壤安全利用

2.1.1　重金属污染土壤安全利用

随着工业发展以及城市化进程的加快，由于施肥、畜禽粪便和生物固体应用以及污水灌溉等人为原因，我国土壤重金属污染问题日渐突出，并且污染面积呈现逐年扩大趋势，据农业部（现农业农村部）全国污水灌溉区域的调查统计，我国污水灌溉区的140万hm^2受污染的农田土壤，有64.8%不同程度地遭受重金属污染。总体而言，我国农田重金属污染呈现“主要生产区基本安全，重点区域风险较大”的特点（曾希柏等，2013），而从农田土壤重金属含量空间分布特征来看，中国农田重金属富集有明显的区域特征，Pb、Cd、Cu、Zn及Cr在西南地区较富集，而在其他地区的富集程度则相对较低（张小敏等，2014）。

城郊区是指环绕城市中心的区域地带，是介于城市与农村的过渡区，担负着维护城市生态环境安全和供给城市主要农产品的双重功能。在城市工业和生活废弃物不断增加、农业生产不断高强度化等诸多因素的共同作用下，我国城郊土壤重金属污染也日趋严重，已对城郊区农产品质量安全构成严重威胁。张宇燕和陈宏（2012）对重庆主城区17种市售蔬菜204个样品中重金属Zn、As、Hg含量的调查结果表明，15.7%的市售蔬菜处于重度污染。郭智广等（2012）调查了郑州市郊794个蔬菜样品的Pb、Cd污染状况，结果显示，郑州市郊蔬菜中重金属Pb、Cd污染最为严重，绿叶菜类Pb超标率最高为14.5%，根茎类超标率为3.3%，豆类超标率达3.8%。“十一五”国家科技支撑计划重点项目“城郊区环保型特色农业支撑技术研究与示范”的研究结果表明，在武汉城郊蔬菜基地44个蔬菜样品重金属含量中Cd超标率达到45.5%，As超标率达到40.1%；而在长沙、株洲、湘潭城郊区随机采集的153个水稻样品中，92%的稻米样品Cd含量超过国家食品卫生标准（吴金水等，2010）。

总体上，在全国农田土壤重金属污染日趋严重的大背景下，城郊土壤环境的恶化已严重影响城郊区农产品的质量安全。因此，有效解决重金属污染农田的安全利用问题，对解决城郊区农业安全生产的需要同日益恶化的城郊环境之间的矛盾有重要意义。目前，针对重金属污染土壤安全利用问题，国内外主要从政策管理和生态农业调控两个角度进行解决。在政策管理方面，基于长期、持续的样地土壤重金属监测数据，实现土壤重金属污染风险评估、污染级别划分以及污染预警预报管理，从政策管理上规避重金属污染场地种植粮食作物的事件。在生态农业调控方面，主要通过农业结构调整、水肥管理技术优化、耐重金属作物品种种植等减少土壤重金属向食物链的迁移，实现对重金属超标土壤的安全利用。

2.1.1.1 土壤重金属污染风险评估和预警管理技术

土壤重金属污染是众多土壤污染类型之一。土壤重金属污染因其较强的毒害性、非生物降解性，以及容易被农产品富集而危害人体健康，已成为当前国内外社会各界关注的热点问题。相对准确地评价土壤重金属污染级别、精细划分土壤重金属污染等级边界是土壤重金属污染治理的首要任务。鉴于土壤重金属污染多是长期人为活动累积所致，整合长期、多元土壤重金属含量及环境数据，借助现代信息技术对土壤重金属污染进行预警和预报是土壤重金属污染预防与安全利用的重要环节。

（1）土壤重金属污染风险评估及边界划分技术

1）基于地统计估值的土壤重金属污染风险评估及边界划分。

目前，如何用离散的点状土壤重金属数据准确地描述土壤重金属的面源分布依旧是尚未解决的难题。早期，国内外学者引入地统计学方法研究土壤重金属污染的空间分布和变异。例如，Hu 等（2006）研究了北京大兴区土壤重金属 Cu、Zn、Pb、Cr、Cd、Hg 的空间变异性，发现土壤重金属 Cu、Zn、Cr、Cd 空间自相关距离范围为4.0～7.0km。霍霄妮等（2009）用多尺度套合半方差函数对北京耕作土壤重金属的空间结构进行了研究，发现该模型显著地提高了重金属含量的空间估值精度，较好地揭示了重金属的空间分布特征。

总体上，地统计学方法已在描述土壤重金属的空间变异性以及通过空间插值评估土壤重金属污染的空间分布上获得显著进展。应用地统计学方法的前提假设是：研究区域内土壤重金属含量分布是空间同质的，即满足空间自相关性。而实际上，由于土壤重金属含量受众多景观因子及人为因素的影响，土壤重金属变量通常只是在小尺度上才具有较好的空间自相关性，随研究尺度的增大，这种空间自相关性很难成立。研究表明，土壤重金属含量分布的空间变异性通常只在小尺度的地块上相对很小，在中/大尺度上则非常大（Liu et al.，2016），因此很难在中/大尺度、土壤重金属含量变异较大的区域获得可靠的结果。因此，地统计学方法可在土壤景观结构变异小、小尺度田块上准确预测土壤重金属含量的空间分布，但无法在复杂景观结构下可靠地预测土壤重金属含量的空间分布。

2）基于空间同质性的土壤重金属污染风险评估及边界划分。

准确、客观地回答研究区域土壤重金属污染的分布特征及分布范围，对有效制定污染防治措施、降低污染造成的经济损失和社会负面效应意义重大。现有的空间估值方法适用于小尺度、重金属含量变异小的地块，但不适用于中/大尺度、重金属含量变异大的研究区域。中/大尺度上，影响重金属含量的外源因素，如地形地貌、土地利用方式、植被类型、土壤母质等的空间分布变异较大，导致土壤重金属含量的空间变异性。周脚根等（2015）提出了一种基于空间同质性的土壤重金属污染风险评估及边界划分（简称空间同质划分）方法，可有效实现异质背景下土壤重金属污染的精细分化。

该方法以土壤污染物含量分布与污染源之间的空间关系为参照，提取约束区域，建立基于约束区域的边界约束空间插值算法，将空间插值约束在可靠的空间区域，实现土壤污染物含量分布的精细分区。该方法的技术优点在于：提取污染源影响范围为边界约束条件，将对未知位点的空间插值约束在可靠的空间区域，实现土壤污染物含量分布的准确和可靠分区。该技术也在北京某有机农产品土壤重金属污染评估中取得良好效果。

北京某有机农产品产地，东西长 1000m、南北宽 600m，总面积为 0.6km^2。该产地主要有两种土地利用类型：大田和设施蔬菜地。2007 年按规则网格取样方法取样 193 份，监测该产地的土壤重金属 Cu 含量状况，样点分布图见图 2-1。经调查发现该产地设施蔬菜地土壤重金属 Cu 含量明显高于大田土壤，这与设施蔬菜地的畜禽有机肥投入量大有关。因此，设施蔬菜地被认作该产地重金属 Cu 的潜在污染区域。

通过采用空间同质划分方法与两种经典空间插值方法（反距离加权插值方法和克里金插值方法）对该产地土壤重金属含量分布进行估值，并作分区，具体结果见图 2-2（a）和（b）。比较发现，在采用常规地统计学插值方法（反距离加权插值方法和克里金插值方法）的结果图中，大田和设施蔬菜地的相邻近的边界区域出现了明显的插值跨界现象：邻近设施蔬菜地的大田土壤重金属 Cu 含量呈偏高趋势，而邻近大田的设施蔬菜地土壤重金属 Cu 含量呈偏低趋势；并且相对克里金插值方法的插值结果，这种插值跨界现象在反距离加权插值方法的结果图中更为凸显。然而，在空间同质划分方法的结果图中，插值跨界现象未出现［图 2-2（c）］，这表明空间同质划分方法实现了土壤污染物含量分布的精细分区。

（2）土壤重金属污染预警管理

随着现代信息技术的飞速发展，特别是地理信息技术和数据库管理技术的发

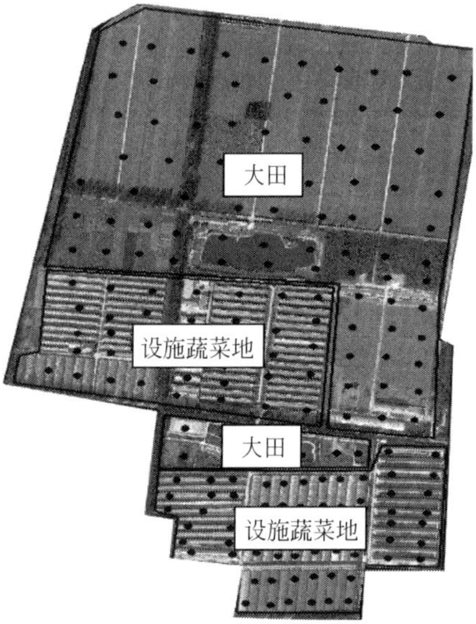

图 2-1　北京郊区某有机农产品产地土壤重金属观测点及土地利用状况分布图

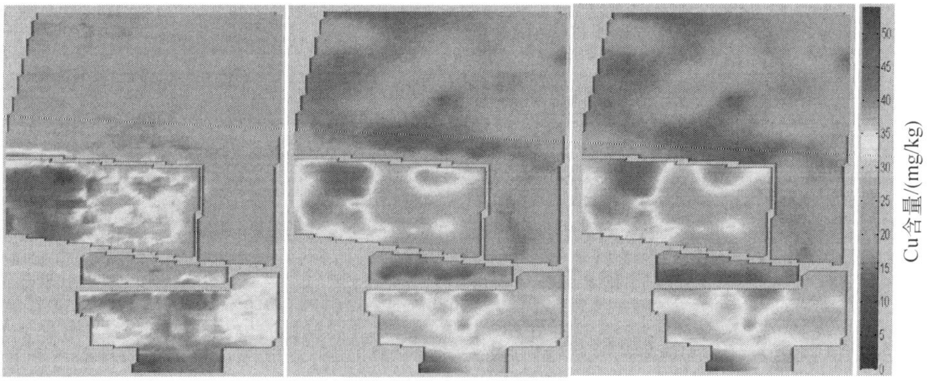

(a) 反距离加权插值方法　　(b) 克里金插值方法　　(c) 空间同质划分方法

图 2-2　三种估值评估方法的性能比较

展，以及国家层面对农产品质量安全的高度重视，国内高校、科研院所及相关职能部门相继研发/应用现代信息管理系统，开展产地、区域等不同尺度的土壤重金属污染监管、决策及预警等管理，在重金属污染土地安全利用及管理方面发挥了重要作用。

国内较早的土壤信息管理系统是 1991 年上海市农业科学院开发的蔬菜区污染数据微机管理系统，该系统可管理土壤信息并做简单的数理统计。2000 年以后，随着全社会对农业环境安全问题关注度的提高，以及国家与地方有关部门对农产品质量安全问题研究经费投入力度的增大，北京、上海、广东、江苏、浙江、贵州、湖北以及湖南等省（直辖市）都在应用地理信息系统（geographic information system，GIS）开展土壤重金属污染管理工作（表 2-1）。其中，数据收集量大、应用相对广泛的属湖南省农业委员会（现湖南省农业农村厅），主要应用的是湖南省农产品产地重金属污染信息管理系统，该系统集成湖南耕地重金属“十二五”普查、长株潭耕地重金属污染修复、农作物种植结构以及多源的各部门业务管理数据等数据，建立湖南省耕地重金属污染源专题空间数据库；运用 GIS 空间分析手段、时空表达能力和可视化地图展示功能，建设多类业务子系统，按照《中华人民共和国农产品质量安全法》《中华人民共和国基本农田保护条例》和国家相关标准，将全省耕地划分为风险警戒区、轻度污染区、中度污染区、重度污染区；建立健全耕地重金属污染监测评价预警系统，对警戒风险区加强保护，对污染产地实施分区治理和安全利用，为湖南农产品安全、粮食安全和农业生态安全等领域的决策提供可靠的参考依据。

表 2-1　重金属污染土壤安全利用技术应用案例

编号	系统开发/应用机构	系统名称	主要功能及应用	应用时间
1	上海市农业科学院	蔬菜区污染数据微机管理系统	土壤信息管理、数理统计及综合评价	1991 年
2	中国科学院地理科学与资源研究所	土壤重金属信息系统	实现北京各区县重金属污染风险分析、区域土壤环境质量评价等研究、决策管理	2003 年
3	北京市农林科学院	WebGIS 的重金属污染决策支持系统	北京主要产地重金属的空间变异分析，以及集成资源环境和基础地理数据	2005 年
4	吉林大学	基于 GIS 的预警预测程序模块	北京及其近郊区重金属 Pb 污染预警，并对元素超标年限进行预测	2007 年
5	广州政府部门	广州市农产品重金属残留预警系统	在 GIS 系统中通过地图发布监控和预警结果，从而实现了对农产品安全生产状况的适时直观监控，并对其潜在的发展趋势进行了预测	2008 年
6	浙江大学	土壤重金属污染评价系统	浙江地区土壤重金属污染评估	2009 年

续表

编号	系统开发/应用机构	系统名称	主要功能及应用	应用时间
7	上海师范大学	上海农田土壤重金属数据库	实现重金属元素的描述性统计、动态累积和插值分析	2010 年
8	南京农业大学	土壤污染预警系统	实现江苏溧水土壤重金属污染评估	2010 年
9	贵州遵义地方部门	农业土壤重金属污染预警模型系统	实现遵义土壤重金属变化趋势预测	2011 年
10	甘肃各级政府部门	重金属污染监管系统	实现各级部门数据管理和共享	2013 年
11	湖南省农业委员会	湖南省农业厅重金属污染监测管理系统	全面展示湖南土壤及农作物的重金属含量和分布情况，进行重金属污染的分区管理，指导不同污染区科学地制定修复治理方案	2013 ~ 2016 年
12	湖北省农业委员会	重金属污染采集及管理系统	农业重金属调查数据处理、统计和建模分析后的结果再进行可视化表达并发布	2016 年以来

从相关管理系统系统结构和功能模块研发的发展趋势来看，目前土壤重金属污染管理系统一般以高性能云 GIS 平台、数据中心、遥感影像/DEM 平台为基础进行搭建，通过 GIS 平台实现区域二维、地形三维以及 2.5 维一体化地图展示，实现土壤重金属污染信息查询、农产品产地环境分类分级以及决策管理，保障农产品质量安全。

系统通常具备以下功能模块。

1）农产品种植区划模块。依据历史和实时采样点重金属数据、作物对重金属累积数据以及周边环境信息，建立产地种植分析模型，指导实际的重金属污染治理和农产品种植，指导农产品产地环境分类分级管理，并将已有的农产品种植区划和评估数据进行空间展示与渲染。

2）重金属污染评价以及可视化模块。基于已有的土壤重金属监测数据，结合土壤重金属污染评价标准，实现重金属污染的空间展示、查询、统计分析和时空变化分析，并进行相应的预警。借助平台内置的 GIS 数据可视化功能实现点源、面源重金属污染评价分析、重金属污染时空变化分析，以及重金属超标年限预警等结果的可视化展示。

3）数据查询模块。提供重金属污染数据的各类查询和统计分析，主要包括重金属污染空间查询、范围统计、分行政区统计、固定报表统计、结果导出、结果发布等。

4）专家咨询模块。提供土壤重金属污染防控的决策咨询，为用户提供智能查询功能和农作物宜种率专家建议咨询功能。

5）移动终端应用模块。提供移动端浏览、查询及搜索土壤重金属数据或相关管理功能。

2.1.1.2　重金属污染土壤安全利用与防控措施

土壤重金属污染级别评估和污染划分及重金属污染发生预测勾画了重金属污染发生的范围以及未来可能发生污染的区域，为开展重金属污染土地的安全利用工作提供了良好的土壤重金属含量及污染级别分布图。依据精细的土壤重金属污染级别分布图，可因地制宜地采用农艺措施或者调整种植结构，实现重金属污染土壤的安全利用。目前，国内重金属污染土壤的安全利用，主要是通过农艺措施优化和种植结构调整，减少土壤重金属向食物链的迁移。中国 1995 年颁布《土壤环境质量标准》（GB 15618—1995），2018 年，更新标准为《土壤环境质量 农用地土壤污染风险管控标准（试行）》（GB 15618—2018），规定："农用地土壤污染风险筛选值"（简称筛选值）和"农用地土壤污染风险管制值"（简称管制值），其中"农用地土壤污染风险筛选值"是指农用地土壤中污染物含量等于或低于该值的，对农产品质量安全、农作物生长或土壤生态环境的风险低，一般情况下可以忽略；超过该值的，对农产品质量安全、农作物生长或土壤生态环境可能存在风险，应当加强土壤环境监测和农产品协同监测，原则上应当采取安全利用措施。"农用地土壤污染风险管制值"是指农用地土壤中污染物含量超过该值的，食用农产品不符合质量安全标准等农用地土壤污染风险高，原则上应当采取严格管控措施。这些限值均根据土壤 pH 的变化有所不同。总体上，对于污染物含量在筛选值和管制值之间的土壤，均应实施预警防控策略，种植耐重金属农作物种类，加强并优化实施相应的农艺措施。

（1）重金属低积累植物筛选和种植

除环境因素、施肥技术和收获时期等外部因素的影响外，植物种之间的重金属和硝酸盐积累差异主要由遗传机制决定。根据不同植物的基因型差异，基于同一种作物的不同品种对重金属的吸收和富集程度的差异，按照国内外相关标准允许限量或推荐限量，筛选重金属低积累品种，减少农田土壤重金属向食物链的迁移富集，是轻微、轻度重金属污染农田安全生产的有效途径。近年来，已有学者致力于重金属污染物弱吸收品种的筛选研究，成果较多。

曹晓玲等（2012）研究证实，苎麻品种（中苎 1 号、湘苎 2 号和湘苎 3 号）对土壤 Cd 有较强的耐受能力（耐受 Cd 的阈值为 11.7mg/kg），是修复与利用重金属 Cd 污染土壤的备选植物。湘苎 3 号耐受 Cd 的能力最强，在 Cd 添加量为 0～100mg/kg 时，其有效株为 15.7～29.0 株/m^2、生物量为 0.67～1.01kg/m^2、原麻产量为 55.4～76.8g/m^2，显著高于其他两个品种；随着土壤 Cd 添加量的增大，3 个品种地上部的 Cd 含量及其累积量均显著增加，最高可达 61.5mg/kg 及 49.6mg/m^2，表明苎麻对 Cd 具有较强的富集能力。Cd 胁迫条件下，3 个品种对 Pb、Cu、Zn、Ni 等重金属的吸收因元素种类的不同而异，中苎 1 号对 Pb、Ni 的吸收量呈现出随土壤 Cd 含量增大而增加的趋势，湘苎 3 号对 Zn、Ni 的吸收则呈现出随土壤 Cd 添加量增大而减少的趋势。这些研究表明，植物对不同重金属的吸收在遵循质量作用定律的同时也与干扰离子的存在有一定的关系。

秦榕璘等（2016）比较了不同基因型玉米品种对 Pb 的富集效果，发现 Pb 高富集玉米品种（靖丰 8 号、旭玉 1446）茎、叶和籽粒的 Pb 含量，高于 Pb 低富集玉米品种。叶新新等（2012）发现，德农 2000（杂交稻）和浙 1500（籼稻）对 Cd、As 污染敏感，富集系数最高；南粳 32（籼稻）对 Cd、As 污染不敏感，富集系数低。

（2）农艺措施调整和优化

通过选择适当的水肥控制措施来调节土壤水分，改变土壤 pH、Eh，能够调控土壤重金属有效性，从而降低污染物的危害。在淹水条件下，土壤处于还原状态，部分重金属以难溶态硫化物存在，因此在作物壮籽期保持水田有一个稳定的淹水期，可以减少重金属进入果实或籽实中的含量，如在水稻抽穗到成熟期，无机成分大量向穗部转移，此时减少落干、保持淹水可明显减少水稻籽实中 Cd、Zn、Cu、Pb 的含量（顾继光等，2005）。

沈欣等（2015）比较研究了低 Cd 积累品种种植（V）、全生育期淹水灌溉（I）、施用生石灰调节土壤 pH（P）3 种不同农艺措施对水稻 Cd 吸收的影响，结果显示，3 种措施组合（VIP）对降低水稻吸收与积累 Cd 的效果最佳，而两种措施组合（IP 和 PV）则次之；与对照相比，经 VIP 处理后，糙米 Cd 含量降低了 61.5%，稻壳 Cd 含量降低了 70.9%。可见，选种低 Cd 积累品种并结合土壤 pH 调节和淹水灌溉对 Cd 污染稻田的安全利用具有重要作用。

（3）种植制度和作物种类调整

通过调整作物种植制度或者在污染土壤中种植对重金属具有抗性且不进入食物链的植物品种，可以明显地降低重金属的环境风险和健康风险。王凯荣等（1998）较早采用桑蚕生产模式替代粮作生产模式，成功治理了铀矿区近 40hm^2的 Cd 污染农田，耕层土壤 Cd 含量年平均下降 1.33mg/kg，并且农田年均产值比水稻模式提高 2880 元/hm^2，比种玉米提高 8880 元/hm^2，利润可增加 1980 元/hm^2。

汤文光等（2011）对长期种植模式的比较研究表明，在湖南地区，与冬闲-双季稻（CK）模式相比，黑麦草-双季稻、紫云英-双季稻、油菜-双季稻和马铃薯-双季稻四种冬种模式下的土壤重金属含量削减显著，其中黑麦草-双季稻模式下的土壤As含量，紫云英-双季稻模式下的土壤Cd、Hg、As含量，油菜-双季稻模式下的土壤Cd、Hg含量，以及马铃薯-双季稻模式下的土壤Pb、Hg含量均显著低于CK。这表明冬种模式有显著削减土壤部分重金属污染的作用。赵冰等（2011）的研究发现，伴矿景天/小麦-水稻的间作和轮作种植模式可吸收修复污染土壤中有害重金属，降低后茬水稻的食物链风险。

2.1.2　硝酸盐污染土壤安全利用技术

城郊区农业以蔬菜种植为主，而菜地生态系统具有复种指数高、施肥量大、肥水条件优越、土壤养分含量高等突出特点，蔬菜生产过程中普遍存在过量施用氮肥和过量灌水等问题，表层土壤中积累过量的硝态氮，容易造成蔬菜硝酸盐超标。王朝辉等（2002）的研究表明，在北方地区（陕西），露天菜地2m土层的硝态氮残留量可达1358.8kg/hm^2，仅种植两年的大棚菜地硝态氮残留量就可达1411.8kg/hm^2，5年大棚菜地为1520.9kg/hm^2，而一般农田土壤仅为245.4kg/hm^2。菜地土壤积累的大量硝酸盐，不仅造成蔬菜尤其是叶菜类蔬菜体内硝酸盐超标、营养品质下降，还会通过淋溶、流失等途径从土壤转移到水环境中，造成水体（尤其是地下水）硝酸盐污染，对生态环境和人体健康产生负面影响。因此，有效控制城郊区菜地土壤硝酸盐积累、研发硝酸盐污染土壤安全利用技术具有重要意义。

2.1.2.1　平衡施肥技术

平衡施肥技术包括诊断施肥、测土施肥、配方施肥等，其主要理念是根据土壤养分供应能力和作物预计产量确定肥料投入量，根据作物的长势、长相和营养特性确定追肥量，实现养分投入的协调供给。在旱地土壤中，无论是铵态氮肥还是酰胺态氮肥，均能转化为硝态氮，通过测定土壤中硝态氮的含量，在土壤硝态氮高于阈值时减少甚至不施用氮肥，是控制土壤硝酸盐污染的最直接措施之一。另外，平衡施肥中常用的有机无机肥配施、大中微量元素平衡施用等技术均可不同程度地降低土壤中的硝酸盐含量。郝小雨等（2012）对四种有机无机肥配施比例的研究发现，与全部施用化肥处理和习惯施肥处理相比，有机无机肥配施处理的土壤渗漏水硝态氮渗漏量分别显著降低35.5%和55.1%。其他相关研究也表明，有机肥比例越大，耕层土壤硝态氮含量越低，硝态氮向下层土壤的迁移量也会相应减少，从而氮肥的淋溶损失也越少。

2.1.2.2 硝化抑制剂与氮肥配合施用技术

硝化抑制剂（nitrification inhibitor），是一类能够抑制土壤中亚硝化细菌等微生物活性的物质总称，具有抑制亚硝化细菌活性、控制土壤中 NH_4^+向 NO_2^-、NO_3^-转化的作用，适合与各种铵态氮肥或尿素配合施用，目前常用的主要有：双氰胺（DCD）、1-甲基吡唑-1 羧酰胺（CMP）、3-甲基吡唑（MP）、4-氨基三唑（AM/AT/ATC）、硫脲（TU）等。其技术原理为：硝化抑制剂抑制了土壤中的亚硝化、硝化，甚至反硝化过程，从而阻碍了 NH_4^+向 NO_2^-、NO_3^-转化的过程。硝化抑制剂与氮肥配合施用，通过抑制硝化细菌的活性，抑制亚硝化、硝化、反硝化作用，使施入土壤的酰胺态氮和铵态氮能够较长时间以 NH_4^+-N 的形态存在并供作物利用，从而提高了氮肥的肥效，并减少了硝态氮和亚硝态氮的淋溶和反硝化作用引起的氮素损失。

2.1.2.3 作物合理配置技术

大部分蔬菜属于浅根系作物，如在菠菜、球茎甘蓝的整个生育期内，其80%的根系分布在土表0～15cm，分布在30cm 土层之下的不足5 %。但是也有一些生育期相对较长的作物（如茄子、番茄、辣椒等），其根系分布相对较深，通过合理间作、套种及轮作等种植模式合理配置不同根系分布特性的蔬菜作物，可有效降低耕层土壤硝酸盐含量。吴琼等（2011）采用大田试验的方法，选择深根系的茄子和浅根系的大葱进行间作种植，与单作相比，茄子与大葱间作能有效阻截硝酸盐的向下淋溶，并有效减少土壤中硝酸盐的积累量。在间作种植模式下，减量施肥能够减少土壤中硝酸盐含量，特别是对于深层土壤，降低效果尤其明显。运用生物修复的原理，结合深根系填闲作物的应用进行合理轮作也可大幅降低土壤中硝态氮含量（任智慧等，2003）。

2.1.2.4 土壤硝酸盐污染控制

以双氰胺（DCD）、腐殖酸（HA）、EM 菌等为主要成分配制的硝酸盐污染控制剂在降低设施菜地土壤硝酸盐含量方面也具有显著效果。试验结果表明，HA+EM+DCD 处理效果最为显著，其土壤硝酸盐含量从 834.9mg/kg 下降至 99.5mg/kg，降幅达到 88.08%；其次为 HA+DCD 处理，其土壤硝酸盐含量从 829.7mg/kg 降至 191.1mg/kg，降幅为 76.97%；最后为 EM+DCD 处理，其土壤硝酸盐含量从 841.23mg/kg 降至 213.21mg/kg，降幅为 74.65%（于志民和熊燕，2014）。因此，通过多种组分配合，研发适合不同区域及不同蔬菜作物类型的硝酸盐污染控制剂，也是解决土壤硝酸盐污染的有效途径。

2.2　城郊区土壤污染物低富集作物筛选

2.2.1　硝酸盐污染物弱吸收作物筛选

蔬菜是一类极易积累硝酸盐的作物，尤其是叶菜类蔬菜。有研究表明，人体摄入的硝酸盐中有70%~80%来自蔬菜（Farneselli et al., 2006）。北京（封锦芳等，2004）、上海（姚春霞等，2005）、长沙（贾来和梁命宜，2003）、杭州（王钫等，2004）、合肥（李学德等，2003）、济南（王淑娥等，2004）、武汉（黄敏等，2011）、重庆（林俊杰等，2011）、太原（许富荣和杜慧平，2014）等多个城市常见蔬菜硝酸盐含量和居民暴露量调查的结果表明，我国城市居民日常食用的蔬菜的硝酸盐含量非常高，尤其是叶菜类蔬菜。有研究表明，蔬菜中硝酸盐吸收和积累的差异主要受自身遗传特征和环境因子的调控，蔬菜种间或种内不同品种对硝酸盐的吸收和积累均存在较大的差异。因此，通过筛选蔬菜的低硝酸盐含量品种来推广生产，从而降低硝酸盐在蔬菜中的累积并降低对消费者饮食健康的威胁，具有必要性和可行性。

2.2.1.1　蔬菜硝酸盐含量限量标准

针对城郊区农产品生产过程中农产品硝酸盐和亚硝酸盐的安全评价，对比国内外相关标准体系对农产品硝酸盐和亚硝酸盐含量限量的规定［具体国内标准包括国家食品卫生标准《蔬菜中硝酸盐限量》（GB 19338—2003）、无公害农产品标准、绿色食品标准；国际标准包括国际食品法典委员会（Codex Alimentarius Commission，CAA）标准《食品和饲料中污染物和毒素通用标准》（*Codex General Standard for Contaminants and Toxins in Food and Feed*），欧盟标准《EC 1881-2006 欧盟关于食品污染物最高限量》《EC 629-2008 欧盟关于食品污染物最高限量》，日本厚生省第370号告示《食品中其他化学物质规格》等］发现，在国际标准中，只有欧盟标准对绿叶类蔬菜硝酸盐含量进行了限定，即秋冬季3000mg/kg，夏秋季2500mg/kg。我国《蔬菜中硝酸盐限量》（GB 19338—2003）限定的白菜类、绿叶菜类、甘蓝类等蔬菜硝酸盐含量不超过3000mg/kg，瓜类蔬菜不超过440mg/kg；各类蔬菜亚硝酸盐含量不超过4mg/kg。另外，我国绿色食品标准和无公害农产品标准也对硝酸盐含量进行了限定，分别为不超过2mg/kg和不超过4mg/kg。可见，我国对蔬菜硝酸盐和亚硝酸盐的限定标准还是比较全面的，因此在开展硝酸盐低积累品种筛选时，主要参考《蔬菜中硝酸盐限量》（GB 19338—2003）中规定的硝酸盐和亚硝酸盐限量标准。国内、国际标准的比较见表 2-2。

表 2-2 国内、国际相关质量标准对硝酸盐的限定值（单位：mg/kg）

污染物名称	蔬菜类型	国内标准			国际标准		
		食品污染物限量	绿色食品标准	无公害农产品标准	欧盟标准	CAC 标准	日本标准
硝酸盐	白菜类蔬菜	≤3000					
	绿叶类蔬菜	≤3000			秋冬季 3000；春夏季 2500		
	甘蓝类蔬菜	≤3000					
	瓜类蔬菜	≤440					
	仁果类水果						
亚硝酸盐	白菜类蔬菜	≤4		≤4			
	绿叶类蔬菜	≤4	≤2	≤4			
	甘蓝类蔬菜	≤4	≤2	≤4			
	瓜类蔬菜	≤4	≤2				
	仁果类水果	≤4		≤4			

注：表中的空格表示未有相关标准或限量值

2.2.1.2 蔬菜作物对硝酸盐的累积特征

（1）不同种类蔬菜及器官的硝酸盐积累差异

农产品中硝酸盐累积特征与作物种类及收获部位关系密切。禾谷类粮食作物一般以籽粒收获为主，其收获物中硝酸盐的含量很少，一般每千克籽粒中硝态氮含量在几毫克至几十毫克，有时甚至低于检出限（王朝辉等，2002）。除瓜果类蔬菜外，蔬菜可食用部位主要为营养器官，硝酸盐含量及积累量较高，硝酸盐含量一般在几百 mg/kg 到几千 mg/kg 不等。Corre 和 Breimer（1979）根据蔬菜硝酸盐含量将其划分为五大类，第一类是硝酸盐含量≤200mg/kg 的蔬菜，如甘薯、番茄、芦笋、蚕豆、豌豆、蘑菇、马铃薯、甜椒等；第二类是硝酸盐含量为 200～500mg/kg 的蔬菜，如茄子、黄瓜、甜瓜、洋葱、青花菜、花椰菜、黄瓜等；第三类是硝酸盐含量为 500～1000mg/kg 的蔬菜，如胡萝卜、菜豆、结球甘蓝、南瓜等；第四类是硝酸盐含量为 1000～2500mg/kg 的蔬菜，如球茎甘蓝、韭葱、食用大黄等；第五类是硝酸盐含量高于 2500mg/kg 的蔬菜，如菠菜、小白菜、大白菜等。沈明珠等（1982）根据测定结果对 34 种蔬菜硝酸盐含量由大到小排序：绿叶菜类>白菜类>葱蒜类>豆类>瓜类>茄果类>多年生类>食用菌类，其中生姜、菠菜的硝酸盐含量极高，在 23 000mg/kg 以上，而西瓜、番茄则较低，仅为 15mg/kg 左右。综合近年来我国各大、中城市不同类型蔬菜硝酸盐含量调查数据，不同种类蔬菜硝酸盐含量高低排列顺序基本为：叶菜类>根茎类>葱蒜类>瓜类>鲜豆类>花菜类>茄果类，叶菜类蔬菜尤其是青菜等绿叶菜属于硝酸盐高积累型，而大部分果实类蔬菜则常为硝酸盐低积累型，根茎类蔬菜居中（吴金水等，2010）。

（2）蔬菜不同部位硝酸盐的积累差异

蔬菜不同品种间硝酸盐积累也存在明显差异。Cantliffe（1972）提出同种蔬菜作物不同品种间硝酸盐含量有显著差异，如光滑叶型菠菜硝酸盐含量较皱叶型少 74%。蔬菜作物吸收积累硝酸盐的品种差异性在许多其他蔬菜上也得到证实，黄瓜、番茄、莴苣、芜菁、芹菜、菜豆、胡萝卜、食用甜菜、甘蓝、茄子、马铃薯、香瓜等均存在基因型差异（Araeb 和蔡元定，1992）。在同一植株体内，叶片及叶柄往往是硝酸盐积累的主要部位，因此以叶为食用部位的叶菜类蔬菜受到特别关注。都韶婷等（2008）分析 43 个小白菜基因型在不同硝铵比下叶片、叶柄硝酸盐含量的差异，发现不同基因型硝酸盐含量在 4 个硝铵比下均呈正态分布，并筛选出小白菜低积累基因型 6 个；汪李平等（2004）根据小白菜叶片中硝酸盐含量，将其划分为高硝酸盐含量和低硝酸盐含量品种群，并发现同一品种在不同季节栽培其硝酸盐含量有一定变化。大白菜不同品种间硝酸盐含量差异也达到极显著水平，最高和最低者相差两倍以上（陶正平，2005；陶正平和尹凯丹，2008）。林碧英和高山（2005）发现菠菜不同遗传型间硝酸盐含量的变幅达几倍至数倍之多。

与叶类蔬菜相比，根菜类和茎菜类蔬菜品种间硝酸盐积累的差异研究相对较少。陈火英和张建华（1995）测定了 15 个莴笋品种成株期食用茎、功能叶、苗期功能叶等部位的硝酸盐积累量，发现成熟期食用茎硝酸盐含量的差异最大。任同辉（2005）以 4 个萝卜雄性不育系杂交组合、10 个 F_1 及 F_2 代材料为对象，分析萝卜不同基因型及其组合间硝酸盐含量差异，发现 10 个品种的 F_2 代硝酸盐含量分离较大，出现了 F_1 代没有的低硝酸盐含量和高硝酸盐含量株系，说明通过经典遗传学的方法筛选出硝酸盐含量较低的种质资源是可能的。

总之，利用蔬菜作物吸收积累硝酸盐的基因型差异，筛选弱吸收低积累硝酸盐的蔬菜品种，既可以从源头上减少蔬菜对硝酸盐的吸收，也可以缓解城郊区在脆弱土壤生态环境下对硝酸盐农艺削减与阻控措施的依赖，而且还是突破城郊区蔬菜硝酸盐控制技术瓶颈的关键性环节（吴金水等，2010）。

2.2.1.3 硝酸盐低积累品种筛选试验

在全国范围内收集小白菜品种 158 个，在武汉城郊区采用田间试验的方法，根据季节不同，分 3 批次开展小白菜不同品种间硝酸盐含量差异的比较和筛选工作。3 批试验中，小白菜各个品种叶片硝酸盐含量以第 1 批（秋季）含量最低，平均为 2830.04mg/kg · FW①，第 2 批（冬季）和第 3 批（春季）含量均有显著升高，硝酸盐含量均值均在 4200mg/kg · FW 以上（表 2-3）。参考我国《蔬菜中硝酸盐限量》（GB 19338—2003）的规定（3000mg/kg），计算超标率分别为 31.01%、98.08% 和 100%，表明蔬菜种植条件对其硝酸盐含量也有不同程度的影响。

表 2-3 不同批次（季节）不同小白菜品种叶片硝酸盐含量

（单位：mg/kg · FW）

编号	品种	第一批	第二批	第三批
1	精品台湾清江白	2832.76±145.56	3626.66±231.06	4563.32±185.19
2	南京高梗白	2793.23±363.70	3205.64±397.42	4629.37±412.95
3	四季 511 小白菜	1964.51±290.97	3049.10±342.53	4774.23±587.91
4	台湾大头青	3099.52±19.21	2924.31±360.41	4981.87±291.51
5	四季白美人	2890.28±73.13	3471.85±795.31	4850.43±571.84
6	白俊	3211.14±23.69	3159.20±386.30	4407.47±230.52
7	白马王子白梗白菜	2623.53±342.39	2614.24±431.65	4266.15±477.28
8	白雪	2724.05±303.79	3306.59±465.31	4528.59±512.58
9	韩雅	2926.69±191.19	3996.37±481.61	4380.65±267.41
10	秀美矮脚白梗	2539.53±273.19	3526.14±625.38	—
11	秀冠	3240.55±192.84	3770.76±196.47	4395.78±150.03
12	青华一号青梗菜 F1	2736.79±192.93	3654.45±305.78	4342.53±69.82
13	德高跃华青梗菜	3157.71±378.15	2911.85±192.94	3855.45±174.66
14	上海矮抗青	3102.47±75.17	3172.30±214.23	4257.01±90.94
15	富士快菜	2590.57±738.51	3346.81±171.59	3624.07±561.93
16	华冠青梗菜	2995.27±89.08	3358.10±350.98	4441.31±323.37

① FW 为鲜重（fresh weight）。

续表

编号	品种	第一批	第二批	第三批
17	华圣青梗菜	3546. 27±35. 58	3421. 19±200. 68	4194. 32±134. 56
18	金夏时青梗菜	3039. 10±236. 72	3629. 61±388. 14	3710. 31±284. 51
19	早生华京菜一代交配	2927. 94±70. 62	4155. 63±496. 76	4110. 22±176. 28
20	白雪公主	3170. 22±332. 93	4186. 24±512. 95	4534. 14±160. 77
21	抗热 605 青菜	3190. 69±214. 56	3650. 48±257. 73	4269. 74±369. 53
22	超冠 538 矮脚葵扇黑叶甜白菜	2558. 81±135. 13	3533. 41±396. 12	4446. 04±354. 37
23	华美冠军青梗白菜（096）	3447. 97±219. 01	3537. 63±360. 96	4251. 54±434. 98
24	四季大头清江白菜	2528. 80±192. 29	3144. 25±430. 28	4366. 18±515. 57
25	特选种矮脚黑叶白菜	2441. 80±288. 18	4275. 33±394. 14	4472. 39±315. 42
26	桂林小白菜	3753. 83±24. 44	4099. 29±127. 98	4455. 20±77. 54
27	上海四月慢	3021. 79±25. 69	3749. 68±469. 47	4406. 01±250. 05
28	黑金青梗菜杂交一代	3521. 97±36. 64	3757. 27±438. 72	4256. 73±37. 71
29	狮跑青梗菜杂交一代	2973. 93±6. 90	3502. 03±486. 02	4291. 87±317. 73
30	夏美青梗菜杂交一代	3107. 82±39. 17	3488. 18±419. 01	3605. 60±258. 87
31	夏强青梗菜（罐装）	3079. 39±239. 43	4136. 50±311. 63	4566. 65±27. 12
32	江艺白冠特矮宽白梗小白菜	3379. 69±14. 87	3495. 40±45030. 00	4758. 84±88. 07
33	箭杆白	2217. 91±321. 99	4209. 68±315. 05	4653. 61±114. 58
34	湘潭矮脚白	2859. 38±437. 45	3405. 29±255. 84	4731. 03±109. 57
35	白玉三号 F1	2360. 86±292. 22	4067. 43±77. 88	4420. 79±177. 50
36	火南风一号	2693. 18±426. 19	4533. 77±666. 73	4330. 01±346. 37
37	行热矮脚白	2385. 90±400. 88	4367. 38±537. 97	4599. 67±236. 99
38	黄秧小白菜	2659. 69±70. 33	4047. 81±478. 6	4665. 04±416. 22
39	四季黄秧小白菜	2942. 17±67. 79	4108. 97±371. 88	4472. 22±488. 67
40	特选矮青菜	3115. 79±146. 13	3721. 49±301. 41	3966. 76±624. 16
41	白叶四月慢	2348. 27±529. 46	3641. 14±366. 05	4423. 95±295. 95
42	四季甜白菜	2470. 32±613. 11	3927. 30±702. 84	4593. 53±427. 67
43	特选乌塌菜	2569. 64±299. 80	4857. 76±366. 49	—

续表

编号	品种	第一批	第二批	第三批
44	胶蔬靓冠青梗菜	2739. 27±297. 83	3253. 28±763. 00	4309. 86±488. 67
45	超级黄金白	2609. 69±147. 97	3177. 69±226. 16	4057. 73±624. 16
46	南京高脚白	2478. 82±169. 47	3388. 88±143. 92	4461. 19±295. 95
47	矮脚黄	3202. 76±132. 17	4644. 40±90. 84	—
48	高梗白	2238. 11±182. 62	4537. 65±589. 57	4546. 43±569. 62
49	抗热 605 小白菜	2993. 58±111. 63	4452. 33±321. 25	4166. 78±218. 35
50	绿优一号	3195. 31±319. 70	4633. 64±258. 99	4586. 89±587. 25
51	上海青	3182. 07±301. 47	4228. 44±166. 65	4706. 32±201. 33
52	四倍体矮脚黄	2464. 79±404. 80	4506. 48±211. 51	4485. 07±176. 28
53	四月慢	2668. 64±63. 04	4186. 53±458. 35	4023. 59±76. 89
54	苏州青	2440. 10±360. 92	4460. 62±738. 21	4205. 01±44. 05
55	五月慢	2606. 72±49. 60	4389. 52±366. 39	4579. 59±348. 80
56	矮抗青	2486. 05±91. 38	4547. 82±109. 28	4448. 14±444. 51
57	黑心乌	2344. 40±203. 79	4961. 03±201. 08	4322. 10±149. 80
58	抗病矮脚黄	2873. 94±582. 33	5180. 42±650. 63	4932. 51±269. 62
59	理想鸡毛菜	2954. 46±159. 29	4727. 53±415. 10	4365. 36±92. 96
60	苏州青	3153. 26±312. 82	4435. 84±127. 47	4363. 10±70. 67
61	精华青梗菜一代交配	2847. 13±349. 48	4228. 38±452. 96	4372. 76±451. 94
62	绿领矮箕苏州青	3157. 37±80. 57	4869. 37±364. 81	4876. 16±454. 02
63	绿领矮脚黄	3218. 31±269. 32	4166. 93±255. 16	4572. 06±253. 86
64	绿领矮抗 1 号	2550. 30±188. 04	4660. 94±275. 76	4197. 37±312. 86
65	绿领白叶四月慢	2468. 41±29. 15	4426. 51±86. 70	4192. 50±708. 34
66	绿领碧浪（2L-828）青梗菜	3492. 92±332. 37	4724. 96±360. 92	4458. 30±383. 27
67	绿领高梗白	2945. 26±307. 76	4901. 04±159. 93	4580. 51±137. 69
68	绿领黑心乌	2085. 67±323. 22	5704. 55±399. 18	4678. 91±243. 12
69	绿领黄心坞	2387. 66±66. 15	5667. 91±364. 04	4270. 77±553. 24
70	绿领火青菜 F1	2980. 17±174. 69	4642. 50±665. 41	4122. 98±632. 25

续表

编号	品种	第一批	第二批	第三批
71	绿领金黄心	2705. 16±86. 86	5182. 51±95. 40	4173. 24±332. 71
72	绿领青梗菜	2804. 53±336. 46	5262. 45±88. 07	4515. 13±237. 23
73	绿领热优二号	2576. 57±170. 59	5133. 59±224. 57	4530. 67±382. 68
74	绿领上海青	2784. 75±326. 04	5031. 67±485. 38	4610. 99±276. 97
75	绿领四倍体矮脚黄	2352. 48±11. 03	4433. 43±296. 73	3923. 45±189. 55
76	绿领苏州青	3250. 63±454. 56	4931. 17±355. 33	4682. 35±328. 82
77	绿领特矮青	3309. 53±365. 31	4799. 58±403. 81	4722. 25±143. 35
78	绿领兔子腿矮脚黄	2654. 08±187. 88	4175. 51±209. 63	4129. 99±363. 16
79	绿领五月慢	2694. 07±204. 66	4435. 32±196. 23	4651. 79±425. 44
80	美加华	2379. 07±189. 50	4427. 78±190. 30	4338. 77±146. 35
81	美秋青梗菜	3090. 73±122. 84	4914. 96±806. 58	4293. 50±295. 61
82	喜冠 21-818 青梗菜	2981. 72±251. 97	5151. 46±134. 23	4804. 79±100. 19
83	热优 2 号	3572. 86±23. 83	5222. 48±274. 76	4516. 31±230. 03
84	改良抗热 605	3172. 13±168. 09	4800. 92±14. 22	4596. 54±54. 30
85	黑油白菜	2739. 80±18. 48	5277. 07±233. 17	4491. 13±163. 83
86	润乌一号	2989. 93±0. 84	5217. 76±512. 57	4235. 02±288. 24
87	536 小白菜	2063. 78±45. 80	4177. 31±75. 36	4238. 06±615. 41
88	德高 917 青梗菜	3078. 30±160. 84	4844. 32±259. 11	4507. 83±165. 05
89	华腾矮抗青	3175. 04±145. 46	4361. 54±264. 57	4597. 41±300. 76
90	汕头甜白菜种	2277. 52±59. 02	5672. 46±344. 07	4437. 14±318. 90
91	矮箕青菜	3157. 83±395. 03	4991. 76±84. 03	4582. 03±277. 70
92	特矮青菜	3268. 64±381. 73	4719. 44±44. 71	4529. 16±382. 51
93	小八叶塌菜	3210. 57±100. 34	5342. 61±321. 82	4943. 20±391. 47
94	中箕青菜 605	3269. 63±220. 13	4530. 67±254. 52	4392. 43±371. 59
95	华茂青梗菜	3064. 89±169. 00	4799. 02±126. 93	4753. 03±173. 81
96	金茂青梗菜	2893. 75±36. 77	4264. 55±53. 94	4693. 20±164. 89
97	上海虹桥矮青菜	3303. 67±217. 30	4016. 18±438. 20	4547. 55±342. 04

续表

编号	品种	第一批	第二批	第三批
98	上海抗热 605 青菜	2843. 94±377. 41	4512. 16±22. 05	4307. 48±155. 14
99	四月慢	2529. 14±441. 75	3524. 61±220. 68	4272. 39±103. 82
100	优选长杆白	2944. 36±82. 83	3961. 16±180. 91	3710. 21±428. 24
101	五月慢青菜	3272. 60±89. 08	4679. 36±488. 23	4689. 87±262. 24
102	超矮青	3399. 28±97. 17	4758. 66±708. 16	4494. 53±202. 73
103	白叶五月慢青菜	2595. 91±157. 53	4044. 61±241. 17	4384. 18±30. 58
104	抗热青菜	2909. 90±94. 69	3897. 73±341. 54	4500. 43±76. 76
105	金黄小白菜	3059. 65±189. 09	3983. 56±227. 12	3677. 60±55. 16
106	四季快菜 Fl	2165. 56±95. 26	3270. 02±37. 77	3734. 39±156. 63
107	香港特选奶白菜	2963. 27±198. 44	4351. 83±189. 74	4759. 38±143. 44
108	四季全能小白菜	2694. 55±147. 01	3863. 97±260. 80	4460. 06±202. 55
109	楚冠青梗菜	3055. 39±139. 11	3927. 44±195. 82	4264. 40±127. 65
110	楚能抗热将军	3077. 13±49. 16	4085. 09±388. 46	4461. 15±139. 70
111	楚农矮抗青	3283. 74±242. 19	4018. 36±299. 38	4102. 53±314. 99
112	楚农特矮白	3405. 98±0. 35	3849. 03±85. 06	4078. 20±261. 29
113	楚农兔子腿	2926. 78±216. 34	3915. 65±264. 33	—
114	汉阳青小白菜	2637. 13±53. 50	4301. 43±398. 75	4318. 17±132. 83
115	粤秀矮梗白	2537. 50±21. 89	4164. 68±351. 17	4218. 93±258. 23
116	白梗矮抗青	2892. 23±94. 93	3785. 23±243. 94	4293. 80±261. 50
117	黑白菜	2477. 15±179. 20	4687. 10±282. 97	—
118	精选上海四月慢	2872. 27±92. 55	3888. 40±126. 08	3995. 63±297. 69
119	台湾清江白	3171. 24±6. 57	4311. 64±339. 41	4362. 79±294. 38
120	中其小白菜	2473. 38±184. 99	4178. 05±351. 46	3990. 31±204. 58
121	金银凤	2871. 37±34. 49	4601. 83±302. 63	3713. 86±481. 45
122	512 小白菜	2534. 09±455. 56	3411. 24±199. 81	3493. 36±255. 37
123	淮南黄心菜	2700. 62±289. 34	4285. 44±230. 08	—
124	黄金小白菜	2916. 79±141. 28	4291. 08±220. 28	4101. 81±520. 92

续表

编号	品种	第一批	第二批	第三批
125	上海鸡毛菜	2993. 10±193. 49	3779. 79±318. 02	4203. 92±315. 66
126	上海七宝青	2889. 01±202. 92	4002. 24±138. 82	4517. 42±441. 98
127	上海三月慢	3105. 67±82. 57	3755. 16±272. 58	4246. 58±157. 43
128	四季小白菜	2918. 83±280. 45	4595. 71±339. 19	—
129	特选黑油白菜	2367. 67±80. 83	4351. 32±647. 35	—
130	乌塌菜	2424. 77±301. 85	4243. 71±254. 55	4172. 65±248. 56
131	原种上海鸡毛菜	2792. 33±153. 57	3968. 48±319. 41	4424. 47±317. 74
132	改良乌塌菜	2768. 06±286. 79	4628. 93±259. 68	—
133	金品武黄黑金屋	2503. 55±417. 11	4789. 34±485. 20	4481. 88±106. 65
134	全能四季青	2866. 30±134. 36	4187. 64±233. 54	4395. 55±315. 57
135	上海四季小白菜	2667. 25±125. 80	3969. 81±404. 74	4057. 61±272. 48
136	上海原种抗热 605	3096. 98±188. 39	3973. 65±436. 95	—
137	武黄黄金屋	2459. 53±45. 53	4612. 54±646. 54	4238. 48±294. 74
138	中其黄金四季小白菜	2072. 81±184. 13	4593. 52±178. 73	4015. 64±339. 57
139	北京小杂 56	2062. 85±380. 13	3823. 00±376. 48	4192. 05±124. 92
140	原种黑油白菜	2471. 68±10. 87	4738. 13±206. 25	4640. 13±173. 72
141	原种黄秧白	2698. 83±76. 23	5886. 22±610. 98	4135. 63±119. 61
142	原种乌塌菜	2488. 06±117. 88	5307. 34±119. 30	4083. 13±359. 05
143	原种五月慢	2871. 47±1. 23	4373. 62±156. 30	4222. 27±131. 29
144	原种中其白	2811. 78±253. 64	4218. 20±148. 44	4181. 96±520. 75
145	白梗上海青	2886. 67±247. 53	4591. 09±220. 04	4603. 06±198. 68
146	长梗白小白菜	2703. 69±226. 96	5319. 35±599. 11	4684. 43±347. 76
147	特选苏州青	3381. 64±113. 23	5132. 89±270. 43	4082. 50±183. 75
148	淮南黑心乌	2687. 93±185. 49	5544. 43±451. 91	4648. 80±301. 94
149	上海矮箕青	2795. 75±104. 92	4693. 82±222. 32	4721. 51±294. 53
150	上海矮抗青	2846. 74±45. 71	4971. 85±272. 88	4447. 92±152. 9
151	四季青菜王	2924. 82±169. 99	4768. 19±277. 54	4431. 82±378. 84

续表

编号	品种	第一批	第二批	第三批
152	速生上海青	2491. 77±85. 7	4319. 93±650. 01	4135. 63±119. 61
153	泰优奶油白菜	2992. 55±122. 69	—	—
154	无锡白	2733. 41±119. 18	4456. 23±172. 76	4456. 23±172. 76
155	金品 808	2732. 23±29. 91	3830. 94±384. 7	3830. 94±384. 7
156	金品四季青	2598. 78±226. 37	4155. 35±285. 82	4155. 35±285. 82
157	精选矮桩秋冠	3474. 42±119. 49	—	3757. 81±93. 65
158	矮抗瑞雪	2025. 46±341. 54	3387. 17±414. 75	3387. 17±414. 75

2.2.1.4 硝酸盐低积累品种清单

通过对不同批次小白菜品种叶片硝酸盐含量、产量的聚类分析（表 2-4），确定了白马王子白梗白菜、德高跃华青梗菜、富士快菜、金夏时青梗菜、夏美青梗菜杂交一代、南京高脚白、四季快菜 Fl 7 个品种为硝酸盐低积累高产品种，秀美矮脚白梗、512 小白菜两个品种为硝酸盐低积累低产品种（汤亚芳，2014）。

表 2-4 小白菜硝酸盐含量低积累品种清单

编号	品种	低积累类型
1	白马王子白梗白菜	高产品种
2	德高跃华青梗菜	高产品种
3	富士快菜	高产品种
4	金夏时青梗菜	高产品种
5	夏美青梗菜杂交一代	高产品种
6	南京高脚白	高产品种
7	四季快菜 Fl	高产品种
8	秀美矮脚白梗	低产品种
9	512 小白菜	低产品种

2.2.2 重金属污染物弱吸收蔬菜筛选

Cd 是污染最为普遍、关注度最高的代表性重金属元素，研究也相对较为深入。罗晓梅等（2003）通过对成都地区 9 种蔬菜 152 个样品可食部分重金属元素的分析表明，Cd 是成都地区蔬菜中的主要重金属污染元素之一，在检测的蔬菜样品中，Cd 的超标率为 29.4%，最高超标率为 460%。丁爱芳和潘根兴（2003）采集南京城郊区零散菜地土壤和青菜配对样品各 18 个，结果表明在城郊区零散菜地土壤上种植的青菜中，其叶片 Cd 含量的变化范围为 0.73±0.39mg/kg，全部超过国家食品卫生标准《食品安全国家标准 食品中污染物限量》（GB 2762—2017）限量值（0.05～0.2mg/kg）。可见，我国部分地区蔬菜重金属超标的问题还是比较突出的。

本节主要以 Cd 为例介绍重金属弱吸收蔬菜品种筛选的阶段性成果。对不同蔬菜作物 Cd 弱吸收品种的筛选及吸收特征和耐受机理进行研究，可为 Cd 污染土壤的植物修复提供理论依据。另外，针对轻度污染土壤，可通过种植镉积累量低、产品能够达到国家食品卫生标准（GB 2762—2017）限量值（0.05～0.2mg/kg）的作物品种，使得在确保食品安全前提下土地能够得到有效利用。

2.2.2.1　蔬菜重金属（Cd）限量标准

世界卫生组织及各国对蔬菜（食品）重金属限定的标准不尽一致。欧盟委员会法规 No.466/2001 的附件“食品中某些污染物的最高水平”中规定，蔬菜的 Cd 限量为 0.05～0.2mg/kg·FW；澳大利亚规定的叶菜类和块根类蔬菜 Cd 限量是 0.1mg/kg·FW（张玉宝等，2006）；中国的《食品安全国家标准 食品中污染物限量》（GB 2762—2017）规定，块根和块茎类蔬菜中 Cd 最高允许限量标准为 0.1mg/kg·FW，而叶菜类蔬菜中 Cd 的最高允许限量标准为 0.2mg/kg·FW。

2.2.2.2　蔬菜作物重金属累积特征

（1）不同种类蔬菜的重金属累积差异

不同植物对 Cd 的吸收、积累效应不尽相同，通常用富集系数来说明某种植物对 Cd 的吸收、积累能力，富集系数是指植物体内某元素含量与基质中该元素含量的比值。蔬菜不同品种吸收重金属元素的生理生化机制因外部形态及内部结构不同而各异，故其重金属元素的积累量差异较大（王焕校，1990）。有研究表明，芸薹属蔬菜，如芥菜、青菜、油菜等，具有较高的吸收和积累各种重金属的能力（王松良和郑金贵，2004）。欧阳喜辉等（2008）研究认为，叶菜类蔬菜的 Cd 吸收能力大于果菜类蔬菜，油菜吸收 Cd 能力最强，而且叶菜类蔬菜吸收能力的变异性较大，果菜类蔬菜则较小。叶菜类蔬菜大白菜、西芹对 Pb、Cd、Zn 表现为高富集，对 Cu 表现为中富集；根菜类蔬菜萝卜对 Cu 表现为高富集，对 Pb、Cd、Zn 表现为中富集；花科类、果类蔬菜青花菜、菜豆、番茄对 Cd、Zn 表现为低富集；茎菜类蔬菜莴笋对 Pb、Cd、Cu、Zn 表现为中或低富集（祖艳群等，2003）。总体而言，小白菜、菠菜、韭黄、辣椒和大白菜等的 Cd 富集系数相对较高，其抗 Cd 污染能力较弱，而黄瓜、番茄、菜花、菜豆以及百合等的 Cd 富集系数较低，其抗 Cd 污染能力较强（张伯尧等，2009）。

（2）蔬菜不同器官对 Cd 的累积差异

不同重金属在相同株体各器官内的累积分布有显著差异。Zheljazkov 和 Nielsen（1996）研究发现，不同重金属在同一种植物体内的分布有很大差异，如薄荷各器官 Cd 含量为根>叶>根状茎>茎；Pb 含量为根=叶>根状茎=茎；Cu 含量为根>叶=根状茎=茎；Zn 含量为叶>根>根状茎=茎。同一种重金属在不同蔬菜种类各器官内分布也有差异，如迟爱民和徐忠林（1995）研究发现，Cu、Pb、Zn、Cd、Hg 含量分布在番茄、青椒、豆角 3 种蔬菜中均是叶>根>茎；As 在番茄、青椒中的分布是根>叶>茎，在豆角中是根>茎>叶；Cr 在 3 种蔬菜中的含量分布都是根>叶。因此，对于蔬菜重金属低积累品种的筛选应根据可食器官的不同进行筛选。

（3）蔬菜品种与基因型对 Cd 的累积差异

在同一种蔬菜中，不同基因型对 Cd 胁迫的响应机制不一样，其可食器官的 Cd 积累量也存在显著的差异。王松良和郑金贵（2005）研究发现，将 13 种小白菜基因型在重金属 Cd、Pb、As 等污染胁迫环境培育 8 天后，小白菜基因型 L、B 的茎、叶、根系 Cd 含量交叉分列前两位，初步认为它们是 Cd 高积累基因型；而基因型 D 的茎、叶 Cd 含量次低、根系最低，其可能为 Cd 低积累基因型。郑爱珍和王万君（2007）将不同品种的青菜和白菜进行 Cd（50μmol/L）处理下，根据地上部可食部分生物量及其对 Cd 的吸收和积累特点，发现五月慢和四月慢等青菜品种对 Cd 的耐受性较强，对 Cd 的吸收较少，适宜在 Cd 污染的土壤里种植；白菜品种胶白 6 号的 Cd 含量较低，对 Cd 也表现出较好的耐性，适宜在受 Cd 污染的土壤里种植，其次是丰抗 90、丰抗 80、山东 7 号和惊春等品种。如果将青菜和白菜用于 Cd 污染土壤的植物修复，则青菜品种小矮人，白菜品种先锋夏王积累重金属 Cd 的能力较强，比较适合此用途。可见，蔬菜品种及基因型在重金属吸收和积累方面存在显著差异，这是开展低吸收品质筛选的重要理论基础。

2.2.2.3 重金属（Cd）低积累品种筛选试验

针对叶菜类蔬菜种植品种区域性强的特点，分别在南方（湖南株洲城郊区）和北方（北京城郊区）两个区域开展低积累品种试验，以期为叶菜类重金属低积累品种的选用提供依据。

（1）南方地区叶菜类 Cd 低积累品种筛选试验

为了筛选适合南方地区种植的叶菜类蔬菜低积累品种，在湖南株洲 Cd 污染区（土壤 Cd 含量为 0.97mg/kg）进行小白菜和大白菜 Cd 低累积品种筛选试验。其中，小白菜品种筛选试验结果表明，34 个小白菜品种地上部 Cd 含量的变化范围为 0.978～2.416mg/kg·FW（表 2-5），根据《食品安全国家标准 食品中污染物限量》（GB 2762—2017）Cd 的限量标准（叶菜类 Cd≤0.2mg/kg·FW），其 Cd 含量全部超标，进一步通过聚类分析，结合产量和品质指标，初步可确定越秀四号（14 号）、绿星青菜（12 号）、美都 510 青梗菜（27 号）、优选黑油白菜（2 号）4 个品种为小白菜 Cd 低积累品种，在 Cd 污染水平较低的土壤上，可作为候选品种种植（吴金水等，2010）。

表 2-5　34 个小白菜品种地上部 Cd 含量　（单位：mg/kg·FW）

品种编号	品种名称	Cd 含量	品种编号	品种名称	Cd 含量
1	热优二号	1.339±0.143	18	512 小白菜	1.630±0.354
2	优选黑油白菜	1.195±0.119	19	青翠小白菜	2.416±0.387
3	香港矮脚奶白菜	1.322±0.179	20	湘潭矮脚白	1.272±0.212
4	虹桥矮青菜	1.630±0.249	21	绿领火青菜	1.543±0.019
5	优选夏冬青	1.963±0.201	22	华生早京菜	1.294±0.124
6	四季小白菜	1.666±0.145	23	金夏莳青梗菜	1.458±0.014
7	华冠青梗小白菜	1.204±0.002	24	穿山小白菜	1.461±0.003
8	绿优一号	1.437±0.005	25	泰国四季快菜	1.672±0.206
9	北京青梗小白菜	1.935±0.176	26	特矮白玫瑰	1.278±0.058
10	苏州青	1.985±0.150	27	美都 510 青梗菜	1.175±0.017
11	淮南黑心乌	2.069±0.060	28	优选抗热元帅	1.547±0.007
12	绿星青菜	1.107±0.141	29	南京中箕白	1.455±0.140
13	越秀三号	1.471±0.020	30	绿领矮脚黄	1.498±0.196
14	越秀四号	0.978±0.112	31	卢沟桥小白菜	1.550±0.000
15	利丰黑大头	1.523±0.006	32	北京新杂小白菜	2.279±0.093
16	青欣（青梗菜 F1）	1.939±0.030	33	长梗白	1.930±0.288
17	优选长杆白	1.788±0.175	34	精选京油王	1.255±0.183

资料来源：吴金水等（2010）

（2）北方地区叶菜类 Cd 低积累品种筛选试验

为了筛选适合北京城郊区种植的叶菜类蔬菜低积累品种，以明确其可能的影响机理为目标，选择北京城郊区常见种植的 20 个小白菜品种（表 2-6），运用大田控制试验和室内分析测试的研究方法，开展“京郊区 Cd 低累积小白菜品种筛选”的大田试验研究。试验于 2016 年 5～8 月在中国环境科学研究院农业试验示范基地开展，基地位于北京大兴区长子营镇，为长期种植蔬菜的老菜区，土壤的基本理化性质为 pH：7.8±0.08；有机质：43.4±8.03g/kg；全氮：2.7g/kg；全磷：30.04g/kg；碱解氮：194.152mg/kg；有效磷：398.84mg/kg；速效钾：225mg/kg；电导率（EC）：455.5±115.6μS/cm；阳离子交换量（CEC）：16.9±1.20cmol/kg。土壤重金属中 Cd 含量为 1.5±0.45mg/kg，参照我国《土壤环境质量 农用地土壤污染风险管控标准（试行）》（GB 15618—2018），介于农用地土壤污染风险筛选值和农用地土壤污染风险管制值（表 2-7），可能存在土壤污染风险，应加强土壤环境监测和农产品协同监测。其余重金属元素测定结果均低于农用地土壤污染风险筛选值，土壤污染风险较低。

表 2-6　试验小白菜品种名单

编号	品种名称	生产单位	适合区域
1	佳园小白菜	北京市中农良种有限责任公司	北方
2	速生 2 号	北京市中农良种有限责任公司	全国
3	台湾清江白	上饶市赣丰种子有限公司	全国
4	紫星	北京京研盛丰种苗研究所	全国
5	四季小白菜	天津市蓟县保丰蔬菜种籽站	北方
6	新一号小白菜	北京中宏润禾种业有限公司	全国
7	盛丰快菜	北京京研盛丰种苗研究所	全国
8	卢沟桥精品小白菜	北京中宏润禾种业有限公司	全国
9	春秋美	北京卓生农业科技有限公司	全国
10	聚萍绿冠青帮小白菜	北京聚萍兴利农业科技有限公司	全国
11	极早三十日小白菜	北京绿金蓝种苗有限责任公司	全国
12	青帮油菜	天津市蓟县保丰蔬菜种籽站	全国
13	抗热 605	北京聚宏种苗技术有限公司	北方
14	紫冠 1 号	北京京研益农科技发展中心	全国
15	紫冠油菜	北京盛丰地种子有限公司	全国
16	矮脚奶白菜	北京绿金蓝种苗有限责任公司	全国
17	原种上海青	武汉市武昌区神牛种苗商行	全国
18	华绿二号杂交油菜	河北国研种业有限公司	全国
19	京油 605	北京聚宏种苗技术有限公司	北方
20	华绿四号杂交油菜	河北国研种业有限公司	全国

表 2-7　北京城郊区试验地土壤重金属含量　（单位：mg/kg）

指标名称	测定结果	农用地土壤污染风险筛选值（pH>7.5）*	农用地土壤污染风险管制值（pH>7.5）*
镉（Cd）	1.50±0.45	0.6	4.0
铬（Cr）	157.30±4.11	200	1300
砷（As）	4.30±0.97	25	100
汞（Hg）	0.12±0.03	3.4	6.0
铅（Pb）	27.00±1.78	170	1000

*数据来源：《土壤环境质量 农用地土壤污染风险管控标准（试行）》（GB 15618—2018）

试验结果表明，供试的 20 个小白菜地上部可食用部分中 Cd 含量存在显著的差异（图 2-3），其中有 5 个品种（四季小白菜、聚萍绿冠青帮小白菜、矮脚奶白菜、原种上海青、京油 605）低于国家《食品中污染物限量》（GB 2762—2005）中规定的新鲜蔬菜 Cd 最高允许限量标准（50μg/kg），分别为 42.28μg/kg、32.95μg/kg、40.34μg/kg、42.42μg/kg、39.88μg/kg。有 3 个品种（卢沟桥精品小白菜、春秋美、盛丰快菜）对 Cd 表现出显著较强的富集能力，地上部可食用部分 Cd 含量均超过 100μg/kg。综合产量和 Cd 富集能力，四季小白菜是最适宜北京城郊区轻中度污染土壤的小白菜品种，表现出较好的产量，对 Cd 的富集能力也较低，其次为聚萍绿冠青帮小白菜和京油 605。

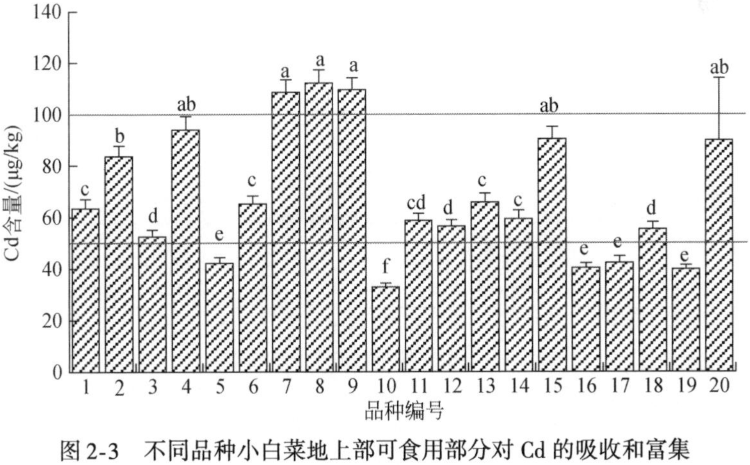

图 2-3　不同品种小白菜地上部可食用部分对 Cd 的吸收和富集

图中标有不同字母的表示其统计差异达到显著水平（$P<0.05$），下同；品种编号同表 2-6

2.2.2.4　重金属低积累品种清单

参考陈瑛等（2009）、代成成（2010）、何飞飞和杨君（2011）等的研究结果（表2-8），土壤Cd含量变化范围在0.114~1.81mg/kg，综合考虑产量和Cd富集相关参数，初步构建蔬菜Cd低积累品种的清单框架。主要清单针对小白菜、大白菜、菠菜、苋菜、甘蓝、油麦菜、芹菜、菜心、茄子、番茄、萝卜、胡萝卜12种蔬菜，从537个不同类型蔬菜品种中，筛选出76个Cd低积累品种，其中小白菜23个、大白菜8个、菠菜2个、苋菜4个、甘蓝6个、油麦菜6个、芹菜8个、菜心6个、茄子4个、番茄3个、萝卜4个、胡萝卜2个（表2-9）。

表2-8 Cd低积累蔬菜品种筛选研究资料搜集

蔬菜类型	名称	供试品种数/个	收获时期	土壤Cd/(mg/kg)	土壤pH	可食用部分Cd/(mg/kg)	参考文献
绿叶菜类	小白菜	60	60天	1.200	6.60	0.026~0.112	陈瑛等（2009）
		27	50天	1.133	6.54	0.033~0.112	何飞飞和杨君（2011）
		34	40天	0.970	5.14	0.853~2.164	代成成（2010）
	大白菜	60	60天	1.200	6.60	0.023~0.101	陈瑛等（2010）
		23	成熟期	1.220	5.61	0.195~0.605	黄志亮（2012）
	菠菜	37	成熟期	1.220	5.61	1.216~2.461	黄志亮（2012）
	苋菜	15	60天	1.810	6.38	0.047~0.296	陈艳（2013）
	甘蓝	28	成熟期	1.220	5.61	0.047~0.436	黄志亮（2012）
	油麦菜	28	90天	0.351~1.253	5.09	0.084~1.715	张堃（2011）
	芹菜	27	140天	0.129~0.631	5.56	0.046~0.686	张堃（2011）
	菜心	31	45天	0.114~1.127	5.85	0.033~2.276	邱丘（2011）
茄果类	茄子	58	成熟期	0.970	5.14	0.175~0.467	娄伟（2010）
	番茄	64	成熟期	0.970	5.14	0.035~0.108	程怡（2010）
根茎类	萝卜	33	成熟期	0.970	5.14	0.069~0.316	娄伟（2010）
	胡萝卜	12	成熟期	0.970	5.14	0.340~0.580	娄伟（2010）

表2-9 Cd低累积蔬菜品种清单列表 （单位：个）

蔬菜类型	供试种数量	低积累品种数量	低积累型品种名称
小白菜	121	23	抗热四季水口超甜白菜、泰国四季快菜、特选种矮脚黑叶白菜、越秀四号、越秀三号、热优二号、华冠青梗、长梗白菜、上海青、矮箕苏州青、青优四号、矮脚葵翩黑叶白菜、皱叶黑油冬儿、高华青梗白菜、早生华京、金冠清江白、夏王青梗菜、利丰青梗白菜、杭州油冬儿、白梗白叶、京冠1号、高梗白、秋田火之清

续表

蔬菜类型	供试种数量	低积累品种数量	低积累型品种名称
大白菜	83	8	四季王春白菜、丰研夏帅、改良夏帅、玉丰 55 白菜、多抗四号、丰抗 70、金丰 100、乐园翠峰 F1
菠菜	37	2	丹麦 988、荷兰绿美 828
苋菜	15	4	台湾白苋、全红苋菜、圆叶花苋菜、花红圆叶苋菜
甘蓝	28	6	新春甘蓝、苏晨一号、寒春、华甘一号、精品春丰、绿秀
油麦菜	28	6	四季绿、四季高产、四季尖叶大头、优良高产、耐抽 518、抗热 17
芹菜	27	8	宏程四季、津南实芹 1 号、双港速生西芹、SG 黄嫩西芹、宏程黄嫩、SG 抗病西芹、双港西芹、Sijiventuola（美国）
菜心	31	6	四九–19 号菜心、四九菜心、香港四九菜心、迟花四号、绿宝 70 天、油绿 80 天
茄子	58	4	宁茄一号、宁茄八号、秀美长、黑旋风
番茄	64	3	红大宝番茄、红宝石六号、元明粉玉女
萝卜	33	4	白沙南畔洲晚萝卜、种都春不老萝卜、精选大韩白玉、白雪公主白萝卜
胡萝卜	12	2	东京极品、特级三红七寸胡萝卜
合计	537	76	—

主要参考文献

曹晓玲，黄道友，朱奇宏，等 . 2012. 苎麻对镉胁迫的响应及其对其它重金属吸收能力的研究 . 中国麻业科学，34（4）：190-197.

程怡 . 2010. 镉低积累番茄、小白菜品种和控镉叶面剂的筛选及叶面剂效应研究 . 武汉：华中农业大学硕士学位论文 .

陈火英，张建华 . 1995. 关于低硝酸盐莴笋品种筛选技术的研究 . 上海交通大学学报（农业科学版），13（1）：7-10.

陈艳 . 2013. 不同苋菜品种对重金属累计差异和机制初探 . 广州：暨南大学硕士学位论文 .

陈瑛，李廷强，杨肖娥，等 . 2009. 不同品种小白菜对镉的吸收积累差异 . 应用生态学报，20（3）：736-740.

陈瑛，李廷强，杨肖娥 . 2010. 不同品种大白菜对镉的吸收积累差异 . 绍兴文理学院学报，30（7）：32-36.

迟爱民，徐忠林 . 1995. 呼和浩特市蔬菜中重金属污染的研究 . 干旱区资源与环境，9（1）：86-94.

代成成 . 2010. 镉低积累小白菜品种的筛选 . 武汉：华中农业大学硕士学位论文 .

丁爱芳，潘根兴 . 2003. 南京城郊零散菜地土壤与蔬菜重金属含量及健康风险分析 . 生态环境学报，12（4）：409-411.
都韶婷，李玲玲，章永松，等.2008. 不同基因型小白菜硝酸盐积累差异及筛选研究. 植物营养与肥料学报，14（5）：969-975.
封锦芳，李敬光，吴永宁，等.2004. 北京市蔬菜硝酸盐和亚硝酸盐污染状况评价. 中国食品卫生杂志，（5）：400-403.
顾继光，林秋奇，胡韧，等.2005. 土壤—植物系统中重金属污染的治理途径及其研究展望. 土壤通报，36（1）：128-133.
郭智广，徐为霞，王毅红，等.2012. 郑州地区蔬菜中铅镉污染状况调查与分析. 微量元素与健康研究，29（1）：35-37.
黄敏，李静静，余萃，等.2011. 几种食前处理对蔬菜中硝酸盐和亚硝酸盐的去除效果. 食品科学，32（9）：82-86.
黄志亮.2012. 镉低积累蔬菜品种筛选及其镉积累与生理生化特性研究. 武汉：华中农业大学硕士学位论文.
郝小雨，高伟，王玉军，等.2012. 有机无机肥料配合施用对设施番茄产量、品质及土壤硝态氮淋失的影响. 农业环境科学学报，31（3）：538-547.
何飞飞，杨君.2011. 小白菜吸收积累镉的品种差异研究. 中国农学通报，27（22）：172-175.
霍霄妮，李红，张微微，等.2009. 北京耕作土壤重金属多尺度空间结构. 农业工程学报，25（3）：223-229.
贾来，梁命宜.2003. 长沙市蔬菜硝酸盐污染状况及对策. 上海蔬菜，（5）：61-63.
李学德，岳永德，花日茂，等.2003. 合肥市蔬菜硝酸盐和亚硝酸盐污染现状评价. 中国农学通报，（3）：54-56，71.
林碧英，高山.2005. 不同基因型菠菜硝酸盐含量遗传差异的初步研究. 农业网络信息，9：78-80.
林俊杰，李光进，刘丹，等.2011. 万州地区市售蔬菜硝酸盐污染调查. 环境与健康杂志，28（7）：642.
刘霈珈，吴克宁，罗明，等.2016. 农田土壤重金属超标评价与安全利用分区. 农业工程学报，32（23）：254-262.
娄伟.2010. 镉铅低累积萝卜、胡萝卜、茄子品种筛选及萝卜镉累积规律研究. 武汉：华中农业大学硕士学位论文.
罗晓梅，张义蓉，杨定清.2003. 成都地区蔬菜中重金属污染分析与评价. 四川环境，（2）：49-51.
欧阳喜辉，赵玉杰，刘凤枝，等.2008. 不同种类蔬菜对土壤镉吸收能力的研究. 农业环境科学学报，27（1）：67-70.
邱丘.2011. 菜心Cd积累的品种间差异及Cd染污控制方法研究. 广州：中山大学博士学位论文.
秦榕璘，李元，祖艳群，等.2016. 不同基因型玉米品种对Pb的富集特征. 农业资源与环境学报，33（3）：268-275.
任同辉.2005. 萝卜硝酸盐含量分析的初步研究. 南京：南京农业大学硕士学位论文.
任智慧，陈清，李花粉，等.2003. 填闲作物防治菜田土壤硝酸盐污染的研究进展. 环境工程学报，4（7）：13-17.
尚玲琦，尚玲琦，滕世长 . 2008. 哈尔滨市蔬菜硝酸盐污染现状及评价 . 黑龙江环境通报，32（1）：74-75.
沈明珠，翟宝杰，东惠茹，等 . 1982. 蔬菜硝酸盐累积的研究 I . 不同蔬菜硝酸盐和亚硝酸盐含量评价 . 园艺学报，9（4）：41-48.
沈欣，朱奇宏，朱捍华，等 . 2015. 农艺调控措施对水稻镉积累的影响及其机理研究 . 农业环境科学学报，34（8）：1449-1454.
孙波，周生路，赵其国 . 2003. 基于空间变异分析的土壤重金属复合污染研究 . 农业环境科学学报，22（2）：248-251.
汤惠华，陈细香，杨涛，等 . 2007. 厦门市售蔬菜重金属、硝酸盐和亚硝酸盐污染研究及评价 . 食品科学，28（8）：327-332.
汤文光，唐海明，罗尊长，等 . 2011. 不同种植模式对稻田土壤重金属含量及晚稻稻米品质的影响 . 作物学报，37（8）：1457-1464.
汤亚芳 . 2014. 小白菜低硝酸盐积累品种筛选及其生理特征研究 . 武汉：华中农业大学博士学位论文 .
陶正平 . 2005. 大白菜不同品种对硝酸盐积累差异的研究 . 园艺学报，32（4）：698-700.
陶正平，尹凯丹 . 2008. 环境因子对大白菜硝酸盐含量的影响 . 农业工程学报，24（8）：245-248.
汪李平，向长萍，王运华 . 2004. 白菜不同基因型硝酸盐含量差异的研究 . 园艺学报，31（1）：43-46.
王朝辉，宗志强，李生秀，等 . 2002. 蔬菜的硝态氮累积及菜地土壤的硝态氮残留 . 环境科学，23（3）：79-83.
王钫，王卫平，华楚衍，等 . 2004. 杭州市场蔬菜硝酸盐含量分析及质量评价 . 浙江农业学报，16（5）：271-273.
王焕校 . 1990. 污染生态学基础 . 昆明：云南大学出版社 .
王凯荣，陈朝明，龚惠群，等 . 1998. 镉污染农田农业生态整治与安全高效利用模式 . 中国环境科学，18（2）：97-101.
王淑娥，冷家峰，刘仙娜 . 2004. 济南市蔬菜中硝酸盐及重金属污染 . 环境与健康杂志，（5）：312-313.
王松良，郑金贵 . 2004. 芸薹属蔬菜的 Cd 富集特性及其修复土壤 Cd 污染的潜力 . 福建农林大学学报（自然科学版），33（1）：94-99.
王松良，郑金贵 . 2005. 13 种小白菜基因型对 Cd、Pb、As 累积特性比较 . 福建农林大学学报（自然科学版），34（3）：304-308.
王元胜，赵春江，王纪华，等 . 2005. 基于 WebGIS 的重金属污染决策支撑系统设计与应用 . 农业工程学报，21（12）：137-140.
吴金水，等 . 2010. 城郊环境保育农业理论与实践 . 北京：科学出版社 .
吴琼，赵同科，安志装，等 . 2011. 蔬菜间作及氮肥调控对土壤硝酸盐及氮素表观损失的影响 . 中国农学通报，13（25）：833-837.
许富荣，杜慧平 . 2014. 太原市市售蔬菜硝酸盐含量及污染状况评价 . 山西农业科学，

42（12）：1298-1300.
杨少海，艾绍英，姚建武，等.2003. 氮素营养对菜薹生长和硝酸盐累积的影响．中国蔬菜，（4）：19-21.
姚春霞，陈振楼，陆利民，等.2005. 上海市郊菜地土壤和蔬菜硝酸盐含量状况．水土保持学报，19（1）：84-88.
叶新新，周艳丽，孙波.2012. 适于轻度Cd、As污染土壤种植的水稻品种筛选．农业环境科学学报，31（6）：1082-1088.
于志民，熊燕.2014. 哈尔滨市设施蔬菜土壤硝酸盐污染改良剂的应用效果研究．国土与自然资源研究，（2）：56-59.
曾希柏，徐建明，黄巧云，等.2013. 中国农田重金属问题的若干思考．土壤学报，50（1）：186-194.
张伯尧，郑华平，张仁陟.2009. 兰州市菜地土壤和蔬菜镉含量及其健康风险分析．甘肃农业大学学报，44（6）：112-116.
张堃.2011. 两种叶菜镉、铅低累积品种筛选及其快速鉴别方法研究．广州：中山大学博士学位论文.
张小敏，张秀英，钟太洋，等.2014. 中国农田土壤重金属富集状况及其空间分布研究．环境科学，35（2）：692-703.
张宇燕，陈宏.2012. 重庆市市售蔬菜中锌、砷、汞的污染现状评价．环境影响评价，34（1）：47-51.
张玉宝，谢忠奎，王亚军，等.2006. 黄土高原西部荒漠草原植被恢复的土壤水分管理研究．中国沙漠，26（4）：574-579.
赵冰，沈丽波，程苗苗，等.2011. 麦季间作伴矿景天对不同土壤小麦-水稻生长及锌镉吸收性的影响．农业环境科学学报，22（10）：2725-2731.
郑爱珍，王万君.2007. 不同基因型的青菜、白菜耐镉性差异研究．北方园艺，（9）：10-12.
周脚根，吴金水，黄道友，等.2015-03-04. 一种土壤污染物含量空间分布的精细分区方法.ZL201210483696.9.
祖艳群，李元，陈海燕，等.2003. 蔬菜中铅镉铜锌含量的影响因素研究．农业环境科学学报，22（3）：289-292.
Araeb B A，蔡元定.1992. 植物积累硝酸盐的农业生态因素．土壤学进展，（2）：20-241.
Brus D J，de Gruijter J J，Römkens P F A M. 2005. Probabilistic quality standards for heavy metals in soil derived from quality standards in crops. Geoderma，128：301-311.
Cantliffe D J. 1972. Nitrate accumulation in vegetable crops as affected by photoperiod and light duration. Journal of the American Society for Horticultural Science，7（8）：414-418.
Corre W J，Breimer T. 1979. Nitrate and Nitrite in Vegetables. Wageningen：Pudoc.
Farneselli M，Simonne E H，Studstill D W，et al. 2006. Washing and/or cutting petioles reduces Nitrate Nitrogen and Potassium Sap concentrations in vegetables. Journal of Plant Nutrition，29（11）：1975-1982.
Hu K L，Zhang F R，Li H，et al. 2006. Spatial pattern of soil heavy metal in urban rural transition

zone of Beijing. Pedosphere, 16: 690-689.

Lian F L, Zeng X B, Bai L Y, et al. 2009. Cadmium accumulation in vegetable plantation land soils under protected cultivation: a case study. Communications in Soil Science & Plant Analysis, 40 (13-14): 2169-2184.

Liu R, Xu F, Zhang P, et al. 2016. Identifying non-point source critical source areas based on multi-factors at a basin scale with SWAT. Journal of Hydrology, 533: 379.

Luis R L, Tomislav H, Hannes I R. 2008. Heavy metal in European soils: a geostatistical analysis of foregs geochemical database. Geoderma, 148: 189-199.

Michela F, Eric H S, David W S, et al. 2006. Washing and/or cutting petioles reduces nitrate nitrogen and potassium SAP concentrations in vegetables. Journal of Plant Nutrition, 29 (11): 1975-1982.

Rodríguez J A, Nanos N, Grau J M, et al. 2008. Multiscale analysis of heavy metal contents in Spanish agricultural topsoils. Chemosphere, 70: 1085-1096.

Zheljazkov V D, Nielsen N E . 1996. Effect of heavy metals on peppermint and cornmint. Plant and Soil, 178 (1): 59-66.

Zhu A X, Band L E, Vertessy R, et al. 1997. Derivation of soil properties using a soil land inference model (SoLIM) . Soil Science Society of America Journal, 61: 523-533.

第3章 城郊区污染土壤修复技术

3.1 城郊区土壤重金属钝化修复技术

3.1.1 土壤重金属钝化技术研究现状

我国城郊区土壤重金属污染涉及面积较大，各种工程修复措施存在成本高、难以推广普及的普遍问题，因此发展原位钝化（固化/稳定化）技术方法，探索新型重金属污染土壤改良剂，研发高效率、低成本、环境友好且适用于大面积工程应用的重金属土壤改良产品，以降低重金属污染物环境风险，是目前污染土壤修复的较好选择，符合我国农业可持续发展的需要。污染土壤的钝化处理技术是采用向土壤中添加钝化修复材料（钝化剂）使重金属向低溶解、被固定、低毒形态发生转化，达到降低污染土壤重金属生物有效性和环境风险的稳定化方法，这种方法以不会使土壤板结、不会改变土壤原有疏松多孔的特性为前提，仅改变重金属在土壤中存在的理化形态，对土壤扰动性小，能更好地满足当前我国治理土壤重金属污染的迫切要求，是一种经济有效的重金属污染土壤修复治理技术。

3.1.1.1 土壤重金属钝化修复机制

不同钝化过程和反应机制将直接影响钝化修复效果。如果钝化剂，如石灰等，仅仅通过改变土壤 pH 来降低重金属的生物有效性，其钝化常常是不稳定的，一旦土壤 pH 通过缓冲或其他因素的作用而下降，那么环境风险又将重现；如果钝化剂通过提高土壤 pH 和增加吸附量两种机制发生作用，则钝化作用的效果会相对稳定，其稳定性依赖于土壤及钝化剂的缓冲容量和钝化剂的吸附容量；如果钝化剂通过矿物晶格层间吸附重金属或与重金属形成沉淀，则钝化作用取决于重金属污染物的固液平衡动力学特征及沉淀的溶度积 K_{sp}，其钝化效果也相对持久稳定（Hamon et al.，2002）。因此，明确重金属污染物在土壤中的钝化机制对于评价钝化剂的效果和持久性具有十分重要的意义。

不同钝化剂对重金属的钝化过程差别较大，反应机制也十分复杂。根据目前的研究，可将其分为以下几类。

（1）沉淀作用

对于以石灰为代表的碱性钝化剂来说，其施入土壤可以提高土壤 pH，进而促使土壤中 Hg、Cd、Pb、Zn 等污染物形成氢氧化物或碳酸盐结合态沉淀。土壤中磷酸根离子也可以和金属离子直接结合并形成溶解度很小的金属磷酸盐沉淀，从而降低重金属污染物在土壤中的生物有效性和毒性。Matusik 等（2008）利用 X 射线衍射、傅里叶变换红外光谱、扫描电子显微成像等技术研究发现，磷酸盐对 Cd 的钝化作用主要受 pH 和磷酸根影响，而与磷酸盐的种类没有显著相关性。在磷酸根作用下，游离的 Cd 离子与其结合主要形成稳定的磷酸盐沉淀，但当 pH 逐渐升高，沉淀反应产物的晶格结构会逐渐变差。

（2）化学吸附与离子交换

很多钝化剂本身对重金属污染物具有很强的吸附能力，进入土壤后能通过自身的吸附能力提高土壤对重金属的吸附容量，从而降低其生物有效性。砷酸根在含铁、铝物质作用下，可以通过基团交换反应替换铁铝氧化物表面的 OH^-、OH_2 等基团而吸附在矿物表面，Matusik 等（2008）通过 X 射线吸收精细结构（XAFS）光谱证实其形成了稳定的双齿双核结构的复合物。此外，含锰氧化物也能和含铁氧化物一样吸附砷污染物形成双齿双核结构的复合物（Karlsson et al.，2007）。沸石也能通过其硅氧四面体和铝氧八面体结构对重金属产生较强的离子交换和化学吸附能力，因而其在重金属的钝化修复中得到广泛应用。赤泥也主要通过化学吸附作用，使重金属污染物进入铁铝矿物晶格内形成稳定的复合物来降低重金属的生物可利用性和毒性。

（3）表面沉淀

在酸性土壤上施用磷石膏、红石膏和白云石残渣等，能显著提高 Pb、Cd、Cu 在土壤固相组分中的稳定性，降低其可移动性和生物有效性。X 射线衍射分析结果表明，加入钝化剂后，Pb 在磷石膏和红石膏矿物表面吸附形成了稳定的硫酸铅矿物，而白云母与 Pb、Cd 和 Cu 也分别通过表面沉淀作用形成了相应的复合物；扫描电子显微镜分析结果表明，Pb 在这些钝化剂上主要与高岭石上的断面电荷结合，形成稳定的化合物。此外，这些钝化剂具有一定的溶解度，因此能够与重金属更好地接触反应，从而发挥更有效的钝化作用（Illera et al.，2003）。

(4) 有机络合

有机质富含多种有机官能团，能够与重金属形成具有一定稳定性的金属有机络合物，从而降低重金属污染物的生物可利用性以及植物对重金属的吸收，特别是腐熟度较高的有机质可以通过形成黏土-金属-有机质三元复合物增加重金属在土壤中的吸附量（Arias et al.，2002）。此外，土壤中的丛枝菌根在重金属胁迫条件下也可能产生多糖物质及半胱氨酸配位体，与重金属螯合形成稳定的有机络合物，从而增强重金属在土壤中的稳定性。

(5) 氧化还原

对于变价金属（类金属）污染物来说，在不同价态下，其生态毒性、生物可利用性以及移动性差异很大。因此，选择合适的氧化剂或还原剂可以降低这类污染物的毒性、生物有效性或移动性，从而达到钝化的目的。例如，在三价铁离子存在的条件下，三价砷（亚砷酸根）容易转化成毒性相对较小的五价砷（砷酸根），而砷酸根在土壤中的吸附量要相对比亚砷酸根的吸附量大，从而也促进了土壤中砷污染物的钝化（Leupin and Hug，2005）。对于铬污染物，施加有机质或者铁还原性物质，可以促进六价铬还原成毒性较小的三价铬，且三价铬的移动性较差，从而可使铬污染物在土壤环境中得到钝化稳定。此外，也可以通过一些还原细菌把硫酸盐还原成硫化物，使其与重金属（如汞、铅）发生反应形成硫化物沉淀，进而达到降低重金属生物有效性的目的（Vanbroekhoven et al.，2007）。

事实上，钝化剂降低重金属生物有效性极少是通过单一的反应机制实现的，通常是通过多种反应同时作用实现的，并且受多种因素影响，如土壤 pH、氧化还原电位、土壤组成、阳离子交换量等。目前，由于土壤基质的复杂性，特别是涉及吸附、表面沉淀反应时，人们对钝化剂钝化重金属以降低其生物有效性的反应机制并没有完全弄清楚。此外，人们对丛枝菌根在降低植物吸收重金属方面的相关作用机制也不是十分清楚。X 射线衍射、同位素示踪、扫描电镜-能量色散 X 射线谱（SEM-EDS）等技术的介入，特别是 X 射线吸收精细结构光谱技术在吸附反应领域的应用，将极大地推动人们对吸附机制的深入理解，钝化剂的作用机制有望得到进一步明确。

3.1.1.2 土壤重金属钝化剂

污染土壤重金属原位钝化修复，即向污染土壤添加一种或多种活性物质，如黏土矿物、磷酸盐、有机物料、微生物等，通过改变土壤理化性质提高重金属在土壤中的吸附容量，或者直接与重金属作用形成溶解度小的络合物或沉淀，从而降低重金属元素在土壤中的移动性和生物有效性，减少其在农产品中的积累与富集，以维持农业生产和农产品安全，达到生态修复污染土壤的目的（Kumpiene et al.，2008）。用于农田土壤重金属稳定化修复的材料常称为钝化剂，根据钝化剂的理化性质可以将其分为无机钝化剂、有机钝化剂和微生物钝化剂三种，在实际应用中，几种钝化剂有时会被联合使用形成复合钝化剂。

（1）无机钝化剂

无机钝化剂在重金属污染土壤钝化修复研究中的应用最为广泛，种类也多种多样。根据其不同的理化性质和来源，无机钝化剂又可以分为以下几个主要类别：磷酸盐类、黏土矿物类、工业副产品类等。其中，磷酸盐类物质主要包括羟基磷灰石、磷矿粉、磷酸、磷肥以及骨炭等；黏土矿物类物质主要包括膨润土、粗面棕闪石、沸石等；工业副产品类物质主要包括赤泥、飞灰、磷石膏、白云石残渣等。此外，应用于钝化研究的还有一些化学制品，如硫酸亚铁等。磷酸盐类化合物是目前应用较为广泛的钝化剂，其能通过改变土壤 pH、化学反应等显著降低重金属在土壤中的生物有效性，从而降低其在植物中的积累。表 3-1 总结了目前常用的无机钝化剂，以及其适用的重金属元素、研发和验证方法及钝化修复效果。

表 3-1　常用重金属污染土壤无机钝化剂汇总

钝化剂种类	适用的重金属元素	研发和验证方法	钝化修复效果
石灰	Cd、Zn	吸附试验、同位素交换技术	提高土壤的吸附容量
磷石膏、红石膏、白云石	Cd、Cu、Pb	吸附试验（形态分析）	提高土壤的吸附容量
磷酸盐	Pb	盆栽试验、连续分级提取（形态分析）	提高残渣态含量，降低植物吸收
磷酸盐	Pb	人体肠胃生理模拟（形态分析）	降低生物可利用性
磷酸盐	Cd、Cu、Pb、Zn	土壤淋洗	降低重金属可交换态 87% 以上
磷酸、磷酸钙、磷矿石	Cu、Pb、Zn	连续分级提取（形态分析）、X 射线衍射、SEM-EDS、小区植物试验	钝化 Pb 效果显著，减少植物吸收量
磷酸二铵	Cd、Zn	土柱淋洗	钝化降低淋洗液中重金属 77% 以上
磷酸、含铁土业副产品、过磷酸钙	Cd、Pb、Zn	化学提取、小区田间植物试验、动物吸收试验	降低可交换态含量，降低植物、动物对重金属的吸收

续表

钝化剂种类	适用的重金属元素	研发和验证方法	钝化修复效果
羟基磷灰石	Cd、Pb	化学吸附试验	形成稳定、不溶的复合物
过磷酸钙、钙镁磷肥、磷矿粉	Pb	室内模拟、连续分级提取	降低可溶态磷含量，形成磷铅沉淀
赤泥、飞灰、磷肥、石灰	Cu、Pb、Zn	化学形态、植物培养、微生物试验	降低可交换态含量
赤泥、飞灰	Cu、Pb、Zn	吸附试验、土柱淋洗	显著钝化降低淋洗液重金属含量
赤泥、粗面棕闪石	Cd、Cu、Ni、Zn	盆栽试验、连续分级提取	降低重金属可交换态含量
赤泥、沸石、石灰	Cd、Pb、Zn	连续分级提取、微生物试验	降低可溶态组分含量，改变菌群结构
高岭土业副产品	Cd、Zn	吸附试验、同位素交换技术	提高土壤的吸附容量，效果持久稳定
硫酸亚铁	As	土柱淋洗	钝化降低淋洗液中 As 90% 以上
铁、铝矿物	As	土柱淋洗	降低淋洗液中 As 50% 以上
海泡石	Cd	盆栽试验	抑制植物吸收，降低植株体内浓度
骨炭	Pb	盆栽试验、连续分级提取（形态分析）	增加残渣态含量，降低植物吸收
沸石	Cd、Pb、Zn	盆栽试验、连续分级提取（形态分析）	增加残渣态含量，降低植物吸收

（2）有机钝化剂

作为有效的重金属络合剂，有机物质可以通过形成不溶性金属-有机复合物、增加土壤阳离子交换量、降低土壤中重金属的水溶态及可交换态组分，从而降低其植物有效性。目前，常用的有机钝化剂主要包括有机堆肥、畜禽粪便、城市污泥等。研究表明，堆肥等有机物不但可以显著降低污染土壤中 Cd、Pb、Zn、As 等的生物有效态含量，降低植物吸收，并可显著促进植物的生长（Cao and Ma，2004）。有研究通过淋洗试验和植物盆栽试验，发现堆肥对重金属的钝化作用与堆肥的种类、土壤类型及土壤污染程度都有直接的关系（Van Herwijnen et al.，2007）。

（3）微生物钝化剂

微生物钝化剂主要有丛枝菌根真菌、还原类细菌、部分好氧细菌等，这些微生物可以通过生命活动产生重金属钝化物质，使重金属产生沉淀或者改变重金属价态，从而使土壤得到不同程度的改良。例如，硫酸盐还原细菌能够通过把硫酸盐还原成硫化物使土壤环境中重金属产生沉淀来实现钝化（Van Roy et al.，2006）。某些根际微生物能够钝化固定 Cu 和 Cd，降低其在土壤中的可交换态含量（Tiwari et al.，2008）。微生物的钝化作用受土壤的氧化还原环境影响很大，在还原条件下，硫酸盐还原细菌比较活跃，能够促进 Zn、Cd 的钝化作用（Vanbroekhoven et al.，2007）。

（4）复合钝化剂

在实际应用中，不同钝化剂对于不同种类和性质的重金属的钝化效果存在一定差异，因而其对重金属具有一定的选择性。对于复合污染土壤来说，单一的钝化剂很难达到修复的标准，因此很多情况下会考虑使用复合钝化剂。有研究发现，不同磷酸盐配合使用，能防止钝化剂对土壤 pH 影响过大、降低土壤可溶性磷含量、避免磷素流失导致的水体素富营养化，而且钝化效果也更为理想。在复合钝化剂中，有机钝化剂和无机钝化剂的联合应用也较为广泛。Van Herwijnen 等（2007）研究认为，由于黏土矿物性质比较稳定，堆肥配合黏土矿物能够保证钝化效果的持久性。利用有机质配合铁铝物质等其他化学钝化剂原位钝化化学重金属污染物，一方面有机质可以缓冲化学钝化剂可能导致的土壤 pH 变化，另一方面有机质可以和化学钝化剂结合形成复合物，在一定程度上避免有机质快速降解带来的负面影响，从而起到协同和互补的效果。

原位钝化修复技术符合我国可持续农业发展需要，在土壤、环境学领域受到越来越广泛的关注。目前，国内外已有不少研发成型并应用于修复工程的土壤修复（钝化）产品（表 3-2 和表 3-3），如湖北盛世环保科技有限公司、北京建工环境修复股份有限公司、上海速宜环境科技责任有限公司等均已将国外用于修复工程的土壤钝化剂引入国内修复市场。其中，上海速宜环境科技责任有限公司代理的日本新日铁住金株式会社研发的 SYL™-AGR 吸附剂属于层状黏土矿物产品，对土壤中重金属具有较好的吸附作用。南京清科中晟环境技术有限公司从国外引进并本土化研发的重金属 CCT 稳定化剂，可将土壤或底泥中的重金属失活、捕捉，并包封于稳定存在的晶状体中，对 Cu、Zn、Pb、Cd、Ni、Ag、Hg、Mn、Fe 等重金属都具有良好的稳定作用。北京建工环境修复股份有限公司从美国引进的“德拉门德-M”（DARAMEND-M）产品专用于重金属污染的土壤（包括含重金属的工业废渣填埋处理）和底泥的修复，可与被处理的土壤、底泥或废渣直接混合使用，可稳固土壤和填埋矿渣中的重金属，防止重金属渗漏进而污染地下水。

表 3-2　国内土壤重金属治理固化/稳定化技术–稳定剂研发状况调查

编号	公司名称	专利名称	专利来源或专利号	代理公司	适用对象	目标污染物	工程应用	解决的技术难题	成本/(元/m^3)	技术原理	备注
1	湖北盛世环保科技有限公司	分子键合技术	《国家先进污染防治示范技术名录》	美国 Soulcrop	土壤/固废/污泥	Cr、Pb、Hg、Cd、Cu	少量，国外有应用	提高修复效果稳定性	60 ~ 1000	将分子键合剂与重金属污染土壤混合，通过化学反应把重金属转化为稳定化合物，实现无害化。该技术可通过原位、异位和在线修复	有成品产品，可合作。未见技术参数、治理成本与工程案例情况
2	北京建工环境修复股份有限公司	土壤修复剂(DARAMEND)	加拿大引进独家代理	Adventus	土壤	有机污染物	主要案例在国外，1000 多个场地，700 万 t 土壤	土壤有机污染治理	未透露	针对土壤与土壤废弃物等附着的有机污染成分，供给营养成分以提升生物降解效果	有成品产品与设备，可以合作。未见产品技术参数、治理成本与工程案例情况
		土壤修复剂(TERRAMEND)	加拿大引进独家代理	Adventus	土壤	有机污染物		土壤有机污染治理	未透露	提供营养物质，保证土壤微生物对有机污染物的生物降解	
		土壤修复剂(DARAMEND-M)	加拿大引进独家代理	Adventus	土壤	重金属		降低重金属移动性	未透露	固定重金属，使重金属与药剂形成强键结合态，不容易在土壤中迁移和溶出	
		污染土壤快速淋洗装备	正在研发中	自主	土壤	重金属	未应用	中型土壤污染淋洗项目需求	未透露	—	
3	上海速宜环境科技	重金属钝化剂	日本独家代理	Schwert-mannite	土壤	重金属	已经工程化应用	土壤重金属污染治理	未透露	层状黏土矿物材料	有成品产品，可合作

续表

编号	公司名称	专利名称	专利来源或专利号	代理公司	适用对象	目标污染物	工程应用	解决的技术难题	成本/(元/m^3)	技术原理	备注
4	北京腾骧时代科技有限公司	一种重金属污染土壤原位修复方法	CN 201110056525.3	自主	土壤	重金属	少量	未透露	未透露	未见	有成品产品,可合作
		复合型重金属污染土壤原位固定化方法	CN 201110125022.7	自主	土壤	重金属	少量	未透露	未透露	未见	
5	湖南永清环境修复有限公司	一种治理重金属污染土壤的离子矿化稳定剂及使用方法	CN 201210267704.6	自主	土壤	重金属	少量	提高修复效果的稳定性	未透露	离子矿化稳定剂包含的原料:硫基化合物为5%~30%,磷基化合物为10%~50%,钙基化合物为10%~50%;硅基化合物为10%~30%。将各原料分别磨碎(粒度200目),按比例混合	

表 3-3 关于重金属治理固化/稳定化技术专利情况

产权单位	专利名称	专利号	适用对象	目标污染物	工程应用	解决的技术难题
中国科学院生态环境研究中心	一种用于矿区污染土壤修复的廉价稳定剂	CN 200810057963. X	土壤	重金属	未应用	重金属原位稳定化
中南大学	一种铬渣堆场污染土壤生化回灌修复方法及装置	CN 201010176068. 7	土壤	砷污染	未应用	砷稳定化
中国矿业大学	重金属污染土壤原位修复剂	CN 200510002116. X	土壤	重金属	未应用	重金属原位稳定化
华中科技大学	一种重金属污染土壤的修复方法	CN 200710053425. 9	土壤	重金属	未应用	重金属原位稳定化
中国科学院沈阳应用生态研究所	一种原位治理土壤重金属污染的固定剂	CN 200410082977. 9	土壤	重金属	未应用	重金属原位稳定化
	一种重金属污染土壤的治理方法	CN 200610046844. 5	土壤	重金属	未应用	重金属原位稳定化
浙江大学	一种重金属污染土壤的修复方法	CN 200610051958. 9	土壤	重金属	未应用	重金属原位稳定化
南京大学	一种淋洗修复重金属-有机物复合污染土壤的方法	CN 200810123622. 8	土壤	重金属	未应用	稳定化
个人(刘阳生)	一种重金属污染土壤原位修复方法	CN 2011110056525	土壤	重金属	未应用	重金属原位稳定化
个人(朱珍锦)	降低燃煤锅炉烟气中有毒重金属污染物排放的方法	CN 01132273. X	烟气	重金属	未应用	吸附、稳定化

3.1.2　土壤重金属钝化剂研发实例

3.1.2.1　伊/蒙黏土和麦饭石钝化剂研究

黏土矿物类修复材料以其优异的吸附性能及较好的离子交换能力，在污染土壤吸附钝化领域有着广泛的应用。黏土矿物类修复材料可以吸附多种重金属，并且具有成本低、资源量大、易获取、环境友好等特点。其原理是主要通过离子交换作用和表面沉淀作用改变重金属的赋存形态，降低重金属的扩散能力和生物有效性，从而实现去除或稳定水体重金属，以及控制重金属迁移、扩散及危害等目的（Zhou，2003）。已有研究表明，黏土矿物通过其高比表面积和特殊的晶型结构可有效净化土壤和水体中的多种重金属，在环境改良或修复领域，用于吸附重金属离子的常见黏土矿物包括蒙脱石、磷灰石、凹凸棒石、高岭土、沸石、海泡石、膨润土和伊利石等（Mahabadi et al.，2007）。

利用黏土矿物类材料吸附去除水体金属或稳定化处理土壤环境中的有毒有害重金属是近年来环境修复领域的研究热点。例如，Ca-蒙脱石可以交换吸附污水或污染土壤中 Cu、Pb、Zn 和 Cd 等重金属离子（Sun et al.，2015）。少量的 Al-蒙脱石也可明显降低土壤中可溶态 Zn 的浓度。麦饭石也可交换吸附 Cu、Pb、Zn、Cd 和 Hg 等二价重金属离子。适量的海泡石和高岭土对污染稻田中的 Pb、Cd 有一定的钝化效果，主要表现为改善了水稻的生长发育，提高了产量，同时降低了土壤和糙米中 Pb、Cd 的含量。沸石对 Pb、Hg、Cd 和 Cr 等元素也具有很强的吸附能力。膨润土可稳定土壤中 11.1%~42.5% 的 Cd 和 20.3%~49.3% 的 Pb，天然沸石能稳定土壤中硝酸提取态的 Pb 和 Zn（Van Gronsveld et al.，2009）。然而，目前用于环境修复的黏土矿物材料，其颗粒粒径多为 10~100μm，相比而言，纳米黏土矿物具有更高的比表面积，能更好地吸附水体和土壤环境中的可交换态重金属（Khorzughy et al.，2015）。但是，目前已商业化使用的纳米修复材料多以人工合成材料为主，如负载具有催化特性金属的纳米零价铁、负载纳米颗粒的氧化铝和通过还原氧化铁（Lo et al.，2012）或溶解态的铁离子制得的单质纳米零价铁等，这些人工合成的纳米材料具有制造成本高、结构和性能不稳定、潜在二次环境污染等问题。因此，研究天然黏土矿物类纳米材料在环境修复中的应用，符合绿色修复技术的发展需求，具有广阔的应用前景。

华南理工大学王燕民教授的课题组通过试验考察了中科纳达控股有限公司上思分公司伊/蒙黏土（illite/smectite，I/S）对重金属离子的吸附固化效果，证明了伊/蒙黏土可吸附水溶液中的重金属离子，并对生活垃圾焚烧飞灰中的重金属离子（Zn^{2+}、Co^{2+}、Cr^{3+}、Cd^{2+}、Mn^{2+}、Pb^{2+}、Cu^{2+}、Ni^{2+}、Hg^{2+}等）具有良好的固化效果。有研究表明，麦饭石具有良好的吸附性、矿化性、生物活性，以及对水中元素和水质 pH 的双向调节性等多种特性。除此之外，麦饭石还易于改造，可形成复合麦饭石，以突出上述优良特性或者增加新的理化特性，因而对天然麦饭石进行高效活化改性是其用于吸附稳定重金属的重要研究方向。

目前，伊/蒙黏土和麦饭石是否可用于现实污染环境的治理与修复尚不明确，人们对其吸附或稳定环境污染物的过程与特征还知之甚少，其改良重金属污染土壤的效果，以及降低污染物迁移性、生物有效性或毒性的机制还有待深入研究。因此，有必要针对伊/蒙黏土和麦饭石用于改良和修复重金属污染土壤的前景与价值，以及大规模应用的效益分析等开展探索与研究，深入探讨伊/蒙黏土和麦饭石降低污染物生物有效性的特性与机制，为将来伊/蒙黏土和麦饭石规模化应用于环境治理与修复提供技术支持。

3.1.2.2 伊/蒙黏土和麦饭石的性质

（1）伊/蒙黏土的性质

伊/蒙黏土是伊利石与蒙脱石等间层或混层黏土矿物的简称，是蒙脱石在成岩作用下向伊利石转化过程中的一种过渡矿物类型，由蒙脱石晶层和伊利石晶层沿 *c* 轴或垂直〈001〉方向组成的特殊类型的层状硅酸盐矿物，根据单元晶层沿 *c* 轴堆积的规律性，可以把混层黏土矿物分为规则（有序）混层黏土矿物和不规则（无序）混层黏土矿物（秦建中等，2009）。伊/蒙混层矿物的有序度代表了蒙脱石向伊利石转化的程度，有序度越大，说明蒙脱石的伊利石化程度越高（杨献忠，1993）。伊/蒙黏土具有典型的片状结构，一般认为是二维晶格一维准晶格的矿物。

伊/蒙黏土是地层中最常见的黏土矿物之一。目前，伊/蒙混层矿物的研究已成为地质学领域研究的热点之一，它在成岩历史恢复、热液蚀变研究、传统结晶学理论发展等领域具有重大的科学意义。国外学者对伊/蒙混层矿物开展了大量研究，提出了有关伊/蒙混层矿物形成机制的多种观点，认为长石、云母等富钾矿物的分解提供了足够的 K^+和 Al^{3+}，随着埋深的增加、温度的升高，蒙脱石脱水并且八面体 Al^{3+}被四面体 Si^{4+}代替，引起层间负电荷增加而使 K^+进入晶层开始形成伊/蒙混层矿物（Eberl et al.，1993）。

伊/蒙黏土由铝氧八面体与硅氧四面体按照 1∶2∶1 型堆叠而成，层间具有 OH^-和 Al^{3+}、K^+离子（Stixrude and Peacor，2002），可以与重金属进行离子交换吸附。伊/蒙黏土主要由 Si、Al、Fe、K、Mg 等元素组成；同时 Ti、Ca、Na 等也有少量分布，其化学元素组成见表 3-4。伊/蒙黏土经加工可形成约 70% 颗粒粒径小于 100nm、约 30% 颗粒粒径为 100～600nm 的粉体材料，平均比表面积约为 61. 04m^2/g。

表 3-4　伊/蒙黏土化学元素组成　　（单位:%）

SiO_2	TiO_2	Al_2O_3	Fe_2O_3	MgO	CaO	Na_2O	K_2O	BaO	其他成分
64. 29	0. 82	20. 38	2. 95	1. 82	0. 12	0. 19	2. 74	0. 10	6. 59

自然界中的伊/蒙黏土广泛分布于土壤、岩石风化壳、现代海洋湖泊沉积、古生代至新生代各类沉积岩以及热液脉岩、火山沉积物等各种地质体中。伊/蒙黏土在四川至湖南、湖北、浙江、福建等地的二叠系和三叠系界面处均有发育，但黏土层厚度相对较薄，从几毫米到十几毫米不等，分布稳定，灰黄色，质软，黏土矿物单一，杂质少。广西防城港市上思地区的伊/蒙黏土矿具有储量较大、储层厚、纯度高、颗粒微细（小于 100nm 粒度颗粒占 20%～30%）和片状形貌等特点，是一种自然界存在的、较为少见的超微细层片状矿物粉体材料。伊/蒙黏土中 13 种典型重金属 Cu、Cr、Ni、Zn、Sb、Pb、Cd、Be、As、Co、Sn、V、Hg 的本底含量见表 3-5，重金属含量均不超过《土壤环境质量 农用地土壤污染风险管控标准（试行）》（GB 15618—2018）Ⅱ级标准。

表 3-5　伊/蒙黏土本底重金属含量分析　　（单位：mg/kg）

分析指标	测定方法	报告限	样品浓度	农用地土壤污染风险筛选值*
Cu	USEPA 7000B-2007	1	34	50
Cr	USEPA 7000B-2007	1	66	150
Ni	USEPA 7000B-2007	1	33	56
Zn	USEPA 7000B-2007	1	59	200
Sb	USEPA 7010-2007	0. 1	1. 6	—
Pb	USEPA 7010-2007	0. 1	33	70
Cd	USEPA 7010-2007	0. 01	0. 27	0. 3
Be	USEPA 7010-2007	0. 01	2. 07	—
As	GB/T 22105. 2-2008	0. 5	14. 4	20
Co	USEPA 7010-2007	1	10	—
Sn	USEPA 7010-2007	1	5	—
V	USEPA 7010-2007	1	80	—
Hg	GB/T 22105. 1-2008	0. 05	0. 12	0. 5

* 农用地土壤污染风险筛选值因为土壤 pH 和土地利用方式不同而有所不同，因此该处引用数据为相应标准中的最低值

（2）麦饭石的性质

麦饭石是由原岩经蚀变、风化作用而形成的结构疏松的层状、脉状、透镜状的活性矿物，其因外貌颇似大麦米煮出的饭团而得名。我国麦饭石资源丰富，内蒙古奈曼旗、天津蓟州区、辽宁阜新、浙江四明山、江西赣南、台湾台东、河南嵩山、吉林长白山、河北灵寿、山东青岛和泰安、陕西户县等地均有大量矿藏（冯光化，2001）。麦饭石的色泽、矿物组成和岩石化学成分因产地地质条件和原岩的不同而有一定的差异。麦饭石的原岩多为石英斑岩、石英二长岩、石英闪长岩、花岗闪长岩、二长花岗岩和花岗片麻岩等。原岩经风化形成石英、斜长石、钾长石及少量暗色矿物黑云母、角闪石、磁铁矿等，风化后的麦饭石矿物成分和化学成分与未风化的原岩基本一致，只是多了一些高岭土、绢云母、蒙脱石、绿泥石等蚀变矿物。麦饭石含有多种对生物生长发育有益的常量、微量元素，以及被称作动物生长调节剂的稀土元素和微量氨基酸（王银叶等，2003），这些元素都具有良好的溶出性、矿化性、生物活性、吸附性，以及对水中元素和水质 pH 的双向调节性等多种特性，对生物无毒无害。

化学分析表明，麦饭石中含有 50 多种元素，主要化学成分为 SiO_2、Al_2O_3、CaO、MgO、Na_2O_2、K_2O_2、Fe_2O_3、FeO 等，其中 SiO_2、Al_2O_3 两者共占 70% 以上。麦饭石所含的常量元素有 K、Na、Ca、Mg、Cu、Mo 等，稀土元素有 La、Ce、Pr、Nd、Eu、Sm、Gd 等，微量元素有 Ga、Ge、Se、Sr、Li、V、Zn、Cr、Ni、Nb、Ta、Co、F、Zr、Y、Sn、Mn、P、Ba 等（王维清等，2005）。麦饭石中放射性同位素和有害元素的含量，均低于地壳中同种元素的含量（李娟等，2008）。

天然麦饭石的孔隙中填充有各种杂质，其降低了麦饭石的吸附能力，为了去除这些杂质，疏通麦饭石的孔隙，增大麦饭石的比表面积，有效改善其吸附性能和吸附效率，需要对麦饭石进行改性处理。活性麦饭石是经过混合（麦饭石原矿粉+黏土+腐殖酸质量比为 80∶5∶5）、搅拌均匀、活化（枸橼酸）、烘干、粉碎等过程，最后得到的具有较好分散性和可塑性的活性麦饭石钝化剂粉剂，其制备工艺简单，成本低廉，易于产业化推广。

3.1.2.3 伊/蒙黏土和麦饭石钝化修复试验研究

（1）伊/蒙黏土钝化效果盆栽试验

供试土壤采自河南济源，为典型重金属污染农田土壤，其主要重金属含量状况如下：Ni（23.76mg/kg），Cu（34.41mg/kg），Zn（74.5mg/kg），As（34.86mg/kg），Cd（7.91mg/kg），Pb（210.93mg/kg）。按土壤质量分数分别为 1%、2%、5%、10%、15% 和 20% 添加伊/蒙黏土 D50，选择冬小麦周麦 16 作为试验材料，出苗21天对小麦地上部生物量以及小麦组织重金属含量等指标进行分析测试。

试验结果发现，添加伊/蒙黏土可以降低小麦地上部对 As、Cd 和 Pb 的积累量（图3-1），可使小麦地上部对 As、Cd 和 Pb 的积累量分别减少 16%~44%、5%~8%和16.2%~51.6%，表明伊/蒙黏土在钝化修复重金属污染土壤上有一定的潜力和优势，为进一步开展田间示范试验奠定了基础。

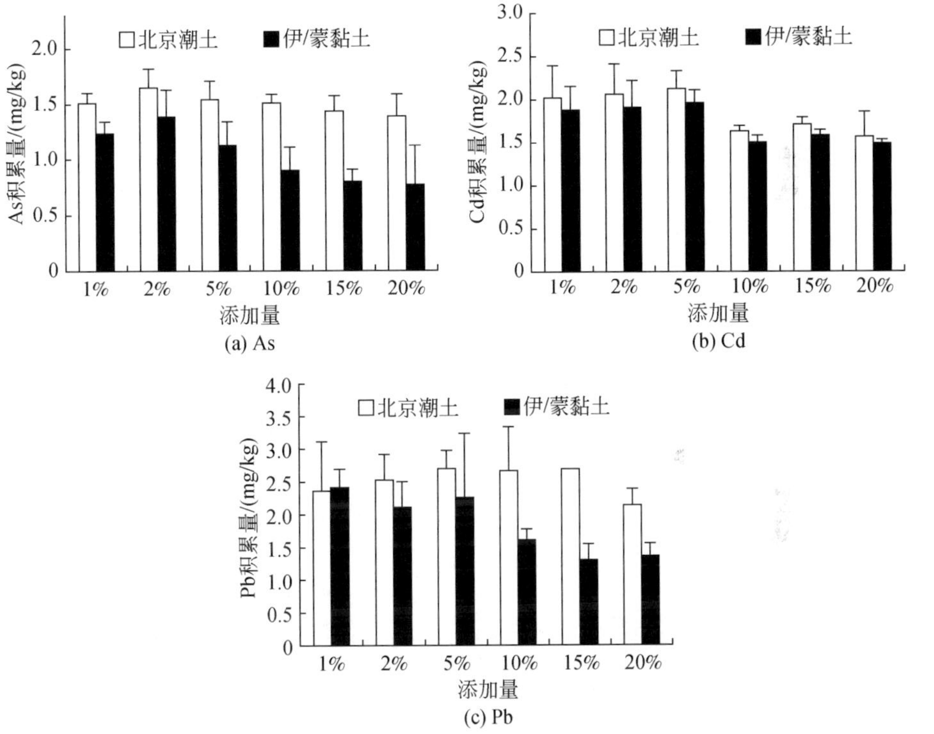

图3-1　添加伊/蒙黏土对小麦地上部 As、Cd 和 Pb 积累的影响

土壤重金属浸出试验发现，处理前土壤 As 浸出浓度为0.37mg/L，添加1%~20%的伊/蒙黏土对土壤中 As 具有钝化作用（图3-2），添加1%、2%、5%、10%、15%和20%的伊/蒙黏土可使 As 的浸出率降低18%~34%；处理前，土壤 Cd 浸出浓度为0.29mg/L，添加1%~20%的伊/蒙黏土对土壤 Cd 浸出浓度的影响不明显，降低率为1.7%~5.3%；处理前，土壤 Pb 浸出浓度为2.25mg/L，添加1%~20%的伊/蒙黏土可使 Pb 浸出率降低3.9%~14.3%。

（2）伊/蒙黏土和麦饭石的田间试验

选用纳米伊/蒙黏土重金属钝化剂（粉体）和麦饭石土壤改良剂（粉体）（图3-3），在北京大兴区留民营蔬菜生产基地的温室大棚，对重金属污染土壤进

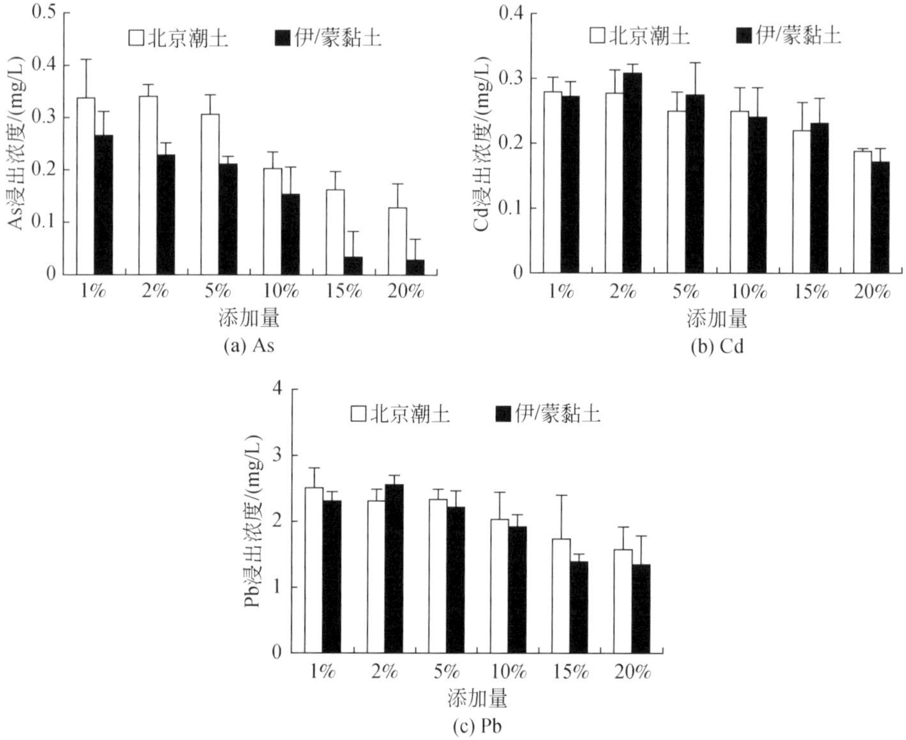

图 3-2　伊/蒙黏土对土壤 As、Cd 和 Pb 浸出浓度的影响

行田间钝化处理和应用示范。钝化剂的使用量为 0.5%（按表层土壤 0 ~ 20cm 的质量分数计算和使用），种植的作物品种包括小白菜（京研快菜 2 号）、油菜（京油 605）和菠菜（蔬菠 1 号）。

根据作物类型的不同，分别设计了不同的田间试验处理，包括种植小白菜的对照组（T1 ~ T4）、种植油菜的对照组（T5 ~ T8）、种植小白菜的麦饭石处理组（T9 ~ T12）、种植油菜的麦饭石处理组（T13 ~ T16）、种植小白菜的伊/蒙黏土处理组（T17 ~ T20）、种植油菜的伊/蒙黏土处理组（T21 ~ T24）、种植菠菜的对照组（T25 ~ T28）和种植菠菜的麦饭石处理组（T29 ~ T32）。每个处理设 4 次重复（即 4 个试验小区），各试验小区的分布如图 3-4 所示。试验小区的形状为正方形，作物株距一般为 20cm，每种作物种植 6 行约 60 株，如图 3-5 所示。

试验小区土壤主要重金属含量范围分别为：Cd（0.54 ~ 0.62mg/kg），Cr（31.05 ~ 42.93mg/kg），Pb（7.08 ~ 9.51mg/kg），Cu（15.94 ~ 19.61mg/kg），Ni（11.47 ~ 15.64mg/kg），Zn（59.04 ~ 74.97mg/kg）。同类作物不同处理小区间土壤中各种重金属含量无显著差异。试验结果表明，在土壤中施用伊/蒙黏土

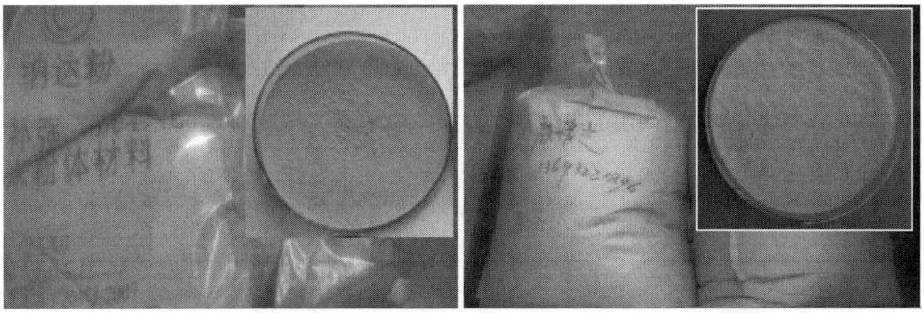

(a)纳米伊/蒙黏土重金属钝化剂　　(b)麦饭石土壤改良剂

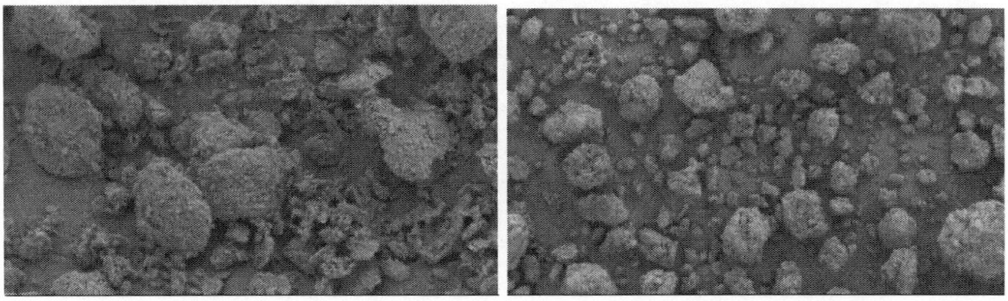

(c)纳米伊/蒙黏土钝化剂颗粒微观结构　　(d)麦饭石土壤改良剂颗粒微观结构

图 3-3　纳米伊/蒙黏土重金属钝化剂和麦饭石土壤改良剂的粉体剂型与微观结构

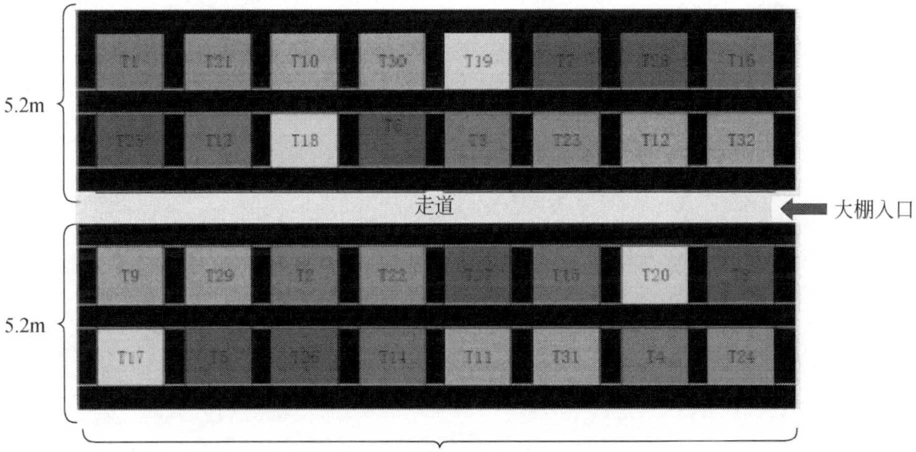

图 3-4　田间示范试验小区分布图

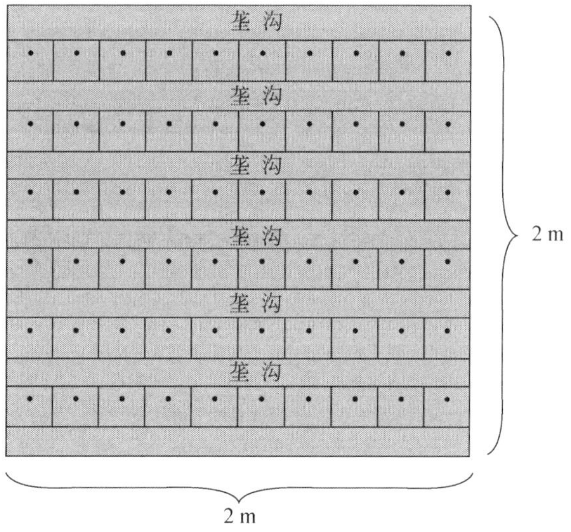

图 3-5　试验小区作物种植分布图

"·"表示作物种植位置

和麦饭石可有效降低小白菜对 Cd、Cr、Pb、Cu、Ni 和 Zn 等重金属的吸收（图 3-6）。施用伊/蒙黏土的小白菜对 Cu 的吸收量降低幅度最大，达到 63%；其次是 Cr 和 Ni，吸收量分别降低 37% 和 35%；对其他重金属（Cd、Pb、Zn）的吸收量降低幅度则相对较低，为 8%~14%。施用麦饭石的小白菜对 Cu 的吸收量降低幅度最大，为 62%；其次是 Ni，吸收量降低幅度达到 39%；对其他重金属的吸收量降低幅度均在 12%~18%。

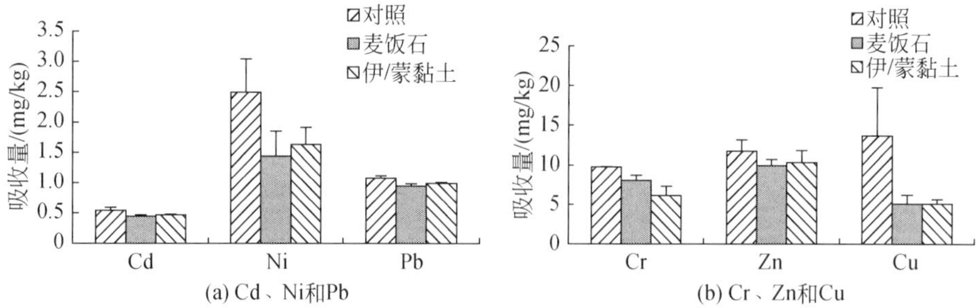

图 3-6　土壤中施用伊/蒙黏土和麦饭石对小白菜吸收重金属的影响

与对照相比，在土壤中施用伊/蒙黏土和麦饭石也可有效降低油菜对 Cr、Pb、Cu、Ni 和 Zn 的吸收，但对 Cd 的吸收影响不显著（图 3-7）。其中，施用伊/蒙黏土的油菜对重金属的吸收量降低幅度不尽一致，依次为 Cu（38%）、Ni（35%）、Cr（35%）、Zn（22%）和 Pb（14%），而施用麦饭石的油菜对重金属的吸收量降低幅度依次为：Ni（42%）、Zn（31%）、Cu（26%）、Cr（21%）和Pb（12%）。可见施用两种材料对油菜对不同重金属吸收的影响效果不尽一致。

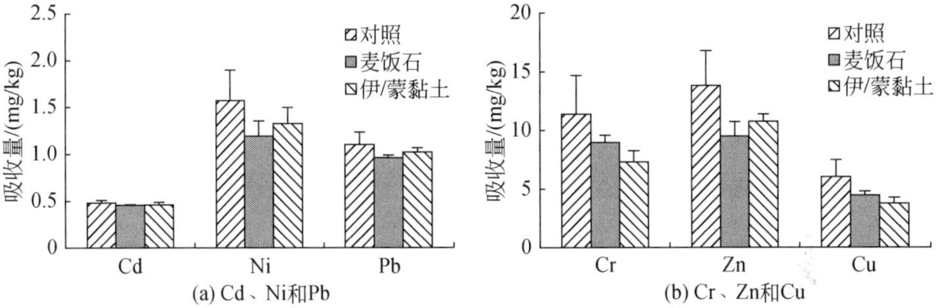

图3-7　土壤中施用伊/蒙黏土和麦饭石对油菜重金属吸收的影响

由图3-8可见，与对照相比，在土壤中施用麦饭石可有效降低菠菜对Cd、Cr、Pb、Cu、Ni和Zn的吸收。其中，对Cu、Ni吸收量的降低效果最好，分别达到58%和44%，其次是Zn，其吸收量可降低32%；麦饭石对菠菜对Cd和Cr吸收量的影响接近，降低幅度分别为25%和24%；对Pb的吸收量的降低幅度则最低，为11%。

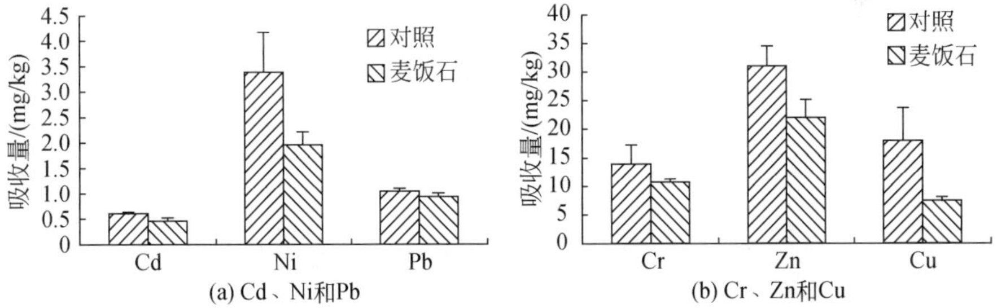

图3-8　土壤中施用麦饭石对菠菜重金属吸收的影响

同时，土壤中施用0.5%的伊/蒙黏土或麦饭石对小白菜、油菜和菠菜生长的影响如图3-9和图3-10所示。结果发现，与对照相比，施用伊/蒙黏土对小白菜和油菜的生长（以株高和生物量计）没有不利影响；施用麦饭石对小白菜、油菜和菠菜的生长（以株高和生物量计）也没有不利影响，甚至可促进其生长。

土壤中施用伊/蒙黏土或麦饭石对土壤性质（pH）的影响如图3-11所示，在0.5%的施用水平下，麦饭石会导致土壤pH稍有下降，伊/蒙黏土对土壤pH基本没有产生显著的影响。

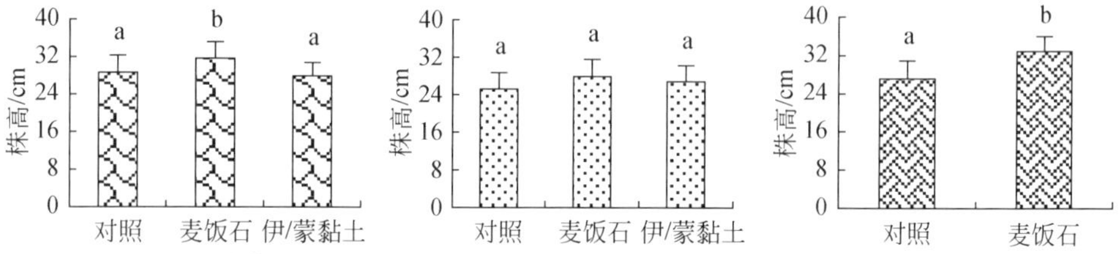

(a) 小白菜 (b) 油菜 (c) 菠菜

图 3-9 土壤中施用伊/蒙黏土和麦饭石对植物株高的影响

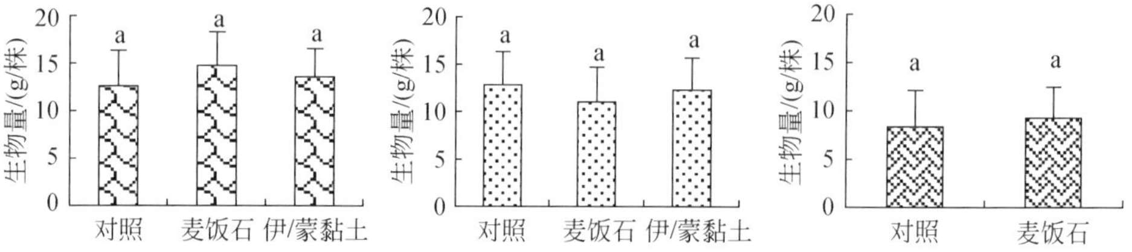

(a) 小白菜 (b) 油菜 (c) 菠菜

图 3-10 土壤中施用伊/蒙黏土和麦饭石对植物生物量（干重）的影响

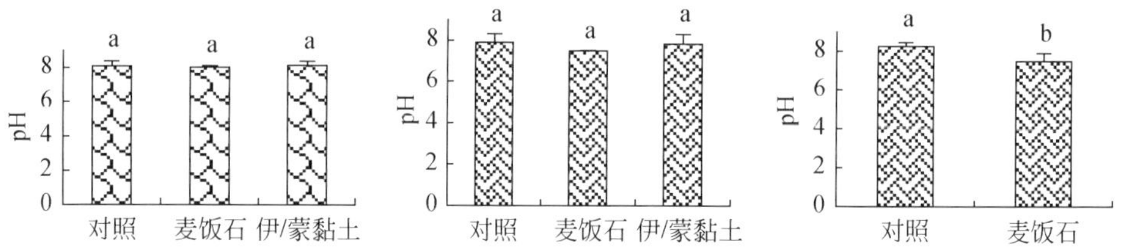

(a) 小白菜 (b) 油菜 (c) 菠菜

图 3-11 土壤中施用伊/蒙黏土和麦饭石对试验地土壤 pH 的影响

综上，土壤中施用伊/蒙黏土和麦饭石可显著降低小白菜和油菜对 Cr、Pb、Cu、Ni 和 Zn 的吸收，施用伊/蒙黏土可降低小白菜对 Cd 的吸收；土壤中施用麦饭石均可显著降低菠菜对 Cd、Cr、Pb、Cu、Ni 和 Zn 的吸收。土壤中施用 0.5% 的伊/蒙黏土对小白菜和油菜的生长没有影响，施用 0.5% 的麦饭石可促进小白菜、油菜和菠菜的生长。在 0.5% 的施用水平下，麦饭石会导致土壤 pH 稍有下降，伊/蒙黏土对土壤 pH 基本没有产生显著的影响。

（3）试验结果小结

在北京城郊区大兴区留民营蔬菜基地温室大棚，选用纳米伊/蒙黏土重金属钝化剂（粉体）和麦饭石土壤改良剂（粉体），对重金属污染土壤进行田间钝化应用示范，结果表明，在使用量0.5%条件下，土壤性质（pH）不发生显著变化，能显著降低供试叶菜类蔬菜（小白菜、油菜和菠菜）的重金属（Cd、Cr、Pb、Cu、Ni和Zn）含量显著降低，其中伊/蒙黏土对产量无显著影响，而麦饭石可显著促进蔬菜的生长。

伊/蒙黏土重金属钝化剂和麦饭石土壤改良剂具有原料易得、工艺简单、成本低、效率高等适于大面积工程应用的优点。同时，这两种黏土矿物粉体材料是具有较强吸附性能和离子交换性能的天然吸附剂，对植物生长无毒无害，应用于农田土壤中不产生二次污染，符合绿色修复技术的发展要求，并且是自行合作研发的材料，属于新材料、新技术和新配方，在我国农田重金属污染土壤的改良和修复治理中具有较大的应用前景和价值。

3.2　生物炭提升土壤质量技术

生物炭（也称生物质炭）通常是指树木、农作物秸秆、植物组织或动物骨骼等生物质在无氧或者部分缺氧及相对低温（<700℃）条件下热裂解炭化形成的一类多孔、高度芳香化、难溶性的同态物质，主要由C、H、O、N、S等元素组成，含C元素60%以上。生物炭属于黑炭的一种，具有高度的化学稳定性、热稳定性和生物惰性，对微生物的分解具有很强的抵抗能力，具有改善土壤理化性质、固碳减排等多种功能。

3.2.1　生物炭土壤修复与改良作用研究现状

3.2.1.1　生物炭的来源、结构及性质

根据生物质材料的来源，生物炭可以分为木炭、竹炭、稻秆炭、稻壳炭、动物粪便炭等。目前，“生物炭”还没有十分确切的定义。也有学者称之为“生物碳”或者“生物黑炭”，“生物碳”更强调其在固碳方面的作用，而“生物炭”概念则强调通过生物炭化制得，在改良土壤、固碳减排方面具有综合作用的炭材料。

生物炭富含有机碳（70%~80%），其中大多数的碳以高度扭曲的芳香环、不规则的叠层堆积存在，具有高度的生物稳定性和抗分解能力。生物炭具有巨大的比表面积、发达的微孔结构，因此具有较强的吸附能力。生物炭表面含有大量官能团如羰基、羧基、酚羟基、内酯基等，这使其具有较强的吸附特性，能吸附水、土壤或沉积物中的无机离子（如Cd^{2+}、Pb^{2+}、Hg^{2+}等）及极性或非极性有机

化合物，其中含氧官能团能和水分子以氢键作用结合，水分子被吸附在生物炭上，被吸附的水分子能够形成二级吸附位点，可以吸附更多的水分子。表面含氧官能团主要分为碱性官能团和酸性官能团，碱性官能团使其具有非极性性质，易吸附极性较弱或非极性物质；酸性官能团则使其具有极性性质，有利于吸附各种极性较强的化合物。

3.2.1.2 生物炭对土壤的改良作用

生物炭添加到土壤中，可以改变土壤理化性质，改善微生物生存环境，从而调节物质循环，对土壤起到改良作用。主要体现在如下几个方面。

(1) 提高土壤持水能力

生物炭通过提高土壤的孔隙度来降低水分的渗透速率，增大土壤的水截留潜力，并且能够增加土壤水稳定性团聚体数量；另外，生物炭本身富含有机碳，添加到土壤中可以增加有机碳含量以及土壤有机质或腐殖质含量，从而也能增强土壤的持水能力（Solaiman et al.，2010）。研究表明，含生物炭丰富的亚马孙流域土壤的持水量比周围无炭土壤增加了18%。

(2) 提高土壤 pH

生物炭中含有一定量的 K、Ca、Mg 等碱金属或碱土金属离子及碳酸盐，因而呈碱性，可提高土壤的 pH。另外，生物炭所含的大量有机官能团能够吸收土壤中的 H^+，可以提高土壤的碱基饱和度，降低酸性土中铝的饱和度，从而在不同程度上提高土壤的 pH（赖长鸿等，2015）。

(3) 改善土壤阳离子交换量

土壤阳离子交换量（CEC）是衡量土壤肥力的重要指标，反映土壤吸持和供给可交换养分的能力。生物炭可以增加土壤的阳离子交换量。生物炭对有机质含量较低的酸性土壤的阳离子交换量的提高作用特别明显，而对有机质高、石灰性土壤的改善作用不明显。

(4) 改善土壤营养条件

生物炭本身含有 N、P、K、Ca、Mg 等营养元素，营养元素在土壤中缓慢释放，可以作为肥料提高土壤养分。另外，生物炭能够强烈吸附土壤水溶液中的铵态氮、硝态氮、K、P 及气态氨等不同形态的营养元素，由于土壤阳离子交换量提高，有机质稳定化，营养物质缓慢释放，从而有效促进植物对营养成分的吸收。

(5) 提高土壤有机碳水平

土壤有机质可以改变土壤团聚体和稳定性、保持水分、吸持和交换养分、支持微生物活动等，是土壤肥力的重要指标之一。生物炭富含有机碳，可以提高土壤有机碳水平，从而提高土壤的C/N，增加土壤对氮素及其他养分元素的吸持容量，有利于通过配合施肥培肥土壤。

（6）增强土壤微生物的活性

生物炭疏松质轻，能降低表层土壤容重，防止土壤板结，也能为土壤微生物提供良好的生存环境，增强微生物的活动能力。

3.2.1.3 生物炭对作物生长的作用

生物炭对作物的作用效果受生物炭类型、施用量、土壤类型和植物种类及生长期等因素影响，主要有促进生长、抑制生长和无影响三方面作用。大部分试验研究表明，生物炭对作物生长具有明显的促进作用，生物炭通过改善土壤的持水性能、pH、阳离子交换量、微生物环境及土壤营养条件等，增加土壤的保肥能力，从而提高作物的产量。此外，生物炭的种类及炭化温度不同，可以影响其性质，施加到土壤中对作物的生长作用也不尽相同。通常生物炭与化肥混合施加或制成生物炭基肥入田的增产效果更为明显。

3.2.1.4 生物炭对重金属污染土壤的治理作用

生物炭具有巨大的比表面积以及发达的孔隙结构，表面含有大量官能团和负电荷，对有机物、重金属阳离子等有较强的吸附能力，在土壤中能够有效钝化重金属离子。生物炭制炭技术成熟、原料来源广泛、价格低廉、性质稳定，能够在土壤中长期存在，具有其他材料及化学药剂无法比拟的低成本优势。以生物炭为基础的钝化体系在治理土壤重金属污染、改善土壤状况等方面具有广阔前景。

1）生物炭对有机污染物具有强大的吸附能力，其对疏水性有机污染物多环芳烃（polycyclic aromatic hydrocarbons，PAHs）、多氯联苯（polychlorinated biphenyls，PCBs）等具有比土壤有机质高几个数量级的吸附亲和性。与活性炭相比，生物炭一般不需要进行活化处理，能够有效地结合土壤中污染物，降低其生物可利用度，阻止有毒物质从环境中向生物体内转移等作用，被认为是控制外源污染物的迁移转化及毒性的一种有效办法。

2）生物炭对土壤中重金属离子有强大的吸附能力，能够明显改变重金属在土壤中的赋存形态，降低交换态重金属的含量，从而降低植物的可利用度。有研究将生物炭与发酵鸡粪等有机质混合施加到受Cd污染菜地中，土壤中有效态Cd含量、油麦菜中可食部分Cd含量较对照组都有明显下降。但也有研究认为，对于突发性重金属污染土壤，外源炭能够有效降低有效态重金属含量，但对于已受重金属污染的土壤，外源炭的加入会增加重金属的活性。因此，生物炭钝化重金属的机理需要进一步研究验证。

3.2.2 生物炭提升土壤质量技术的典型实例研究

为进一步研究生物炭的钝化修复效果，选用皇竹草和动物骨骼为原料，制备皇竹草生物炭和动物骨炭，通过一系列盆栽试验，研究其吸附或稳定环境污染物的过程与特征，评价其是否可用于现实污染环境的治理与修复，以及用于土壤改良的前景与价值，为生物炭规模化应用于重金属污染土壤的环境治理与修复提供技术支持。

3.2.2.1 皇竹草生物炭提升土壤质量技术研究

皇竹草又名杂交狼尾草，其光合效率高、营养较丰富、根系发达、抗逆性强、容易繁殖、对生存环境要求低，在贫瘠退化的沙滩地、沙地和水土流失较为严重的陡坡地均能适应生长（郑海等，2014）。近年来，皇竹草也逐渐被应用于生态环境治理、水土保持、植被修复等方面（马崇坚和刘发光，2012），同时皇竹草被广泛应用于饲料、造纸、饮料食品和新能源领域，其生物炭的开发无疑将开拓其新的利用前景。

（1）皇竹草生物炭的制备方法

先将皇竹草的茎秆部分用烘干箱 80℃烘干，之后于马弗炉中通入氮气 10min 驱赶氧气，然后在 500℃ 缺氧条件下制备生物炭，炭化时间为 2h，其 SEM 表面结构可见图 3-12。

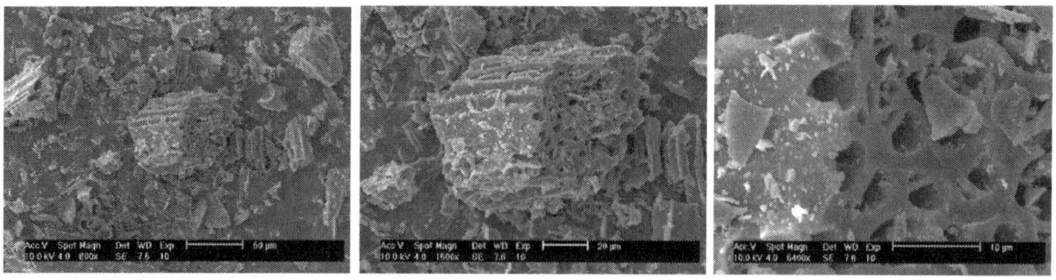

(a) 放大倍数为800倍　　(b) 放大倍数为1600倍　　(c) 放大倍数为6400倍

图 3-12　500℃下制备的皇竹草生物炭表面结构

测得皇竹草生物炭理化性质和皇竹草茎秆及皇竹草生物炭的金属含量如表 3-6和表 3-7 所示。

表 3-6　皇竹草生物炭理化性质的相关特征参数

参数	含量	参数	含量
全氮/(g/kg)	2.25±0.28	pH	6.85±0.18
全碳/(g/kg)	216.76±23.99	产率/%	24.50±3.67
C/N/%	96.50±4.23	灰分/%	25.38±4.48

表 3-7　皇竹草茎秆及皇竹草生物炭的重金属含量（单位：mg/kg）

项目	Cd	Pb	Ni	Cu	Zn
皇竹草茎秆	1.35±0.61	31.28±3.92	7.84±0.86	69.98±7.44	144.49±6.18
皇竹草生物炭	1.19±0.47	12.66±3.44	17.86±9.04	156.07±148.78	109.75±15.21

（2）皇竹草生物炭对土壤重金属钝化效果试验

以采自广州白云区某菜园地的 Cd 污染土壤（Cd 为 2.49mg/kg）为供试土壤，按 2% 的质量比施用 500℃下制备的皇竹草生物炭，然后盆栽菜心（品种分别为特青迟心 4 号菜心和碧绿粗苔菜心）（图 3-13），研究皇竹草生物炭降低菜心对 Cd 的吸收作用，评价其对土壤 Cd 的钝化效果。

图 3-13　皇竹草生物炭钝化土壤 Cd 的盆栽试验效果研究

1 为碧绿粗苔菜心未施生物炭；2 为未种植物未施生物炭；3 为特青迟心 4 号菜心未施生物炭；4 为碧绿粗苔菜心施加生物炭；5 为未种植物施加生物炭；6 为特青迟心 4 号菜心施加生物炭

1）对土壤质地的影响。

由表 3-8 可知，各处理组土壤的颗粒组成主要以粒径 0.002 ~ 0.05mm 的细粉砂粒和粗粉砂粒为主（>50%），施加生物炭可显著提高土壤中粒径 0.05 ~ 2.00mm 的砂粒的比例，降低土壤中细粉砂粒（0.002 ~ 0.02 mm）的比例，而对黏粒（≤0.002mm）和粗粉砂粒（0.02 ~ 0.05mm）的比例影响不大，表明施加生物炭可增加土壤的通气透水性能，其主要原因在于土壤粗颗粒的增加。

表 3-8　不同处理组的土壤粒径比例和土壤类型

种植情况	处理	各粒径所占比例/%				土壤质地
		黏粒（≤0.002mm）	细粉砂粒（0.002～0.02mm）	粗粉砂粒（0.02～0.05mm）	砂粒（0.05～2.00mm）	
碧绿粗苔菜心	未施生物炭	4.68±0.14[a]	59.24±2.62[a]	12.63±0.37[a]	23.45±2.80[d]	粉砂壤土
	施加生物炭	4.77±0.10[a]	42.95±5.44[c]	12.81±4.50[a]	39.47±4.77[b]	粉砂质黏壤土
特青迟心4号菜心	未施生物炭	4.79±0.08[a]	51.11±2.00[b]	12.94±0.21[a]	31.16±1.72[c]	粉砂质黏壤土
	施加生物炭	4.76±0.05[a]	44.42±2.77[bc]	11.27±2.76[a]	39.55±0.69[b]	粉砂质黏壤土
未种植物	未施生物炭	4.90±0.21[a]	49.02±2.06[bc]	13.23±0.56[a]	32.85±2.82[c]	粉砂壤土
	施加生物炭	4.70±0.06[a]	34.44±7.19[d]	11.12±2.75[a]	49.74±4.90[a]	粉砂质黏壤土

注：同一列数据后不同字母表示不同处理下土壤不同粒径含量有显著性差异（$P < 0.05$）；下同

2）对土壤中含水量和 pH 的影响。

由图 3-14 可看出，施加皇竹草生物炭可明显增加土壤含水量，与对照相比，三个施加了皇竹草生物炭的处理组的土壤含水量的增加幅度分别为 19.45%、11.87%、19.76%。

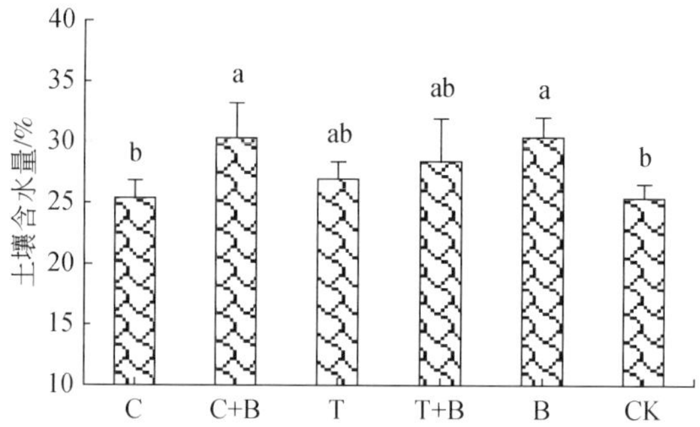

图 3-14　不同处理组的土壤含水量

标有相同字母表示不同处理下土壤含水量差异不显著（$P > 0.05$）。横坐标字母含义：C 为只种植碧绿粗苔菜心；C+B 为种植碧绿粗苔菜心+施用 2% 皇竹草生物炭；T 为只种植特青迟心 4 号菜心；T+B 为种植特青迟心 4 号菜心+施用 2% 皇竹草生物炭；B 为只施用 2% 皇竹草生物炭；CK 为对照。下同

由图 3-15 可看出，施加皇竹草生物炭可显著提高土壤的 pH，与对照相比，三个施加了皇竹草生物炭的处理组的土壤 pH 分别提高了 4.22%、4.37%、4.52%。

3）对水解性酸、交换性盐基总量和阳离子交换量的影响。

土壤阳离子交换量是由土壤胶体表面性质决定的，与土壤中黏土矿物和腐殖酸形成的有机矿质复合体密切相关，常作为评价土壤保肥能力的重要指标。由表

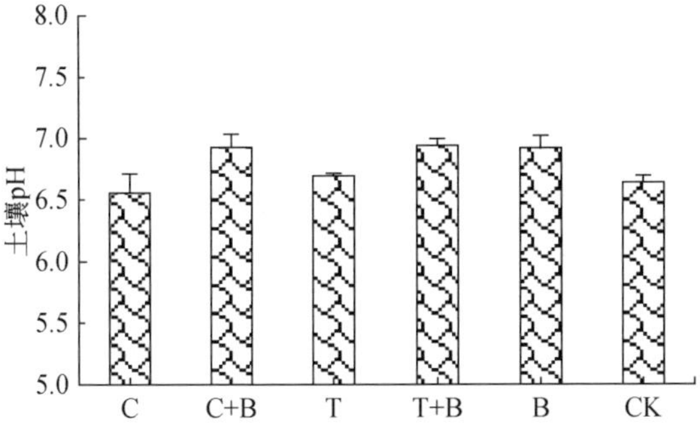

图 3-15 不同处理组土壤的 pH

3-9 可知，施加皇竹草生物炭后种植碧绿粗苔菜心，其土壤中的交换性盐基总量和阳离子交换量显著提高，与未施加皇竹草生物炭直接种植碧绿粗苔菜心的土壤相比，交换性盐基总量和阳离子交换量的增幅分别为 38.52% 和 37.49% 。但是对未种植植物和种植特青迟心 4 号菜心处理组而言，施加皇竹草生物炭对土壤中的水解性酸、交换性盐基总量和阳离子交换量无显著性影响。

表 3-9 不同处理组土壤的水解性酸、交换性盐基总量和阳离子交换量

（单位：cmol/kg）

种植情况	处理（代码）	水解性酸	交换性盐基总量	阳离子交换量
碧绿粗苔菜心	未施生物炭（C）	0.51 ± 0.05^{abc}	25.31 ± 4.27^{b}	25.82 ± 4.30^{b}
	施加生物炭（C+B）	0.44 ± 0.04^{c}	35.06 ± 1.65^{a}	35.50 ± 1.61^{a}
特青迟心 4 号菜心	未施生物炭（T）	0.52 ± 0.03^{abc}	23.83 ± 1.62^{b}	24.35 ± 1.61^{b}
	施加生物炭（T+B）	0.55 ± 0.02^{a}	32.17 ± 2.29^{ab}	32.72 ± 2.31^{ab}
未种植物	未施生物炭（CK）	0.47 ± 0.02^{bc}	24.83 ± 6.92^{b}	25.29 ± 6.92^{b}
	施加生物炭（B）	0.52 ± 0.07^{ab}	31.80 ± 6.63^{ab}	32.33 ± 6.56^{ab}

注：表中交换性盐基总量=阳离子交换量-水解性酸；表内同列数据中标有相同字母的表示其统计差异不显著（$P>0.05$）；表内数据是计算之后的统计结果，不能直接加减

4）对土壤中全量/速效养分及有机质的影响。

有机质是衡量土壤养分的重要指标，也是土壤肥力的标志性物质。在微生物作用下，土壤有机质可被分解为简单的无机化合物，进而被植物直接吸收利用。由表 3-10 可知，施加皇竹草生物炭可不同程度增加土壤有机质含量，三个施加了皇竹草生物炭的处理组的土壤有机质含量分别比对照提高了 101.95% 、7.47% 和 15.19% 。其主要原因可能在于两个方面，一方面是皇竹草生物炭直接带入一部分未充分分解的有机质，另一方面是刺激作用导致植物根系增加了对小分子有

机物的分泌，因此该部分有机质可能属于非稳定性有机质。

土壤养分是指植物生长必须从土壤中所摄取的 N、P 等元素，通过不同方式从土壤中能直接或经转化后被植物根系吸收的矿质营养成分。实验结果（表 3-10）表明，在未种植植物的土壤中施加生物炭对土壤养分含量无显著影响，而在种植了菜心的土壤中施用生物炭可显著增加土壤中的全氮含量和有效磷含量。

表 3-10　不同处理组土壤的养分含量

种植情况	处理（代码）	全氮 /(g/kg)	有机质 /(g/kg)	全磷 /(g/kg)	碱解氮 /(mg/kg)	有效磷 /(mg/kg)
碧绿粗苔菜心	未施生物炭（C）	0.97±0.12[c]	17.48±1.42[b]	0.7±0.06[a]	152.18±33.04[b]	41.32±2.27[c]
	施加生物炭（C+B）	1.52±0.09[ab]	35.3±6.34[a]	0.69±0.05[a]	191.08±55.7[ab]	52.35±7.85[ab]
特青迟心4号菜心	未施生物炭（T）	1.46±0.12[b]	28.5±9.11[ab]	0.63±0.09[a]	178.41±11.24[ab]	43.08±3.74[bc]
	施加生物炭（T+B）	1.72±0.21[a]	30.63±2.97[a]	0.73±0.03[a]	219.64±21.88[a]	55.94±5.02[a]
未种植物	未施生物炭（CK）	1.53±0.09[ab]	27.58±5.46[ab]	0.74±0.14[a]	138.93±16.79[b]	33.78±6.86[c]
	施加生物炭（B）	1.44±0.06[b]	31.77±8.52[a]	0.76±0.08[a]	196.97±37.36[ab]	42.09±5.78[bc]

5）对土壤酶活性的影响。

由图 3-16 可知，皇竹草生物炭可一定程度上提高土壤中的脲酶活性，如施加皇竹草生物炭后种植特青迟心 4 号菜心（T+B），其土壤脲酶活性提高了 27.47%，相较于对照则提高了 197.44%，具有显著性差异，但其他处理组与对照之间均无显著性差异。

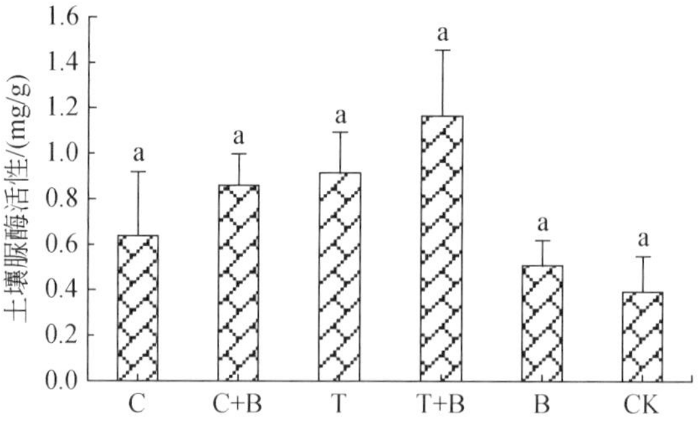

图 3-16　各处理组的土壤脲酶活性

由图 3-17 可知，施加生物炭可一定程度上降低土壤蔗糖酶活性，但每一组内（如 C 与 C+B、T 与 T+B）的降低幅度统计差异不显著。整体而言，只有单种特青迟心 4 号菜心处理（T）的土壤蔗糖酶活性相对于对照（CK）显著提高，其增幅为 14.95%，而其他处理组与对照（CK）相比均无显著性差异。

由图 3-18 可知，种植碧绿粗苔菜心的两个处理（C 和 C+B）的变化趋势种植特青迟心 4 号菜心的两个处理和未种植植物的两个处理的变化趋势相反，其他施加生物炭处理组（T+B、B）的土壤中性磷酸酶活性均有显著降低（$P<0.05$），最大可达 36.42%，表明添加生物炭对土壤中性磷酸酶活性的影响不尽一致，其影响原因尚需进一步探讨。

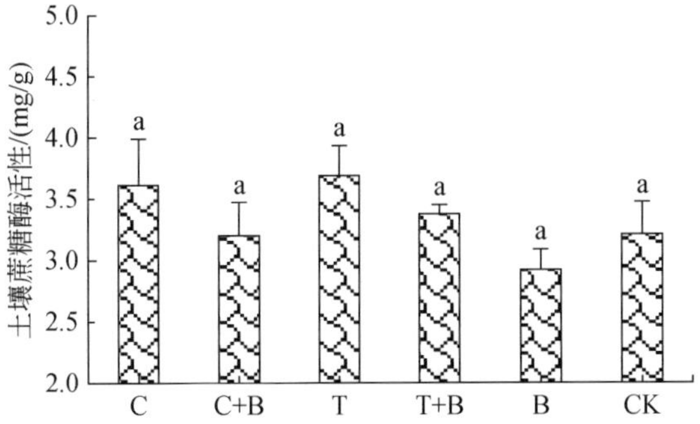

图 3-17　各处理组的土壤蔗糖酶活性

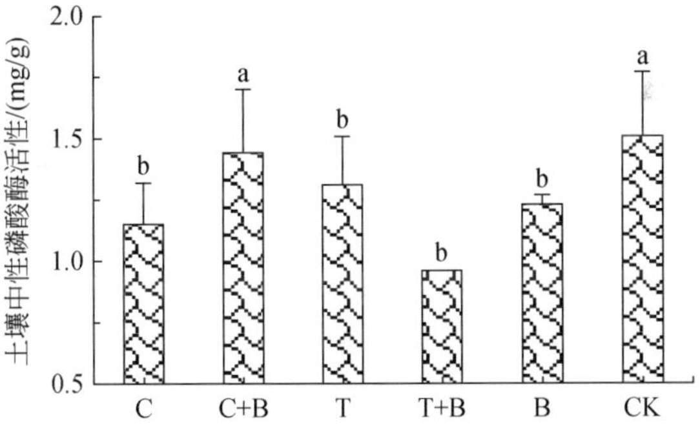

图 3-18　各处理组的土壤中性磷酸酶活性

6）对土壤全镉和 Ca-Cd 的影响。

施加 2% 皇竹草生物炭，实验结束后测得的土壤中全镉含量和 Ca-Cd 含量分别如图 3-19 和图 3-20 所示，施加生物炭处理（C+B、T+B、B）组的土壤中 Ca-Cd 含量显著降低，未种植菜心、种植碧绿粗苔菜心和种植特青迟心 4 号菜心三个处理组的土壤中 Ca-Cd 含量比其对应的未施生物炭处理组分别减少了 40.00%、30.00% 和 25.00%，说明施加皇竹草生物炭可钝化土壤中的 Cd 活性，从而降低土壤中的可交换态 Cd 含量。实验结果还表明，施加生物炭和种植菜心可一定程度上降低土壤中的全镉含量，本实验种植特青迟心 4 号菜心（T+B）后的土壤全镉含量分别比未种植植物的两个处理（CK 和 B）降低 13.06% 和 18.22%。

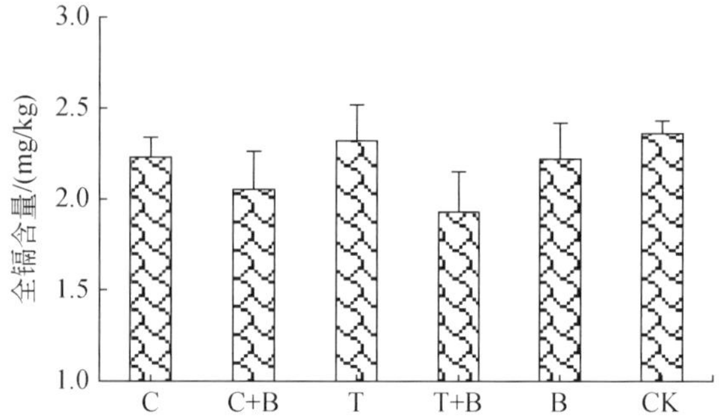

图 3-19　生物炭和不同品种菜心对土壤中全镉含量的影响

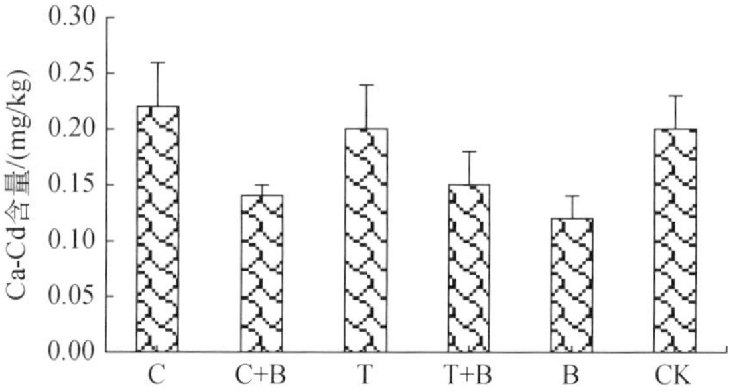

图 3-20　生物炭和不同品种菜心对土壤 Ca-Cd 含量的影响

7）对菜心各部累积 Cd 的影响。

施加 2% 皇竹草生物炭后，两品种菜心各部的 Cd 含量均显著低于未施加生物炭的对照组（表 3-11），碧绿粗苔菜心和特青迟心 4 号菜心的地上部 Cd 含量分别比对照下降了 10.30% 和 10.48%，地下部 Cd 含量则分别比对照下降了 17.76% 和 13.83%，说明在土壤中施用皇竹草生物炭可有效降低菜心从土壤中吸收的 Cd。

表 3-11　皇竹草生物炭对不同品种菜心累积 Cd 的影响　（单位：mg/kg）

处理	碧绿粗苔菜心		特青迟心 4 号菜心	
	地上部	地下部	地上部	地下部
未施生物炭	3.01±0.16[a]	5.63±0.47[a]	3.34±0.24[a]	5.64±0.36[a]
施加生物炭	2.70±0.24[b]	4.63±0.75[b]	2.99±0.3[b]	4.86±0.23[b]

总之，施加皇竹草生物炭可提高酸性土壤的 pH 和含水量，同时也可改变土

壤中黏粒、砂粒等的比例，以及土壤质地结构。本实验研究表明，施加生物炭可显著提高土壤中砂粒（0.05～2.00mm）的比例，降低土壤中细粉砂粒（0.002～0.02mm）的比例，而对黏粒（<0.002mm）和粗粉砂粒（0.02～0.05mm）的比例影响不大。而只种植两品种菜心（碧绿粗苔/特青迟心 4 号）后可明显增加菜园土壤中的细粉砂粒含量（0.002～0.02mm）。生物炭可改变土壤有机质的组成，形成稳定的有机碳，说明添加生物炭有利于土壤有机质的积累和形成，这对提高土壤肥力、稳定土壤有机碳库有重要意义。同时，施加生物炭能够直接为微生物生存提供附着位点和较大空间，进而影响和调控土壤微生物的生长、发育和代谢，从而改善土壤肥力。

3.2.2.2　动物骨炭–伊/蒙黏土复合钝化剂提升土壤质量技术研究

动物骨炭是一种畜牧业废弃物产品，是由脱脂的动物骨骼在隔绝空气的条件下炭化制得的一种多孔、黑色颗粒状物质，主要组成是磷酸钙 57%～80%、活性炭 7%～10%、碳酸钙 6%～10%。骨炭具有良好、稳定的物理和化学性质，以及吸附性能，可作为环保、安全的吸附材料。

（1）动物骨炭的制备方法

动物骨炭的制备过程包括：选取新鲜动物骨，剔除其上的肉和脂肪，经多次水煮脱脂后，自然晾干，破碎，在 75℃下烘烤 12h，使其中的水分降低至 10% 以下，然后在厌氧条件下于马弗炉中 600℃炭化，研磨，过 100 目筛制得骨炭粉。骨炭粉应用前用去离子水多次浸洗，并于 105℃恒温干燥 24h。将制备的动物骨炭和伊/蒙黏土按 10∶90、30∶70 和 50∶50 不同比例混合制成组配钝化剂。图 3-21为猪骨炭、羊骨炭、牛骨炭与伊/蒙黏土形态结构扫描电镜图。

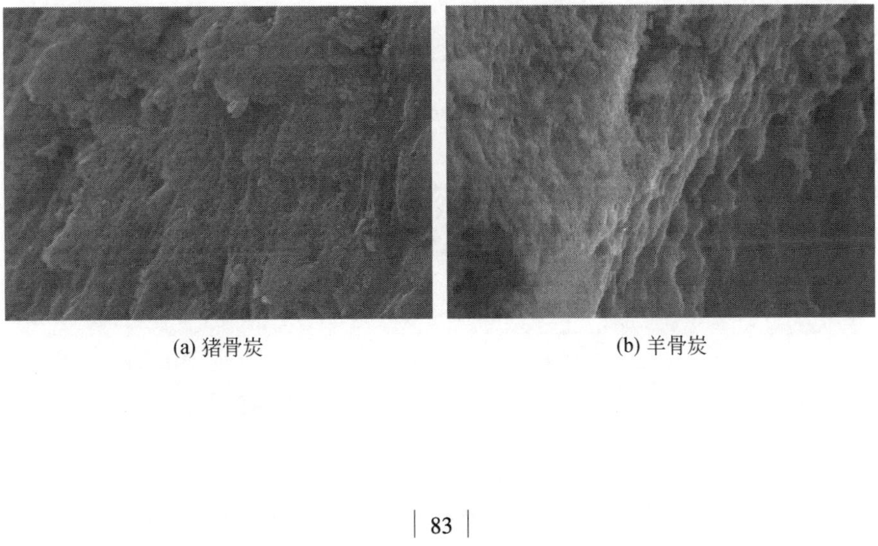

(a) 猪骨炭　　(b) 羊骨炭

(c) 牛骨炭　　(d) 伊/蒙黏土

图 3-21　骨炭和伊/蒙黏土形态结构扫描电镜图

（2）动物骨炭-伊/蒙黏土复合钝化剂的钝化效果试验

选取北京大兴区留民营城郊菜地土壤，温室条件下采用盆栽试验，研究猪骨炭、羊骨炭、牛骨炭与伊/蒙黏土复合组配的钝化剂对 Cd 污染土壤的钝化效果，探讨不同成分组合与配比的复合钝化剂对土壤 Cd 有效态含量以及小白菜 Cd 吸收量的影响。盆栽试验（图 3-22）用复合钝化剂由动物骨炭和伊/蒙黏土按 10∶90（M1）、30∶70（M2）和 50∶50（M3）三种不同比例混合而成，钝化剂制备完成后按 1%、2% 和 5% 的比例添加到污染土壤中，同时以 1%、2% 和 5% 伊/蒙黏土作为非复合钝化剂处理组，不添加钝化剂的污染土壤为对照（CK），每个处理重复 3 次，研究动物骨炭-伊/蒙黏土复合钝化剂对土壤 Cd 的钝化效果。

(a) 实验全景　　(b) 实验局部

图 3-22　动物骨炭-伊/蒙黏土复合钝化剂钝化实验

如表 3-12 所示，添加骨炭-伊/蒙黏土复合纯化剂可使土壤有效 Cd 含量从 0.156mg/kg 降低至 0.101～0.144mg/kg，最大下降率达 35.26%，使小白菜 Cd 含量从 0.542mg/kg 降低至 0.425～0.484mg/kg（图 3-23），最大下降率达 21.67%。

表 3-12　伊/蒙黏土和组配改良剂对土壤镉有效态含量的影响

处理		添加 1% 改良剂		添加 2% 改良剂		添加 5% 改良剂	
		有效 Cd/(mg/kg)	降低/%	有效 Cd/(mg/kg)	降低/%	有效 Cd/(mg/kg)	降低/%
CK		0.156±0.0017[a]	—	0.156±0.0017[a]	—	0.156±0.0017[a]	—
I/S		0.144±0.0013[b]	7.69	0.142±0.0021[b]	8.97	0.140±0.0012[b]	10.26
BCp+I/S	M1	0.128±0.0028[c]	17.95	0.125±0.0019[c]	19.87	0.122±0.0014[de]	21.79
	M2	0.128±0.0032[c]	17.95	0.125±0.0024[c]	19.87	0.119±0.0049[de]	23.72
	M3	0.126±0.0022[cd]	19.23	0.123±0.0018[cd]	21.15	0.117±0.0023[def]	25.00
BCs+I/S	M1	0.146±0.0042[b]	6.41	0.143±0.0024[b]	8.33	0.137±0.0058[b]	12.18
	M2	0.143±0.0023[b]	8.33	0.141±0.0021[b]	9.62	0.132±0.0082[bc]	15.38
	M3	0.143±0.0034[b]	8.33	0.14±0.0017[b]	10.26	0.126±0.0043[cd]	19.23
BCc+I/S	M1	0.127±0.0014[c]	18.59	0.121±0.0045[cd]	22.44	0.113±0.0017[ef]	27.56
	M2	0.122±0.0023[d]	21.79	0.117±0.0078[de]	25.00	0.109±0.0051[ef]	30.13
	M3	0.117±0.0038[e]	25.00	0.112±0.0032[e]	28.21	0.101±0.0104[g]	35.26

在污染土壤中施用 1%～5% 的伊/蒙黏土可显著降低小白菜地上部对 Cd 的吸收，且随着伊/蒙黏土添加量的增加，Cd 的吸收减少（图 3-23）。猪骨炭、羊骨炭、牛骨炭分别与伊/蒙黏土混合组配，均可进一步降低小白菜地上部对 Cd 的吸收，表明动物骨炭可有效提高钝化剂对土壤 Cd 的钝化效果，其降低小白菜 Cd 吸收的作用效果为：牛骨炭+伊/蒙黏土（BCc+I/S）>猪骨炭+伊/蒙黏土（BCp+I/S）>羊骨炭+伊/蒙黏土（BCs+I/S）>伊/蒙黏土（I/S）。

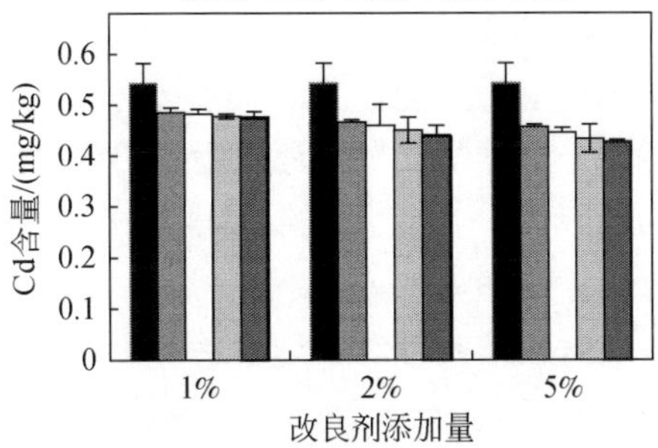

(a) 猪骨炭+伊/蒙黏土

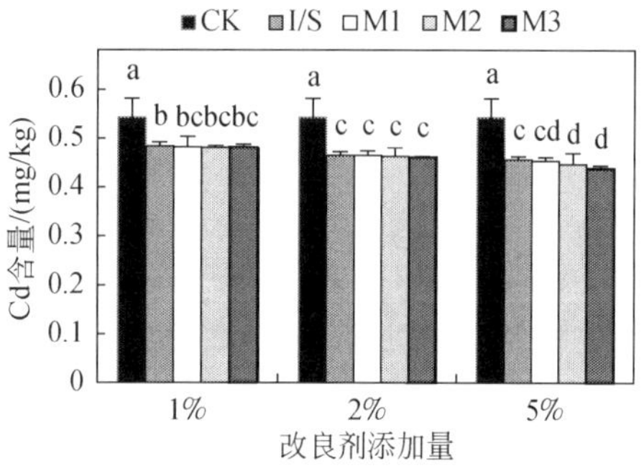

(b) 羊骨炭+伊/蒙黏土

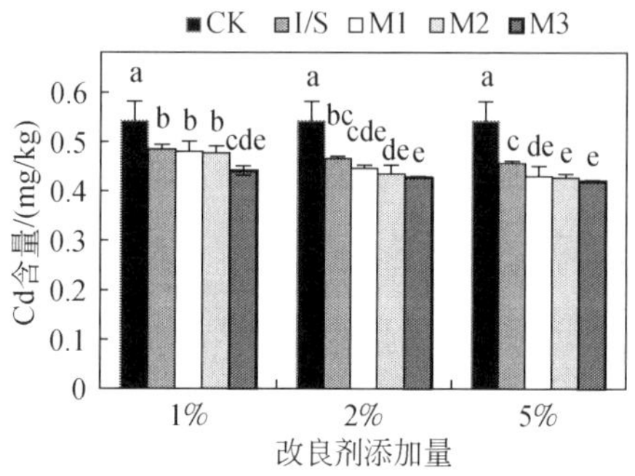

(c) 牛骨炭+伊/蒙黏土

图 3-23　伊/蒙黏土和动物骨炭-伊/蒙黏土复合钝化剂对小白菜地上部 Cd 含量的影响

CK：对照组；I/S：伊/蒙黏土；M1：骨炭：伊/蒙黏土=10：90；M2：骨炭：伊/蒙黏土=30：70；M3：骨炭：伊/蒙黏土=50：50

总之，通过土壤重金属盆栽试验研究，明确了植物和动物源生物炭等材料可用于重金属污染土壤的钝化修复，且这些材料是自行制备的，属于钝化修复农田重金属污染土壤的环保新材料，符合我国农业可持续发展的需求。

3.3　植被缓冲带控制农业面源重金属污染技术

3.3.1　植被缓冲带技术研究现状

3.3.1.1　城郊区土壤重金属迁移的危害

在点源污染逐步得到有效控制以后，面源污染尤其是农业生产引起的农业面源污染问题日益引起人们的重视和关注。在全球范围内，农业面源污染已成为水环境污染的主要原因，农业面源污染防治不但逐步成为水污染防治的重中之重，也逐步成为现代农业和经济社会可持续发展的重大课题（周慧平和高超，2008）。研究表明，农业面源是水体中重金属污染物的重要来源（李杰等，2011），然而长久以来，人们主要侧重于营养物质对水环境污染的相关研究，相对忽视了其他有毒有害物质如重金属的威胁。与点源重金属排放相比，面源排放影响范围大、元素种类和空间变异复杂，治理难度更大。

农业中使用农药、肥料和地膜等农用化学品会导致农田土壤重金属污染，已经得到共识（朱立禄等，2010）。据统计，我国受 Sn、As、Cr、Pb 等重金属污染的耕地面积约占总耕地面积的 1/5。重金属是化学肥料中最主要的污染物质，某些土壤表层 Cd 含量与 P 含量成正比，这是因为磷肥主要来源于磷矿石，磷矿石所含重金属的 60%~80% 会在生产过程中转移到肥料中（陈宝玉等，2010），而磷肥的当季利用率仅达到 10%~25%，大部分施入土壤的磷肥因不能被当季作物利用而累积在土壤中。以北京为例，由于长期使用化肥，农田土壤中 Cd、Pb、Hg 等重金属含量增加（丛源等，2008），蔬菜地土壤中 Cd 含量显著高于背景值。

以各种形式进入土壤的重金属多富集在表层，最终以面源形式汇入水体（刘春早等，2012），总量取决于流失的泥沙量。农业面源重金属污染是一个动态的连续过程，主要包括降雨径流、土壤侵蚀、污染物迁移转化 3 个方面。水文过程和土壤侵蚀过程是农业面源重金属污染迁移的动力因素，径流和泥沙是载体。绝大部分重金属随地表径流的流失是吸附在泥沙颗粒上与泥沙同步流失（张清海等，2011）。因此，水土流失是产生重金属迁移的重要前提。发生水土流失时，土壤中的重金属大部分被泥沙挟带，迅速向水体迁移。

3.3.1.2　土壤重金属迁移植被缓冲带阻控技术研究进展

植被缓冲带是坡地水土保持领域常用的一项控制土壤侵蚀的工程技术，以往研究在植被缓冲带的物种搭配、结构配置、设计规格以及植被缓冲带拦截氮磷营养物质等方面有较为深入的研究（吴建强，2011），但是土壤重金属迁移拦截方面的研究资料较少。目前，针对污染土壤修复的研究主要集中于重金属超富集植物的选择和植物修复机理两方面（徐礼生等，2010）。目前，有关植被缓冲带阻控重金属污染机制的研究还是以定性分析为主，普遍认为植被缓冲带对地表径流挟带的重金属，特别是吸附在泥沙上的颗粒态污染物的拦截，主要是通过植被的物理拦截和阻滞水流作用实现的；对溶解态污染物的削减主要是随着径流下渗，通过土壤吸附、植物吸收来实现（王良民和王彦辉，2008）。

（1）物理拦截是植被缓冲带去除径流重金属的主要机制

土壤溶液中的重金属离子或络离子，绝大多数被包含于矿物颗粒内或被吸附于土壤胶体表面，随土壤流失而被机械搬运进入地表水体。实验结果表明，重金属随地表径流水相的迁移速率仅是随泥沙的 0.1%~4.9%（梁涛等，2003），流失总量主要由附着在泥沙上的含量决定（杨洋等，2011）。植被缓冲带通过增加径流阻力、降低水流速度、保持土壤等作用，使径流中大多数颗粒物沉积，从而减少重金属随土壤侵蚀的流失。适当增加植被缓冲带面积可以减少重金属污染物进入水体（许红艳，2005）。因此，物理拦截是植被缓冲带去除重金属，尤其是颗粒态重金属的重要机制。

（2）土壤吸附是植被缓冲带拦截重金属的重要途径

重金属污染进入土壤后的去向和行为与土壤胶体对重金属的作用密切相关，

土壤胶体的增加能显著提高 Cd 在土壤上的吸附量（王凯丽等，2011）。重金属在土壤胶体上的吸附机制非常复杂，其影响因素包括土壤颗粒组成、有机质含量、pH 和阳离子交换量等方面。土壤有机物质能够与重金属离子形成有机配合物或螯合物，从而影响土壤胶体对重金属的吸附，总的来说，土壤有机质会增加重金属的吸附量（景丽洁和王敏，2008）。土壤 pH 升高，会促进土壤中金属离子沉淀进而被土壤胶体吸附。植被构成中的植物类型对土壤吸附重金属也有一定的影响（朱丽珺，2007），而土壤有机胶体对重金属的吸附作用强于无机胶体（Livens，1991）。可见，土壤吸附是植被缓冲带拦截重金属的重要途径，其主要机理在于植被缓冲带通过植物根系与土壤的交互作用能够增加土壤中有机胶体的种类和数量，从而改善土壤理化性质，增大土壤对重金属的吸附容量。

（3）植物吸收累积是植被缓冲带去除土壤重金属污染的主要路径

土壤吸附重金属的能力虽然大，但毕竟有一定的容量，而植物生长是无限的，植被缓冲带植物通过根系能源源不断地从土壤中吸收重金属。利用植物的生长来固定、吸收、挥发重金属，并累积在植物组织中，达到清除土壤重金属污染的目的（鲍桐等，2010）。植物从土壤中吸收重金属，主要是根尖生长点吸收溶解于土壤溶液中的重金属元素。一般水溶态的、简单的络离子最容易被植物吸收，而交换态和络合态次之，难溶态则暂时不被作物吸收。植物根系吸收的重金属能够迁移到植物地上部，并在植物体内累积。不同植物对重金属的吸收与累积能力不同，同种植物的不同部位累积重金属的能力也不同（陈文德等，2009）。一般用富集系数表征植物不同部位对重金属的累积特征，用转运系数评价植物从地下部向地上部运输重金属的能力。营造植被缓冲带，通过增加植物个体和群落的数量，提高对重金属的吸收和累积通量（杨爱民，2007）。

综上所述，植被缓冲带在重金属面源污染拦截方面的作用是多方面的，其作用机理可以概括为物理拦截、土壤吸附和植物吸收三个方面。

3.3.2 植被缓冲带控制农业面源 Cd 污染技术试验

3.3.2.1 试验概况

为了研究植被缓冲带对农业面源土壤重金属的拦截效果，在北京地区（中国环境科学研究院试验基地）开展了模拟坡地小区冲刷试验。供试土壤采自北京城郊区密云水库上游有重金属污染的旱地农田，土壤类型为棕壤，其基本理化性质见表 3-13。试验装置由 PVC 试验土槽和不锈钢托架组成，试验土槽长为 1.5m、宽为 0.3m、高为 0.3m，前端设置配水平板，后端设置集水平板和取水口收集径流，设计坡度为 17.6%（10.1°）。从农田取 0～30cm 表层土约 200kg（土壤容重 1.48g/cm^3），研磨过筛（2mm）后分层装入，控制土壤容重与自然条件相似。供试植物选择 3 种，1 种以北京地区常见蔬菜作物小白菜为参照，另外选择两种多年生草本植物，即紫花苜蓿和高羊茅。

表 3-13　植被缓冲带试验供试土壤基本理化性质

全氮/(g/kg)	全磷/(g/kg)	有机质/(g/kg)	pH	Cd/(mg/kg)
0.936	1.454	15.9	7.8	0.095

试验于 2015 年 6 月初播种，培育 30 天后开始进行放水试验。以 $CdCl_2$ 作为 Cd 污染试剂，用去离子水配成母液，再逐级稀释配成溶液，加入泥土颗粒，通过小型抽水泵将人工配制溶液注入试验装置前端的配水平板，模拟农业面源污染径流过程进行放水试验，供溶液量为 100L，试验装置后端取水口连接带有刻度的塑料桶，收集和测量地表出流。试验采用分组比较设计，按照污染物浓度分为小白菜低浓度（B1）、中浓度（B2）、高浓度（B3），紫花苜蓿低浓度（M1）、中浓度（M2）、高浓度（M3），高羊茅低浓度（G1）、中浓度（G2）、高浓度（G3），具体试验参数见表 3-14。每种 Cd 浓度处理重复 3 次，所有数据采用 3 次重复的平均值。以 15 天为间隔分别于 15 天、30 天、45 天和 60 天采集植物及其表层（0～10cm）土壤样品，测定植物生物量、植物根系 Cd 含量、植物地上部 Cd 含量、土壤理化性质和土壤 Cd 含量，共采集 4 次样品。

表 3-14　主要试验参数

试验处理	进水 Cd 浓度 /(mg/L)	放水流量 /(L/min)	初始土壤含水量 /%	末期土壤含水量 /%
B 1	2.13	4.28	13.0	28.5
B 2	4.03	5.12	17.4	31.3
B 3	8.06	3.95	14.8	30.4
M 1	2.34	4.68	17.5	31.3
M 2	4.11	3.79	17.4	28.2
M 3	8.27	4.63	15.0	30.9
G 1	2.09	4.85	18.3	29.1
G 2	4.25	4.61	10.4	30.5
G 3	8.12	3.83	15.8	26.7

3.3.2.2　植被缓冲带对径流污染物的去除效率

试验结果表明，在低、中、高浓度下，小白菜对泥沙的去除率分别为20.6%、12.9%和11.9%，紫花苜蓿草地对泥沙的去除率比小白菜提高186.6%、302.2%和174.6%，高羊茅地小白菜提高245.8%、436.1%和405.0%。小白菜对Cd元素的去除率分别为19.5%、11.2%和9.3%，紫花苜蓿对Cd元素的去除率比小白菜提高169.8%、350.0%和189.5%，高羊茅地小白菜提高214.8%、403.2%和389.0%（图3-24）。以各种形式进入土壤的Cd多富集在表层，主要是随地表径流挟带的泥沙迁移。植被缓冲带内植物密集增大了水流阻力，使得流速减缓；同时，植物根系增强了表层土壤的渗透性，加速了径流入渗。由于径流流速减缓、径流量减少，水流挟沙能力下降，径流中的泥沙沉积下来，同时吸附在泥沙颗粒上的物质也随之沉积在缓冲带中。紫花苜蓿缓冲带对泥沙、径流Cd的平均去除率分别为47.9%、43.2%，高羊茅缓冲带对泥沙、径流Cd的平均去除率分别为66.8%、54.3%，后者略高于前者，但均显著高于小白菜（15.1%、16.7%），表明植被缓冲带具有较好的拦截泥沙和重金属污染物迁移的效果，这与缓冲带植物的分布状况有密切关系，其中小白菜为稀疏的单株分布，高羊茅和紫花苜蓿为分散的疏丛状分布，高羊茅近地面密集程度略高于紫花苜蓿，因此在植被覆盖度相同的条件下，近地表密集生长是植被缓冲带有效截留颗粒态污染物的主要原因。

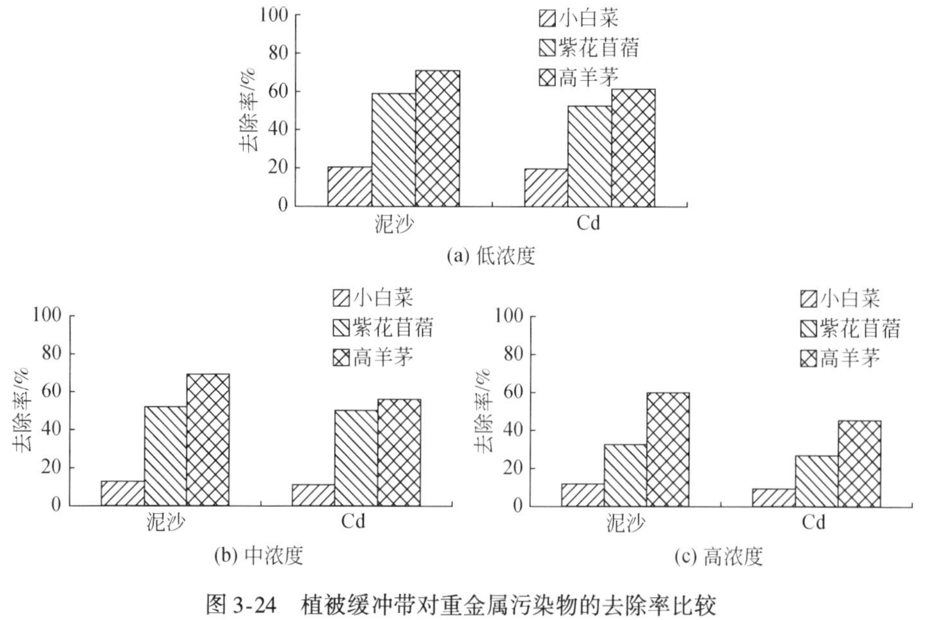

图3-24　植被缓冲带对重金属污染物的去除率比较

3.3.2.3 植被缓冲带土壤对 Cd 的吸附

测定植被缓冲带内土壤对 Cd 的吸附，结果表明不同类型缓冲带植被系统土壤 Cd 含量具有明显差异，随着径流污染物浓度的增加，土壤吸附的 Cd 含量变化趋势基本呈线性增加（图 3-25），表明土壤有较大的重金属吸附容量。从不同植物组成类型的比较来看，紫花苜蓿缓冲带土壤 Cd 含量在低、中、高浓度下均为最高，表层土壤 Cd 含量分别达到 4.105mg/kg、7.586mg/kg、11.862mg/kg。对照区（小白菜缓冲带）土壤 Cd 含量在低、中、高浓度下均为最低，分别为 2.647mg/kg、6.543mg/kg、8.897mg/kg。土壤胶体的增加可显著提高 Cd 在土壤中的吸附量，但其吸附机制较为复杂，影响因素涉及土壤理化性质的诸多方面（张磊和宋凤斌，2005）。相关性分析结果（表 3-15）表明，土壤 Cd 含量与有机质含量、阳离子交换量和 pH 均存在显著的正相关关系，尤其与前两项指标的相关性更显著，说明提高土壤有机质含量、阳离子交换量和土壤 pH，均能提高土壤对 Cd 的吸附能力。

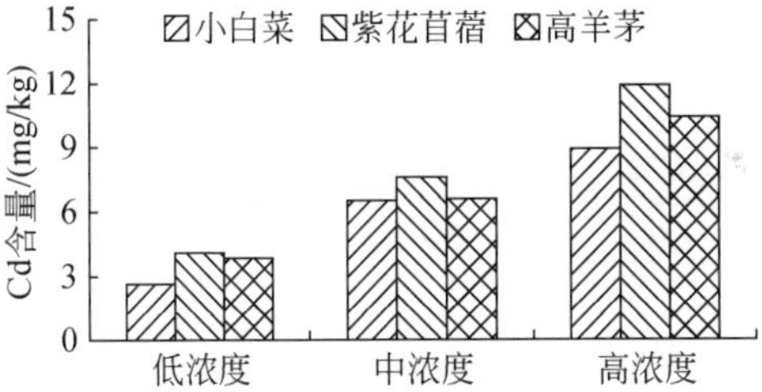

图 3-25 不同植被缓冲带土壤 Cd 含量

表 3-15 植被缓冲带土壤 Cd 吸附量与理化性质相关性分析

土壤 Cd 含量水平	有机质含量	阳离子交换量	pH
低浓度	0.912**	0.921**	0.669*
中浓度	0.845**	0.853**	0.762**
中浓度	0.868**	0.862**	0.744**

** 表示相关系数（r）达到统计极显著水平（$P<0.01$）；* 表示相关系数（r）达到统计显著水平（$P<0.05$）

对比分析不同植被缓冲带各生长阶段土壤理化性质（图 3-26），结果表明，不同植被类型的土壤有机质含量均增加，除了小白菜种植带土壤有机质含量仅提高 2.2% 之外，紫花苜蓿和高羊茅缓冲带均有较大提升，分别为 18.2% 和 17.6%；土壤阳离子交换量也呈增加趋势，小白菜、紫花苜蓿、高羊茅增长幅度分别为7.5%、24.8%、13.0%；植被对土壤pH的调节作用不明显，但是在试验周期内也表现出pH增长的趋势，草地对土壤pH的改变程度大于菜地。总体而言，3类植被缓冲带均能有效改善土壤的理化性质，尤其是多年生草本植物缓冲带会通过显著提高土壤的有机质含量和阳离子交换量，来提高植被缓冲带土壤对Cd的吸附量。

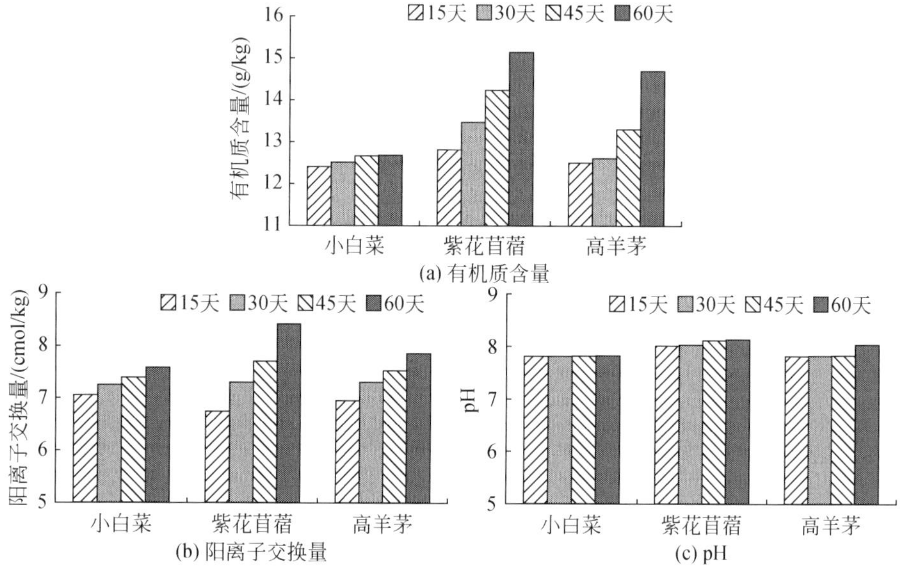

图3-26　不同植被缓冲带土壤理化性质

3.3.2.4　植被缓冲带植物对Cd的吸收

植被缓冲带植物地下部和地上部Cd含量的分析结果表明，小白菜、紫花苜蓿和高羊茅三种植物对Cd的吸收及分布特征存在显著差异（图3-27）。在相同处理条件下，无论是地下部还是地上部，紫花苜蓿和高羊茅体内Cd含量均高于小白菜。以地下部为例，在低浓度下，紫花苜蓿和高羊茅Cd含量分别是小白菜的4.1倍、2.6倍；在中浓度下，分别是小白菜的1.8倍、1.3倍；在高浓度下，分别是小白菜的1.5倍和1.2倍，说明紫花苜蓿和高羊茅相对于小白菜来说，具有更好的Cd吸收能力。3种缓冲带植物均表现出地上部和地下部的Cd浓度随着处理浓度的增加而增大的变化趋势，并且地下部Cd含量高于地上部，可见根系对Cd有较强的滞留效应。在相同处理条件下，紫花苜蓿地下部Cd浓度最高，高羊茅次之；而地上部特征则是高羊茅Cd浓度最高，紫花苜蓿次之。

植物会通过根系吸收重金属并富集在体内，但是不同植物的吸收能力有较大

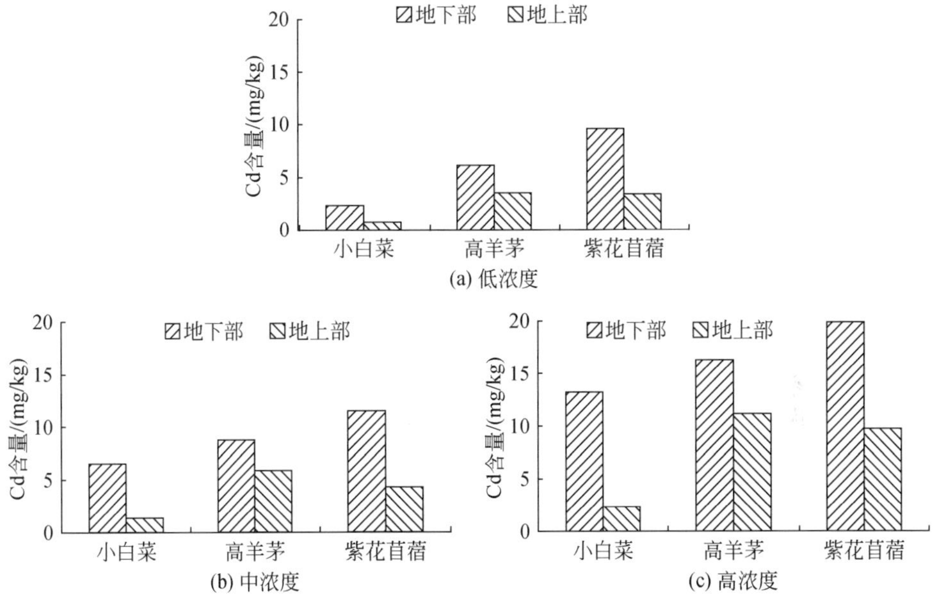

图 3-27　不同植物类型在不同浓度下对 Cd 的吸收及分布特征

差异，一般用富集系数（即植物体中 Cd 含量与土壤基质中 Cd 含量的比值）来反映，富集系数越高表明植物对该元素的富集能力越强，因此富集系数是遴选重金属修复植物的重要参考指标。在低、中、高 3 种污染物浓度下，紫花苜蓿地上部 Cd 富集系数分别为 0.725、0.525、0.590，地下部分别为 2.046、1.401、1.202；高羊茅地上部 Cd 富集系数分别为 0.842、0.692、0.688，地下部分别为 1.465、1.030、1.003（图 3-28）。上述数据还表明，紫花苜蓿和高羊茅地上部富集系数均小于 1，地下部富集系数均大于 1，并且都表现出随着处理浓度增加而减小的趋势，说明土壤中 Cd 含量影响植物根系对 Cd 的吸收，并且植物地下部的富集程度显著高于植物的地上部。从地上部来看，高羊茅比紫花苜蓿更容易富集 Cd 元素，而地下部则相反，表明高羊茅地上部要比紫花苜蓿具有更强的 Cd 元素富集能力。总体而言，小白菜对 Cd 的富集能力最低。

转移系数（地上部含量与地下部含量的比值）是反映植物从地下部根系向地上部植株转移某元素的能力大小的评价指标，转移系数越高表明植物的对该元素的转移能力越强。在低、中、高三种浓度处理条件下，高羊茅的 Cd 转移系数最高，分别达到 0.574、0.671、0.686，图 3-29 表明随着径流 Cd 污染物浓度的增加，高羊茅的转移系数表现出增大的趋势，这进一步说明相对于紫花苜蓿和小白菜而言，高羊茅对 Cd 具有较好的耐受性，能较为容易从地下部向地上部迁移 Cd 元素。比较不同类型植被缓冲带的转移系数可以发现，紫花苜蓿和高羊茅的

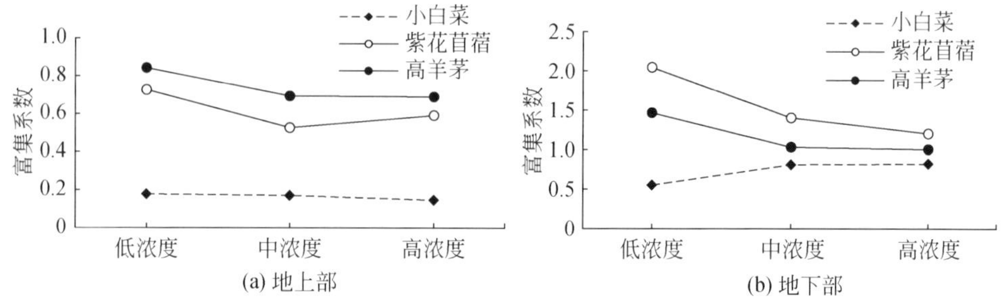

图 3-28　不同植物地上部和地下部对 Cd 元素的富集系数

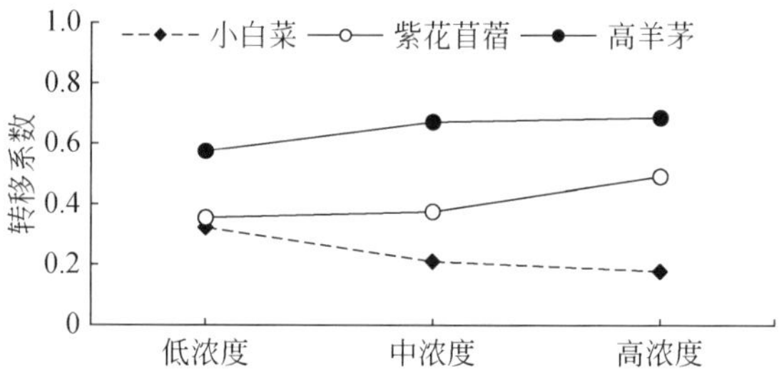

图 3-29　不同浓度下不同植物类型的 Cd 转移系数

转移系数随着处理浓度的增加而增大，而小白菜则相反。结合小白菜地上部、地下部 Cd 富集系数均小于紫花苜蓿和高羊茅的特征，说明小白菜从土壤中吸收 Cd 元素，以及从地下部向地上部迁移 Cd 元素的能力要低于紫花苜蓿和高羊茅，在控制农业面源 Cd 污染时应优先构建草本植物缓冲带。

总之，与一般农田（小白菜菜地）相比，紫花苜蓿和高羊茅草地缓冲带具有拦截农业面源 Cd 污染的效果，尤以高羊茅缓冲带的效果为最佳，对污染物的截留效果在一定程度上优于紫花苜蓿缓冲带，因此在控制农业面源 Cd 污染时应优先构建草本植物缓冲带。同时，随着 Cd 污染浓度的升高，不同植物从地下部向地上部转移重金属的能力也不尽相同，其中紫花苜蓿和高羊茅的转移系数呈增大趋势，而小白菜的转移系数则表现为下降趋势。

3.4　有机污染物与农药残留污染生物修复技术

城郊区有机污染物与农药残留污染已经成为社会关注的热点问题，直接关系国家的粮食安全、食品安全与生态安全。特别是农药长期、大面积连续使用导致其在作物、土壤环境中残留量过大，从而造成农药环境污染加剧。近年来，在我国北方城市群农田土壤中，莠去津、嗪草酮、氯嘧磺隆、甲磺隆、普施特、氟磺胺草醚等农药的过量使用使其在土壤中的残效期比较长，连续使用则导致其在作物、土壤中积累，在轮作换茬中，易对后茬敏感作物造成严重药害，给农业生产造成重大损失，甚至绝产。有些农药使用后，即使农产品的农药没有出现明显药害症状，但收获后农产品的农药残留量远远超过最高允许残留限量标准，加工的食品不安全。目前，世界各国相继开展了农药的生物降解与污染土壤修复技术研究。根据研究，农药的降解途径主要有微生物降解、光解和化学降解三种途径，其中化学降解和微生物降解为主要途径，光解相对较少。但是，在不同降解环境下不同化合物的微生物降解率有所不同，现已证明微生物降解技术是农药降解的重要途径之一。微生物能够降解农药，归根结底是由其分泌的酶来完成的。农药的微生物降解过程实质是一个典型的酶促反应，这些酶有的是微生物所固有的，有的是微生物变异后而产生的。一般而言，降解酶往往比产生这类酶的微生物菌体更能忍受异常环境条件，并且酶的降解效果远胜于微生物本身。因此，微生物降解技术作为净化农药污染的有效手段已被学界关注。

生物修复是指依靠生物的活动使土壤或地下水中的污染物得以降解或转化为无毒或低毒物质的过程，可分为异位生物修复（生物处理床技术和生物反应器技术）和原位生物修复。按照生物资源的类型也可分为微生物修复、植物修复和植物-微生物联合修复，特别是植物-微生物联合修复可有效提高土壤修复的效能，而且具有工程成本低、易操作的特点，是有机污染土壤修复技术发展的主要方向。

3.4.1　微生物修复技术

微生物修复技术主要是利用自然环境中土著的微生物或投加的特定微生物，在人为促进工程化条件下，分解污染物，修复被污染的环境。微生物修复正是利用微生物将其中有毒有害的有机污染物降解为无害或低毒的无机物质的过程。微生物修复的生物类型包括环境中固有的土著微生物、外源添加的大量微生物或人工构建的基因工程菌。微生物可以利用污染物进行生长与繁衍，通过对有机污染物的分解和固定作用转移和降解有机污染物，进而达到修复效能。

3.4.1.1　有机污染物的微生物降解

有机污染物的微生物降解主要包括好氧降解途径和厌氧降解途径。这里以PCBs为例，简要介绍有机污染物的微生物降解技术。

(1) 厌氧降解途径

一般来说，四氯代以上的PCBs同系物都要经过厌氧还原脱氯的过程（Olson

et al., 2003)。虽然脱氯过程对于商业化的 PCBs 混合物而言，不能降低 PCBs 的浓度，但是脱氯过程能降低二噁英类化合物的毒性（Tiedje et al., 1993），使它们更容易被好氧降解菌降解（Quensen et al., 1988）。在厌氧降解过程中，PCBs 作为电子传递的受体，经过催化还原作用，从高氯取代的 PCBs 中脱除间位或对位的氯原子，即将高氯代同系物变成低氯代同系物，但是不能破坏苯环的结构。PCBs 的降解速率与氯化程度、取代位置有直接的关系。一般来说，高氯代的 PCBs 比低氯代的 PCBs 更易脱氯（贾凌云等，2002）。PCBs 的脱氯作用由复合细菌共同完成，但是对于代谢途径、分子基础和代谢过程中的酶的研究还不透彻。只有少量纯培养的细菌菌株能使 PCBs 脱氯，而且其脱氯活性范围也有限（Pieper and Seeger，2008；Bedard et al., 2006）。

Wu 等（2002）通过生物富集和基因筛选的方法，从微生物群落中筛选到两株厌氧的 PCBs 脱氯微生物（O-17 和 DF-1），二者都能使 PCBs 还原脱氯。它们与最早研究的 PCBs 脱氯菌株产乙烯脱卤拟球菌亲缘关系较远，*16SrDNA* 的序列相似率低于 90%，但是菌株之间序列相似率高达 98%。菌株 DF-1 脱氯活性具有一定的特异性，只对苯环两侧都有氯离子的联苯同系物有活性，如 2,3,4,5-四氯联苯（2,3,4,5-CB），对位的氯原子将被脱掉（Wu et al., 2002）。而菌株 O-17 能使 2,3,5,6-四氯联苯的邻位脱氯变成 2,3,5-三氯联苯和 3,5-二氯联苯（Cutter et al., 2001）。May 等（2006）选取了 26 种 PCBs 同系物，用于检测菌株 O-17 的脱氯能力，结果只有 8 种 PCBs 同系物能被脱氯，包括苯环单侧邻位氯取代的 PCBs，而且双侧均有氯原子取代的 PCBs 能优先脱氯，更多的氯代 PCBs 同系物的脱氯反应是受到抑制的。

产乙烯脱卤拟球菌是最早报道具有脱氯活性的菌株，是四氯乙烯的高效降解菌，能使四氯乙烯脱氯变成乙烯（Maymo-Gatell et al., 1999）。产乙烯脱卤拟球菌基因组已被测序，揭示有 17 个还原脱氯基因，不同基因具有不同的脱氯能力（Seshadri et al., 2005；Pieper and Seeger，2008）。产乙烯脱卤拟球菌 195 菌株能使不同类型的氯代多环芳烃脱氯，其中包括 PCBs。苯环两侧都有氯取代基的易被产乙烯脱卤拟球菌 195 脱氯，与菌株 DF-1 的活性相似。

厌氧生物降解在实际场地修复过程中的修复效能受限。因为 PCBs 污染土壤修复重点强调的是场地中 PCBs 数量减少，而不只是 PCBs 毒性降低。厌氧脱氯是降低高氯代 PCBs 上氯原子的取代数目，使产物能通过好氧降解途径彻底矿化，进而清除土壤中残留的 PCBs。

（2）好氧降解途径

虽然 PCBs 化学性质稳定，但在有氧条件下，低氯代的 PCBs 可以被微生物降解或转化。目前发现，PCBs 好氧降解途径主要为共代谢过程。PCBs 的好氧降解主要是指五氯代以下 PCBs，通过共代谢过程而被彻底矿化（Furukawa and Fujihara，2008）。PCBs 的好氧降解途径包括两个基因簇，第一个主要是负责将 PCBs 转化为氯苯甲酸和氯代脂肪酸（联苯的上游降解途径）；第二个是将氯苯甲酸和氯代脂肪酸类化合物进一步矿化（Pieper and Seeger，2008；Field and Sierra-Alvarez，2008；Furukawa and Fujihara，2008）。上游的降解途径，即联苯双加氧酶基因（*bph*）途径对于好氧降解菌都是相似的，一般由 7 个降解基因构成一个操纵子。其具体过程包括，第一步：由多组分构成的双加氧酶（*bphA*）催化 4-氯联苯两个邻近的碳原子羟基化形成 2′,3′-二羟基-2′,3′-二氢-4-氯联苯；第二步：2′,3′-二羟基-2′,3′-二氢-4-氯联苯脱氢酶（*bphB*）氧化苯环，形成 2′,3′-二羟基-4-氯联苯；第三步：第二个双加氧酶-2,3-二羟基-4-氯联苯-1,2-双加氧酶在邻位或者间位打开苯环，生成 2-羟基-6-氧-6-苯基己二烯酸（HOPDAs）；第四步：水解酶（*bphD*）将 HOPDAs 分解为 4-氯苯甲酸和 2-羟基-2,4-戊二烯酸（Borja et al.，2005）（图 3-30）。

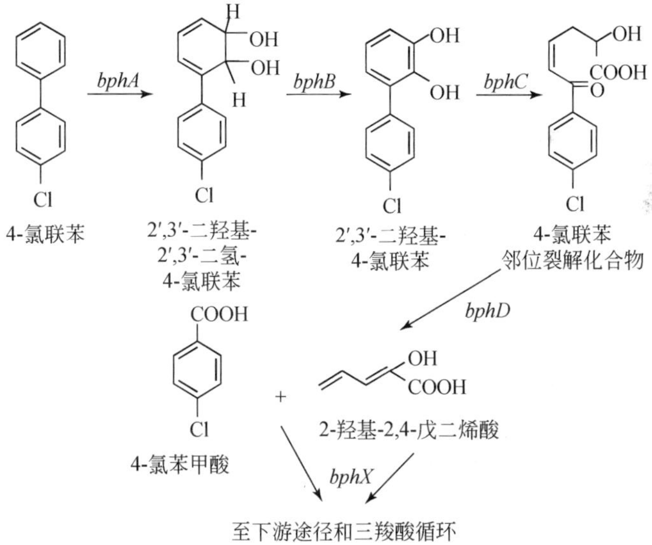

图 3-30　低氯代 PCBs 的好氧细菌 *bph* 基因簇催化降解途径（Furukawa，2000）

对于不同的 PCBs 降解菌株，上游降解途径涉及的酶也可能有所不同。例如，Furukawa 等（1979）率先在 *Acinetobacter* sp. 和异养硝化菌（*Alcaligenes* sp.）的培养液中发现由 2,3-双加氧酶催化的氧化降解途径。而 Bedard 等（1987b）在真养产碱杆菌（*Alcaligenes eutrophus* H850）中发现的新降解途径是由 3,4-双加氧酶催化降解。联苯的上游降解途径研究比较透彻，但是在联苯的下游降解途径中，相关的酶及其编码的基因没有深入的研究，仅报道二烯酸乙酯降解为乙酰辅酶 A 主要与三个酶的活性密切相关，即水合酶（*bphH*）、脱氢酶（*bphI*）和醛缩酶（*bphJ*），这三个基因构成 *bphHJI* 基因簇（Pieper and Seeger，2008）。近几年发现，真菌胞内酶如细胞色素 P450 单加氧酶也是很多种氯代有机污染物降解过程中重要的酶（Koh et al.，2000；Marco-Urrea and Reddy，2012）。而且环境中的一些天然产物，如木质素和植物次生代谢产物（萜类化合物和黄酮类化合物），在降解 PCBs 相关酶类进化中起着重要的作用，这也是数百万年来植物与微生物相互作用的结果，为利用和指引微生物定向催化活性的研究提供了契机（Singer et al.，2003）。

对 PCBs 具有好氧降解能力的菌株包括真菌、细菌和放线菌等。①好氧降解 PCBs 的细菌菌株主要属于假单孢菌属（*Pseudomonas*）、伯克霍尔德菌属（*Burkholderia*）、丛毛单胞菌属（*Comamonas*）、红球菌属（*Rhodococcus*）和芽孢杆菌属（*Bacillus*）。每种微生物对 PCBs 的降解能力都有一定的特异性，因 PCBs 的种类不同，其代谢的途径和矿化的程度都有所不同（Field and Sierra-Alvarez，2008），主要是由于 PCBs 上氯原子的数量和取代位置对氧化酶介导的好氧降解有直接的影响（Vasilyeva and Strijakova，2007；Kohler et al.，1998）。一般情况下，PCBs 上氯取代数量少于三个很容易被降解，五氯代以上 PCBs 的降解相当困难。然而也有特殊例子，对 PCBs 降解效率最高的伯克霍尔德菌（*Burkholderia xenovorans* LB400）能代谢六氯代 PCBs 同系物（Field and Sierra-Alvarez，2008）。②能降解 PCBs 的真菌主要有丝状真菌，如青霉菌（*Penicillium chrysogenum*）、淡紫拟青霉（*Paecilomyces lilacinus*）、矛束孢属（*Doratomyces* spp.）、嗜热毁丝霉（*Myceliophthora thermophila* S2-1）、真核茎点霉（*Phoma eupyrena*）、嗜热子囊菌（*Thermoas cuscrustaceus*）；酵母菌有粘性丝孢酵母（*Trichosporon mucoides*）、酿酒酵母（*Saccharomy cescerevisiae*）；白腐菌有黄孢原毛平革菌（*Phanerochaete chrysosporium*）、白腐菌株（*Phlebia brevispora* TMIC33929）、糙皮侧耳（*Pleurotus ostreatus*）、朱红密孔菌（*Pycnoporus cinnabarinus*）、杂色栓菌（*Tramete versicolor*），还有外生菌根真菌（如 *Gautieria crispa*）、灰树花（*Grifola frondosa*）、菌根真菌（*Radiigera atrogleba*）、尖端赛多孢子菌（*Scedosporium apiospermum*）等真菌。与细菌降解相比，真菌降解具有很多优点。真菌降解系统是由自由基攻击介导，具有较低特异性，并且这个反应在真菌胞外完成。因此，真菌降解系统能降解底物范围宽泛的芳烃化合物。另外，一些真菌菌株与植物的根之间具有共生关系，形成内生菌根和外生菌根；这种共生关系促进了真菌的生长，使它们抗性增强（Donnelly and Fletcher，1995）。但是真菌对 PCBs 比较敏感，不能耐受高浓度的 PCBs，初始的 PCBs 浓度高可能会导致其降解能力下降（Field and Sierra-

Alvarez，2008）。

微生物修复技术虽然在室内试验中具有较高的去除效果，但是目前仅有的场地试验结果表明，PCBs 的降解能力明显低于实验室室内的研究结果。最初的场地修复试验是采用盆栽的方法，以海底沉积物为实验材料，在厌氧条件下培养 7 个月，试验结果显示 PCBs 浓度仅发生微量变化（Rhee et al.，1989）。此外，有原位修复试验结果显示，在试验期间不断外源添加假单胞菌，多数的二氯代和三氯代 PCBs 可以被降解，但 PCBs 的总降解率仅为 20%（Mondello，2002）。但是如果外源不断添加无机营养物质——联苯和氧气，PCBs 的去除率可达到 37% ~ 55%。美国环境保护署定期发布的场地修复试验报道称，植物可以用来促进 PCBs 微生物降解。而且关于微生物原位修复的大部分专利也证实，只有利用外源激发剂，新的微生物菌株或者重组细菌才能提高微生物原位修复的厌氧和好氧降解（Pfeiffer et al.，2011）。

3.4.1.2　农药的生物降解

这里以阿特拉津为例，简要介绍农药的生物降解技术。土壤和水体中的阿特拉津可以通过化学或生物过程降解。截至目前，生物降解以其不可比拟的优势，一直是去除阿特拉津污染的最主要研究方式。对于阿特拉津降解菌株筛选的研究起始于 20 世纪 80 年代，但前期研究并未找到能够降解阿特拉津的微生物，1993 年开始，包括真菌、细菌、藻类、放线菌在内的能够降解阿特拉津的微生物相继被报道出来。

（1）细菌

细菌以其在遗传学上的特点以及生化适应能力，在阿特拉津降解中占据重要地位。目前已发现的众多阿特拉津降解细菌主要分为不动杆菌属（*Acinetobacter*）、土壤杆菌属（*Agrobacterium*）、红球菌属（*Rhodococcus*）、假单胞菌属（*Pseudomonas*）、根瘤细菌属（*Rhizobium*）、节杆菌属（*Arthrobacter* sp.），然而仅有假单胞菌属以及节杆菌属能够对阿特拉津矿化起重要作用，因而其作用机理得到了更为广泛深入的研究。

目前，细菌代谢阿特拉津有两种最为典型的途径。

一种以革兰阳性阿特拉津降解菌株 *Arthrobacter aurescens* TC1 为代表，另一种则以革兰阴性阿特拉津降解菌株 *Pseudomonas* sp. ADP 为代表。菌株 *Arthrobacter aurescens* TC1 代谢阿特拉津的途径：首先通过阿特拉津脱氯基因 *trzN* 编码阿特拉津脱氯水解酶 *trzN* 将阿特拉津降解成羟基阿特拉津，随后在降解基因 *atzB* 编码酶 *atzB* 作用下将羟基阿特拉津进一步转变成 *N*-异丙基氰尿酰胺，最后通过降解 *atzC* 编码酶 *atzC* 作用，将 *N*-异丙基氰尿酰胺降解成氰尿酸。该途径在已知的革兰阳性阿特拉津降解细菌中非常普遍。而相对于菌株 *Arthrobacter aurescens* TC1 的降解过程，菌株 *Pseudomonas* sp. ADP 能够将阿特拉津降解得更为彻底。当阿特拉津被降解成氰尿酸后，菌株 *Pseudomonas* sp. ADP 的 *atzD*、*atzE* 以及 *atzF* 可将氰尿酸最终分解成为 CO_2 和 NH_3。该途径在已知的革兰阴性阿特拉津降解细菌中非常普遍。阿特拉津的微生物降解途径如图 3-31 所示。

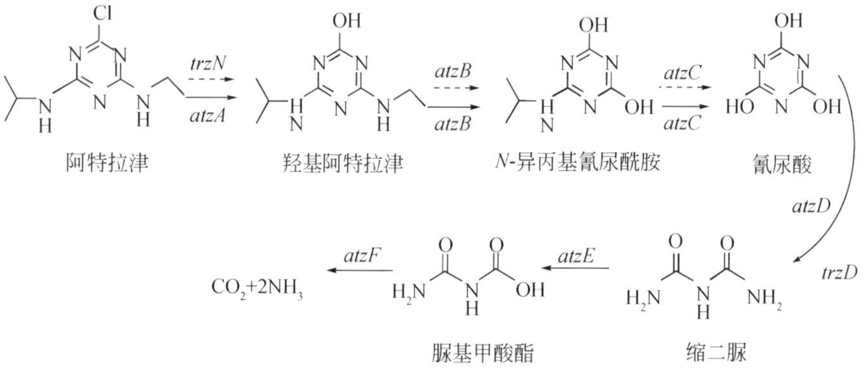

图 3-31　典型的阿特拉津降解代谢途径

（2）放线菌

目前的研究表明，放线菌中仅诺卡氏菌（*Nocardiasp* sp.）能够降解阿特拉津。2003 年 Piutti 分离出一株能够以阿特拉津作为唯一碳氮源的诺卡氏菌菌株，该菌株能够将阿特拉津分解成 2-氯-4,6-二氨基-1,3,5-三嗪，随后进一步发生脱氨反应。

（3）真菌

关于真菌降解阿特拉津的研究起始较早，目前已知的能够降解阿特拉津的真菌有串珠镰孢（*Fusarium moniliforme*）、烟曲霉（*Aspergillus fumigatus*）、斜卧青霉（*Penicillium decumbens*）、焦曲霉（*Aspergillusustus*）、葡枝根霉（*Rhizopus stolonifer*）、粉红镰刀菌（*Fusarium roseum*）、黄柄曲霉（*Aspergillus flavipes*）、绿色木霉（*Trichoderma viride*）、尖孢镰刀菌（*Fusarium axysporum*）、黄体青霉（*Pennicillium luteum*）和微紫青霉（*Penicillium janthinellum*）。通过对已知降解真菌的研究发现，这些真菌虽能够使土壤中的阿特拉津脱烷基，但并不能够使其开环断裂，同时在研究非菌根真菌和菌根真菌降解差异时发现，两者对阿特拉津的降解能力并不会有明显区别，降解能力与真菌的生态型无关而与种类密切相关。

（4）藻类

研究发现，藻类不仅具有富集阿特拉津的能力，同时还能够将阿特拉津作为氮源物质用于生长并将阿特拉津转降解为无毒物质。纤维藻和月牙藻能使阿特拉津去烃基，但研究同时发现，藻类对阿特拉津的生物降解是有一定要求的，只有当环境中阿特拉津浓度低于最低毒性浓度时，藻类才能完成降解，否则占据主导地位的将是阿特拉津的毒害作用。藻类降解阿特拉津的发现为水环境中阿特拉津的生物治理提供了一条新的途径。

3.4.2　植物修复技术

植物修复是利用绿色植物来转移、容纳或转化污染物使其对环境无害。植物修复具有操作简单、投资少、风险低、生态风险小、对人类和环境副作用小等优势，可直接用于原位修复，因此在环境保护中扮演着重要的角色。植物材料在修复过程中主要是通过以下两个过程发挥作用：①根际降解，即提高根际周围的土壤微生物的活性，促进有机污染物的降解；②植物对有机污染物的吸收和转运。

3.4.2.1　有机污染物的植物修复技术

PCBs的植物修复技术研究备受关注，因此这里主要介绍PCBs污染土壤的植物修复技术概况。不同PCBs的降解效率有一定的差别，目前的研究也主要是针对低氯代的PCBs（Laura et al., 2014）。由于PCBs水溶性低（具有高的$\lg K_{ow}$值，5～7），植物通过蒸腾吸收和转运土壤中PCBs的效果不如根际降解显著，因此植物修复的效果主要是通过间接作用，即维持土壤中微生物的降解活性来实现的（Meggo et al., 2013）。此外，一些植物富含黄酮类和萜烯类物质，这些化合物可以作为激发因子，促进土壤中PCBs的降解。

（1）植物根际降解PCBs

许多种植物都耐受PCBs污染的土壤，而且通过场地微生态调查研究也发现一些植物能改变土壤微生物的群落结构，激活PCBs土著降解微生物的生长（Li et al., 2013）。植物能通过以下方式维持真菌和细菌的降解活性。①通过向土壤中提供溶解氧，促进好氧细菌的代谢。植物的根可以释放氧气（Meggo et al., 2013），并且当植物根死亡和衰败时，在土壤中就形成了空气通道，这样通过根周转能提高土壤的通气性。②根分泌物和根周转提供有机碳。根分泌的糖、醇类和有机酸能维持细菌的群落结构，可以作为好氧代谢可利用的能源，或是厌氧代谢的电子传递受体。③植物根际分泌物中的一些PCBs结构类似物，如酚类化合物和萜烯类化合物，能作为诱导剂诱导PCBs分解代谢酶的产生。通过共代谢的途径，这些化合物在较低的浓度条件下，就能促进降解微生物种群的生长，使其能有效地代谢污染物（Chaudhry et al., 2005）。④根际分泌物中生物表面活性剂的释放。这些分子如皂树类皂——三萜糖苷能增强污染物的流动性，提高其生物可利用性。

植物的根际作为自然输入系统，向土壤输送氧气和根际分泌物，提高根际微生物的种群密度、生物活性和多样性，进而维持整体根际微生物群落和保持新的真菌或细菌菌株的稳定性。根系也能创造不同的氧化还原条件区域，使 PCBs 的厌氧降解和好氧降解同时发生。菌根菌丝网的形成能促进植物根系的生长，提高治污根系穿透土壤颗粒孔隙的能力，促进根系分泌物的产生和碳的转化，因此菌根菌具有促进植物修复的潜能（Teng et al.，2010）。此外，有些菌根菌能直接降解 PCBs（Donnelly and Fletcher，1995）。

很显然，植物根系的体积和分泌能力决定着它的影响范围。在根际以外，根系分泌物对微生物生长的促进作用迅速降低（Ding et al.，2009）。虽然根际修复是自然发生的，但也可以通过一定的技术方法得到优化。例如，选择适合的植物与微生物配对，或是种子接种的方法激活植物修复（Gerhardt et al.，2009）。Mackova 等（2009）发现，由于植物种类影响着根际微生物的构成，PCBs 去除效率的高低与植物的品种密切相关。一般本土植物和微生物的使用最佳，因为它们已经适应了修复地点的环境条件，经过自然选择能耐受当地的污染物，就可能资源性利用污染物，将其代谢。而且利用本土生物资源，可避免破坏当地生态平衡的风险。

（2）植物吸收 PCBs

植物能否吸收 PCBs，最初仅是根据 PCBs 化学特性（$\lg K_{ow}$）和植物生理特性从理论上进行研究（Ryan et al.，1988）。Webber 等（1994）认为 PCBs 不会进入植物的地上部，除非空气中 PCBs 沉降于植物表面。而实际上，不同的植物对 PCBs 的吸收能力不同，如在胡萝卜的表皮中检测到的 PCBs 浓度显著高于白菜和玉米（Webber et al.，1994）。目前，研究证实植物对 PCBs 的转运能力较低，地上部的生物浓缩因子（BAF）在 0.0015 ~ 0.0420（$BAF = [PCB_{植物}]/[PCB_{土壤}]$）（Webber et al.，1994；Suzuki et al.，1977；Strek et al.，1981）。Suzuki 等（1977）研究豆芽对 PCBs 的吸收能力时发现豆芽对 PCBs 同分异构体的转运率有差别，这主要是因为 PCBs 同分异构体的水溶性不同，而不是豆芽的选择性吸收。一般认为植物缺少通过木质部主动运输 PCBs 的能力（Ye et al.，1992）。然而也有例外，加拿大的研究小组发现一些杂草（苕子、春蓼等）存在低转移率，并且西葫芦 BAF 值大于 1（Åslund et al.，2008，2017；Ficko et al.，2010）。因此，西葫芦吸收 PCBs 的能力可以解释为，假设植物产生一个分子，通过根系分泌物释放出来，并与污染物结合，这个复合物将变成亲水性物质，足以使植物通过根系将其吸收，然后输送到植物所有部分。所以植物具有可以吸收和转移 PCBs 的能力，只是不同的植物对 PCBs 同系物的吸收和转移的能力不同。

（3）植物代谢 PCBs

除了能吸收和转移 PCBs，一些植物还能部分代谢 PCBs。已有研究证实，豆科、禾本科和蔷薇科的植物能直接吸收并代谢三氯和四氯等含氯较高的 PCBs，但不同种类植物对 PCBs 的代谢能力差异明显。植物对 PCBs 的代谢主要包括三个生化步骤（图 3-32）。第一阶段（转化）：通过 N、O 和 S-脱烷基化，以及芳香族和脂肪族羟基化、环氧化、过氧化、氧化脱硫或是细胞色素 P450 氧化还原作用，生成疏水性低的代谢产物。第二阶段（共轭化）：PCBs 或其第一阶段的代谢产物与谷胱甘肽、糖或氨基酸结合产生亲水性化合物。第三阶段（隔离），PCBs 以共轭代谢物形式沉积在液泡和细胞壁上（Hatzioz，1997；Schmidt et al.，2006a，2006b）。目前，研究又将最后一步反应分为两个独立的阶段，一个是只将产物局限于运输和储存在液泡中；另一个是最终反应（与细胞壁结合或排泄）（Theodoulou，2000）。

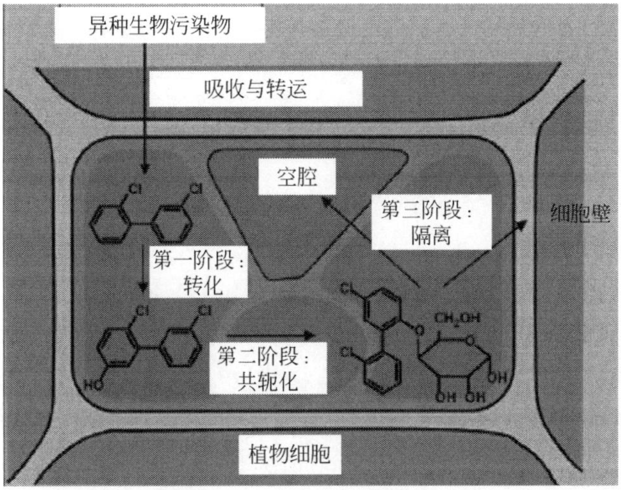

图 3-32　绿色生物代谢模型（Aken et al.，2009）

以 2,3′-二氯联苯为代表，第一阶段：PCBs 的羟基化；第二阶段：与植物分子（糖）结合；第三阶段：共轭反应产物存储于液泡或细胞壁上

植物代谢 PCBs 一般形成水溶性更强的羟基氯代联苯（Wilken et al.，1995；Kučerová et al.，2000；Mackova et al.，2007；Rezek et al.，2007）。不同实验室研究均证明植物细胞能将一氯代和二氯代 PCBs 羟基化，但是也有特例，同属于二氯联苯的 4,4′-二氯联苯不能被羟基化，其可能是由于结构保护作用而未能受到酶的进攻，而 2,4,4′-三氯代联苯却可以被羟基化（Kučerová et al.，2000；

Chroma et al.，2003；Harms et al.，2003）。进一步研究发现，植物细胞能代谢持久性更强的二氯、三氯和四氯代同系物，Harms 等（2003）报道 3,3′,4,4′-四氯代联苯能被蔷薇科和莴苣氧化成单羟基的中间代谢产物。同样，2,2′,5,5′-四氯代联苯能转化为 3,4-二羟基-2,2′,5,5′-四氯代联苯。

植物代谢 PCBs 羟基化与细胞色素 P450 单加氧酶、蒽醌染料活性亮蓝（RBBR）氧化酶和过氧化物酶密切相关（Mackova et al.，2007）。Köller 等（2000）等研究证实；山葵的过氧化物酶能催化二氯代和四氯代 PCBs 的转化和脱氯。这些酶在 PCBs 的代谢中并不单独起作用，而是共同作用。目前，人们对植物代谢 PCBs 的第二步中的相关酶还知之甚少。从其他类似亲核的外源物质降解途径获悉，各种转移酶，如谷胱甘肽 S-转移酶（谷胱甘肽与几种农药结合）和糖基转移酶（葡萄糖与氯酚和 DDT 结合），很可能参与了 PCBs 代谢产物共轭和隔离作用（Pflugmacher et al.，2000）。目前，关于植物代谢 PCBs 的机制的研究还不完善，可能还有其他的酶参与 PCBs 的转化。Magee 等（2008）报道，紫花苜蓿的硝酸还原酶粗提物和纯化的玉米硝酸还原酶都能使 2,2′,4,4′,5,5′-六氯代联苯发生脱氯反应。也有研究报道，植物对氯代有机物的脱氯反应机制与微生物的厌氧脱氯反应相似（Nzengung and Jeffries，2001；Wolfe and Hoehamer，2003）。虽然没有发现植物体内有脱氯素酶，但是这个机制可能会使植物体内的 PCBs 脱氯。

（4）PCBs 植物修复存在的问题及效能的提高途径

1）植物修复存在的问题。

植物修复技术具有成本低、易操作等突出优势，同时也还存在诸多问题，最主要的是限制因素较多，如污染物的浓度胁迫和对植物生长的制约，以及场地修复的复杂性等。有机污染物 PCBs 在植物修复中最重要的抑制因子主要包括：①土壤中的 PCBs 易吸附于有机质中，导致生物可利用性低；②由于催化 PCBs 分解代谢的基因表达水平低，PCBs 的生物降解速度缓慢；③高浓度污染物对植物的生长有抑制作用。

2）植物修复效能的提高途径。

以 PCBs 为例，可以通过以下途径提高污染土壤的植物修复效能。

第一，诱导好氧和厌氧降解。

向土壤中添加促进 PCBs 好氧降解的诱导剂，提高 PCBs 的去除效率。诱导剂联苯已被广泛应用于诱导细胞培养物中 *bph* 基因表达，然而联苯的成本高、水溶性低，对植物和微生物具有毒性，因此将联苯应用于场地修复是不现实的，需要寻找一个新的诱导氧化酶基因表达的替代物质，而这就要从酶系统的启动入手。由于千万年来植物与微生物的互相作用，植物对污染物的代谢基因可能已经进化到可以代谢与 PCBs 结构类似的植物化学衍生物（Singer et al.，2003）。这些植物源的化合物的结构与污染物类似，能够替代联苯提高 PCBs 的好氧降解去除率。目前研究的许多天然产物都可作为 PCBs 好氧降解的共代谢物质。植物萜类化合物如香芹酮和苧烯，以及黄酮类化合物和水杨酸已被证明可以提高 PCBs 有氧降解（Laura et al.，2014）。植物与微生物酶诱导剂的联合修复可以提高土壤中 PCBs 的去除率。Singer 等（2003）以香芹酮和水杨酸等作为 PCBs 降解酶诱导剂，然后栽种芸薹，结果表明种植了芸薹的 6cm 表层土壤中，PCBs 的去除率达 60% 以上，然而未种植芸薹的 0 ~ 2cm 和 2 ~ 6cm 表层土壤中，PCBs 去除率分别为 43% 和 14%，显著低于种植芸薹的处理。但是以上研究并未明确，这些植物衍生物是作为联苯脱氧酶的诱导剂还是作为生物激发因子为细菌的生长提供碳源（Dudášová et al.，2012）。这些化合物可以以植物组织（粉碎的柳根、陈皮、常春藤叶、松针或桉叶）形式进入土壤或是通过活体植物根向土壤分泌化合物。但上述的诱导剂并不是对任何一株细菌都有效，这与细菌的种类和可利用的有机碳源密切相关。一些诱导剂即使是联苯，也曾报道会降低 PCBs 的降解效率（Luo et al.，2007；Luo and Hu，2013）。

诱导剂可用于强化 PCBs 厌氧脱氯反应。许多人强调“引发 PCBs 厌氧生物降解过程”的概念。某些化合物在高浓度下，能激活细菌的脱氯活性系统（Wiegel and Wu，2000）。Bedard 等（1998）设想，PCBs 降解细菌菌群能被作为电子受体的诱导剂激活，那就有可能使 PCBs 脱氯。通过诱导脱卤酶的活性来促进脱氯也是可能的，但是目前发现其具有副作用（Wiegel and Wu，2000）。以前曾发现一些 PCBs 同系物可以作为诱导剂，每一个同系物激活一个特定的脱氯模式，之后发现氯代苯甲酸和溴联苯也能作为诱导剂，从而激活 PCBs 厌氧脱氯反应（Bedard et al.，1998；de Weerd and Bedard，1996）。氯代苯甲酸优于卤化联苯，因为氯代苯甲酸一旦脱卤，很容易被矿化。不过不同的研究报道结果也有争议，有研究结果表明，在产甲烷等还原或反硝化条件下，还原的 PCBs 可能发生脱氯，而且 PCBs 的脱氯主要受特定环境中微生物的影响。

第二，外源添加营养物质和电子受体。

PCBs 通常不提供微生物生长所需的能量或营养，因此通过添加细胞培养物或特定微生物生长所需的有机物质，为 PCBs 的脱氯微生物提供合适的碳源，即可显著提高 PCBs 的降解效率。室内研究现已证明，外源添加的碳源，如联苯、木糖、葡萄糖、甘油、山梨醇油酸酯、脂肪酸（如乙酸、丙酸、丁酸）、丙酮酸、苹果酸、甲醇和丙酮，都能提高 PCBs 的脱氯程度和效率（Nies and Vogel，1990；Bedard et al.，1998；Tandlich et al.，2001；Alder et al.，1993）。由于碳源与其他大量共培养的物质相互作用，添加碳源的影响是复杂的。由于不同土壤环境条件下细菌群落差异性较大，同样的有机物在 PCBs 的降解过程中发挥的作用却不尽相同（Alder et al.，1993）。有时，外源添加物质也会抑制 PCBs 脱氯反应，因为外源添加的物质成为非 PCBs 脱氯者的供给，或是与激发降解 PCBs 的物质之间是竞争关系（Wiegel and Wu，2000），实验表明，在某些情况下葡萄糖能抑制 PCBs 降解。根据 Tandlich 等（2001）的推测，可能是由于葡萄糖是一种容易利用的底物，它不适合同时用于强化修复，因为水杨酸（诱导剂）和葡萄糖同时存在时，会抵消厌氧条件下对 PCBs 的去除作用，其原因可能在于细菌利用的是葡萄糖而非水杨酸作为碳源，这时水杨酸就不能起到相应的诱导作用了（Luo and Hu，2013）。有些实验结果表明，碳源对 PCBs 降解过程具有双重作用，它可作为厌氧条件下的电子供体，也可以作为表面活性剂，增加 PCBs 的迁移性（山梨糖醇酐油酸酯）（Singer et al.，2003），或作为多氯联苯的好氧生物降的诱导剂（联苯）（Tandlich et al.，2001）。PCBs 降解菌似乎能在一些极端环境下生长，甚至是低浓度有机碳的环境。因此，Abraham 等（2002）提出一个有趣的机制来解释这种现象，PCBs 降解菌可以在有机碳贫瘠的土壤中生长，可能是因为黏土矿物在生物膜（biofilm）的形成中起到了重要作用，该生物膜作为营养介导将 PCBs 传递给微生物作为碳源。此外，土壤黏粒的迁移与扩散在 PCBs 的降解中也起到了一定作用。

诱导剂和碳源的联合使用，也会提高微生物对 PCBs 的降解效率。Tandlich 等（2001）分别用葡萄糖、甘油、木糖和联苯为碳源和能量来源，检测香芹酮和柠檬油精两种萜烯对假单胞菌降解 PCBs（Delor103）的影响。试验结果发现，以甘油和木糖为碳源时，加入香芹酮和柠檬油精，PCBs 的生物降解效率增强；并且以木糖为碳源，以香芹酮为诱导剂，对 PCBs 的生物降解率增加最为显著，对 PCBs 的降解率高达 30% ~70%，而未加入香芹酮的处理，其对 PCBs 的降解率仅为 7% ~37%。

向土壤中添加电子受体，也能增强 PCBs 的生物降解。脱氯呼吸是指 PCBs 分子作为电子受体，由氢原子取代 PCBs 上的原子。电子的来源可能是微生物生长中需要的还原型物质（如乙酸、甲醇或有机酸）或是零价铁原子和氢。利用不同的电子供体，深入研究 PCBs 的脱氯反应条件和细菌的脱氯代谢机制。实验结果表明，不同的电子供体对 PCBs 的脱氯影响不同，这取决于 PCBs 脱氯培养物的来源和所涉及的微生物群落组成。Chun 等（2013）提出一个新的生物电子-化学方法。利用电流在微生物中的沉积，将电子提供给 PCBs 的脱氯微生物，导致沉积物中风化 PCBs 脱氯显著提高。由此可见，外源添加适合的 PCBs 脱氯所需的电子，能显著提高土壤中沉积的 PCBs 的脱氯反应，并增强其下游的好氧降解。

第三，转基因植物修复。

尽管植物修复能有效清除 PCBs，但是在场地修复时，生物降解速度非常缓慢，进而可能导致这些有毒化合物在植物体内的积累和挥发。将参与各种解毒过程的外源基因转录到植物（即转基因植物）中，可提高植物修复能力（Eapen and D'Souza，2005）。微生物和哺乳动物是异养生物，它们拥有实现彻底矿化有机分子的相关代谢酶。可以用微生物和哺乳动物分解代谢的基因来补充植物代谢能力的不足（Eapen et al.，2007）。目前，已有多篇应用转基因植物修复 PCBs 的文章报道（表 3-16）。植物细胞色素 P450 介导能将 PCBs 代谢为有毒的环氧化物中间体和反式-二醇类代谢物，它们都不容易被进一步降解代谢。而与植物细胞色素 P-450 不同的是，细菌联苯加双氧酶产生顺式-二醇类中间体容易开环和完全矿化（Sylvestre et al.，2009）。为了克服这个局限，将细菌联苯加双氧酶操纵子 *bph* 遗传转化到植物基因组中。Francova 等（2003）开创性将睾酮丛毛单胞菌（*Comamonas testosterone*）中编码 2,3-二羟基联苯开环酶的 *bphC* 基因插入烟草中。虽然没有测试转基因植物对 PCBs 的代谢能力，但这项工作却是转基因植物修复

表 3-16　转基因植物修复 PCBs 列表

化合物	基因	来源	寄主	参考文献
PCBs	联苯双加氧酶，*bph*，位于转座子，TnPCB	睾丸假单胞菌（*Pseudomonas* sp. strain LB400）	甜菜（*Beta vulgaris*）种子	Brazil 等（1995）
PCBs	联苯双加氧酶，*bphC*	睾丸激素 B-356（*Comamonas testosteroni*）	烟草（*Nicotiana tabacum*）	Francova 等（2003）
3-氯联苯	联苯双加氧酶，*bph*，绿色荧光蛋白，*gfp*	伯克霍尔德氏菌（*Burkholderia xenovorans* LB400）	苜蓿（*Medicago sativa*，var. Resis）根系，三叶草（*Trifolium pratense*）	Mackova 等（2007）
4-氯联苯	联苯双加氧酶，*bph*A，*bph*E，*bph*F，*bph*G	伯克霍尔德氏菌（*Burkholderia xenovorans* LB400）	烟草（*Nicotiana tabacum*，*Nicotiana benthamiana*）	Mohammadi 等（2007）
2,3-二羟基联苯（2，3-DHB）	联苯双加氧酶，*bphC*	睾丸假单胞菌（*Pseudomonas testosteroni* B-356）	烟草（*Nicotiana tabacum*）	Novakova 等（2009）
PCBs	2,3-二羟基联苯-1，2-双加氧酶，*bphC*	PCBs 分解细菌	烟草（*Nicotiana. Tabaccum*）	Chrastilova 等（2007）
2,3-二羟基联苯（2，3-DHB）	*dbfB* 苯开环酶，外二醇双加氧酶	地杆菌属（*Terrabacter* sp.）	拟南芥（*Arabidopsis thaliana*）	Uchida 等（2005）

PCBs 研究发展中的里程碑。Mohammadi 等（2007）也报道，将对 PCBs 高效降解菌之一的伯克霍尔德菌（*Burkholderia xenovorans* LB400）的 *bph* 的联苯双加氧酶基因簇插入烟草植物中。联苯双加氧酶基因（*bpdO*）由三亚基 *bphAE*、*bphF* 和 *bphG* 构成，能催化联苯特异性的氧化，生成顺式-2,3-二氢-2,3-二羟基联苯（Sylvestre et al.，2009）。*bpdO* 基因组分的每个亚基被克隆后，分别在植物体内表达，结果表明从植物体内纯化的酶能将4-氯联苯氧化为2,3-二氢-2,3-二羟基-4′-氯联苯。拟南芥表达外二醇双加氧酶（*dbfB*）也能提高其对2,3-二羟基联苯的降解能力（Uchida et al.，2005）。目前，Novakova 等（2009）也报道，构建了转假单胞菌（*Pseudomonas testosteroni* B-356）的 *bphC* 的烟草。并且与野生型烟草相比，转基因植株 H2 对2,3-二羟基联苯（0.5mmol/L）表现出较强的耐受性。以上研究结果表明，将外源与联苯降解相关的基因插入植物基因组中，能显著提高植物对污染物的耐受性。但利用转基因植物修复 PCBs 的技术还需要继续发展，如通过基因工程提高 PCBs 降解酶活性和不同降解基因的共表达，可在植物体内建立完整的细菌降解 PCBs 的途径，克服植物降解 PCBs 的限制，使转基因植物能彻底解毒 PCBs。

众所周知，植物能增加土壤微生物数量和活性，进而提高土壤中生物降解活性。然而，与植物保持稳定共生关系的内源或根际细菌，不能提供对持久性有机污染物的高效分解代谢所必需的代谢酶（Brazil et al.，1995；Villacieros et al.，2005）。利用转基因植物修复污染土壤，不仅能提高自身对 PCBs 的代谢和解毒能力，还能促进根际修复。例如，将外源降解基因插入合适植物根中，增强降解酶的根际分泌，进而促进污染物根际降解（Glick，2003；Gerhardt et al.，2009；Kawahigashi，2009）。这种方法的优势是植物不需要吸收污染物就可以降解污染物，植物分泌的酶可以在根际区域降解污染物（Kawahigashi，2009）（图3-33）。因此，转基因植物分泌解毒酶对根际修复更广泛的疏水化学物质可能是有用的。提高转基因植物的根际修复可能是 PCBs 污染原位修复有效方法之一。

第四，加入表面活性剂。

现已公认，生物可利用性是限制 PCBs 生物修复的重要因素之一。目前已有利用表面活性剂增加有机污染物在水相中的溶解度进而提高植物对其吸收能力的研究，即表面活性剂增溶修复技术。在植物修复土壤农药污染时，选用合适的添加剂增溶农药、提高可利用性的研究有广阔的应用前景。在受污染的土壤或沉积物中加入活性剂，提高其可移动性，可以克服这个难题。Hawker 和 Connell（1998）的研究表明，残留在土壤中的 PCBs 有一部分和土壤颗粒紧密结合，形成难生物降解部分。这些研究促进了表面活性剂在污染土壤生物修复中的作用，因为向土壤中施加表面活性剂，可有效增加 PCBs 在土壤水相的溶解度，提高其

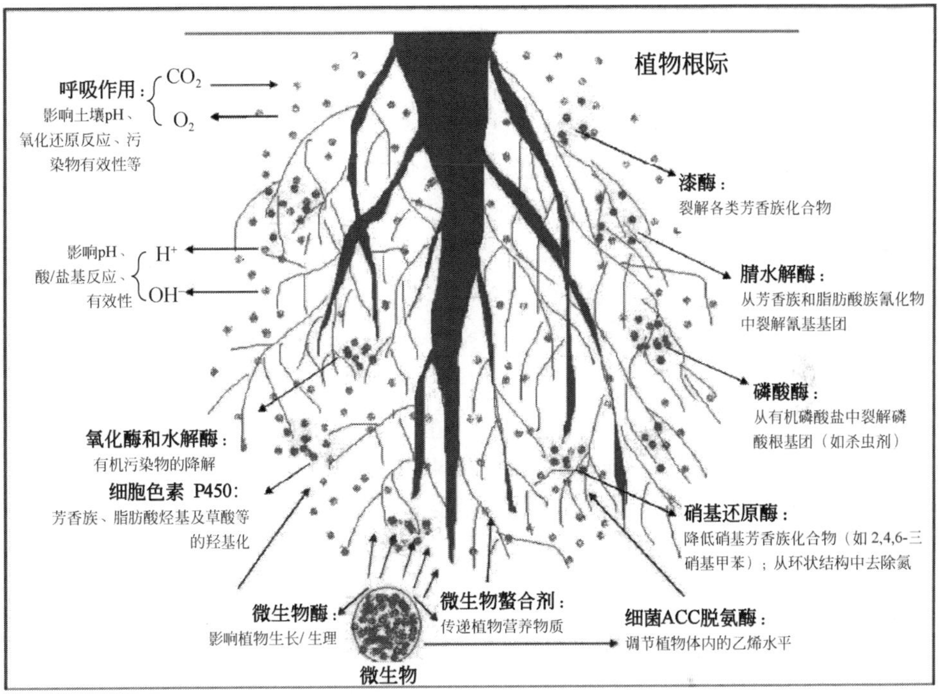

图 3-33　根际区域与修复效能相关的酶和微生物活动示意图

资料来源：Abhilash 等（2009）

生物可利用性。常规的化学表面活性剂的优点是成本低，但通常具有生物毒性，考虑到二次污染的问题，人们的目光又转向对生物表面活性剂的探索上。Kevin 等（1996）研究了鼠李糖脂对 4-氯联苯降解的影响，结果发现投加 4g/L 的鼠李糖脂后，矿化的4-氯联苯是对照的 213 多倍。Rainer 等（1997）等测试了 *Peudomonas cepacia* 产生的生物乳化剂 GL-K12 对 Aroclor1242 生物降解的影响，发现部分三氯代同系物降解率可达到 100%。然而，生物表面活性剂多数是微生物在一定条件培养时分泌的次级代谢产物，在发酵液中含量通常较低，高昂的分离纯化成本限制了生物表面活性制剂在场地修复中的应用。尽管使用表面活性剂产生菌与 PCBs 降解菌联合植物修复是一个不错的策略，但在实际场地修复过程中，由于两类微生物在植物根际的生理需求和生态位不同，很难采取适宜措施进行调控进而达到二者协同发挥作用的目的。另外，目前已知的高效表面活性剂产生菌在分泌活性剂时均要求烷烃或水溶性基质作为碳源。这些物质加入污染土壤中，虽可以促进生物表面活性剂的产生，增加 PCBs 的溶解性，但这些物质对 PCBs 降解菌来说也是优良的碳源。这样在 PCBs 不是唯一碳源和能源的情况下，PCBs 降解菌就增加了选择，反而抑制了对 PCBs 的降解。向土壤中投加表面活性剂产生菌发酵液的方法也具有同样的缺陷，因为发酵液中可被 PCBs 降解菌利用的碳源种类更多。

第五，微生物强化技术。

在 PCBs 污染场地外源添加微生物，是修复 PCBs 场地污染较有前途的技术。然而，有关 PCBs 污染场地原位生物强化修复的成功案例较少。影响这项技术规模化应用的最重要因素包括以下两方面：①PCBs 分子具有强的疏水性，在 PCBs 污染土壤中，以水为载体转移降解微生物是不可能的；②污染点的污染物水平较低，难以保持 PCBs 降解微生物群落。Sowers 和 May（2013）报道，接种的细胞以固体基质为载体，如微生物颗粒、黏土或粒状活性炭（GAC）颗粒，能解决细胞在场地土壤中分散的问题。针对 PCBs 浓度能否维系有活性生物生长的问题，提出通过外源添加诱导剂或引发剂模拟 PCBs 分子的行为，维持土壤中 PCBs 降解微生物的生物量。但是如果能充分激发 PCBs 污染场地的土著 PCBs 降解活性菌群，则能更有效地催化降解过程。然而在污染场地添加外源菌种需要进行仔细的评估，必须考虑到外来微生物引入生态系统中可能会导致的潜在环境风险。

3.4.2.2 农药的植物修复

以阿特拉津为例介绍农药的植物修复。阿特拉津污染土壤的植物修复主要是利用了相关植物对阿特拉津的吸收、挥发、转化、降解、固定等作用，达到去除土壤中阿特拉津污染的目标。目前单纯植物修复阿特拉津污染，主要是利用植物提取作用，通过植物的根系吸收污染物，并将污染物富集于植物体内。美国学者在 1997 年的研究中发现，藜科植物地肤（*Kochia scoparia*）对沉积多年的阿特拉津有显著的吸附作用（Kruger et al.，1997）。美国艾奥瓦州为了防治农业径流的影响，阻止阿特拉津等污染物进入下游河道，人工栽种了大面积的杨树作为隔离带，超过 20% 的阿特拉津被杨树隔离带阻断并吸收。植物还能够同时吸附污染土壤中的重金属离子，从而减低阿特拉津与重金属结合的可能，降低生物毒性。大量研究表明，植物在吸附阿特拉津等污染物的同时，自身也能够利用植物的降解作用降解阿特拉津。通过研究发现，白杨树能够吸附并降解土壤中 10% ~20% 的阿特拉津，并且这一过程能够在其根系内部快速完成。

许多学者认为植物修复的效果很大程度上受污染物的生物可利用性影响，因为植物吸收和酶降解有机污染物的速度很快，污染物在土壤中的转移扩散成为速控步骤。据报道，有 90% 的化学农药在土壤中会形成结合残留，其结合残留量可占施药总量的 20% ~70% 。以下措施可有效提高植物对土壤中残留阿特拉津的修复效能。

（1）菌根真菌的添加

王曙光和林先贵（2001）在研究农药污染土壤的生物修复时发现，菌根化植物对农药有很强的耐受性，并能把一些有机物转化为菌根真菌和植物的养料，从而降低农药对土壤的污染程度。Gaskin 和 Fletcher（1997）的研究表明，外部根际菌群与宿主植物美国黄松共存时，对于土壤中的阿特拉津，其修复效率可比单独的植物修复高 3 倍。

（2）转基因植物修复

转基因植物修复技术，能降低污染物对植物的生长抑制作用，提高植物对阿特拉津的修复效能。通过农杆菌介导将阿特拉津氯水解酶基因 *AD*1- *atzA* 转入烟草中，获得转基因植株。T1 代植株在浇灌了 20mg/L 阿特拉津溶液的模拟污染土壤条件下生长 45 天，抗性植株的 RT- PCR 结果证实叶片中阿特拉津氯水解酶基因得到正常转录，液相色谱质谱分析在叶片中检出阿特拉津的水解产物羟基阿特拉津。刘小楠（2009）研究证实，转基因杨树能显著提高土壤中阿特拉津的去除效率，草炭和菌根剂的添加也有促进作用。

主要参考文献

鲍桐，孙丽娜，孙铁珩，等 . 2010. 重金属污染土壤植物修复技术强化措施研究进展 . 环境科学与技术，33（12F）：458-462.

陈宝玉，王洪君，曹铁华，等 . 2010. 不同磷肥浓度下土壤–水稻系统重金属的时空累积特征 . 农业环境科学学报，29（12）：2274-2280.

陈文德，彭培好，李贤伟，等 . 2009. 岩–土–植系统中重金属元素的迁聚规律研究 . 土壤通报，40（2）：369-373.

丛源，郑萍，陈岳龙，等 . 2008. 北京农田生态系统土壤重金属元素的生态风险评价 . 地质通报，27（5）：681-688.

冯光化 . 2001. 中国麦饭石资源与开发研究 . 矿物岩石地球化学通报，20（2）：131-134.

贾凌云，付彦，杨风林 . 2002. 生物降解多氯联苯的研究进展 . 现代化工，22（增刊）：24-28.

景丽洁，王敏 . 2008. 不同类型土壤对重金属的吸附特性 . 生态环境 . 17（1）：245-248.

赖长鸿，李松蔚，廖博文，等 . 2015. 生物炭在土壤污染修复中的潜在作用 . 北京联合大学学报（自然科学版），29（4）：50-54.

李杰，王英辉，刘枝刚，等 . 2011. 漓江桂林市区段沉积物重金属环境地球化学特征 . 地球与环境，39（4）：456-463.

李娟，张盼月，高英，等 . 2008. 麦饭石的理化性能及其在水质优化中的应用 . 环境科学与技术，31（10）：63-66.

梁涛，王浩，张秀梅，等 . 2003. 不同土地类型下重金属随暴雨径流迁移过程及速率对比 . 应用生态学报，14（10）：1756-1760.
刘春早，黄益宗，雷鸣，等.2012. 湘江流域土壤重金属污染及其生态环境风险评价. 环境科学，33（1）：260-265.
刘小楠.2009. 阿特拉津污染土壤的转基因杨树修复及强化措施研究. 北京：中国林业科学研究院硕士学位论文.
马崇坚，刘发光.2012. 皇竹草在生态环境治理中的应用研究进展. 中国水土保持，（1）：41-44.
秦建中，腾格尔，杨琦，等.2009. 川东地区海相高演化层系的成熟度指标研究. 石油学报，30（2）：208-213.
王凯丽，徐绍辉，杨永亮，等.2011. 胶体存在时不同质地土壤对锌镉的吸附试验研究. 土壤，43（2）：239-246.
王良民，王彦辉.2008. 植被过滤带的研究和应用进展. 应用生态学报，19（9）：2074-2080.
王曙光，林先贵.2001. 菌根在污染土壤生物修复中的作用. 农村生态环境，（1）：56-59.
王维清，冯启明，袁昌来.2005. 一种新型无机抗菌剂载体——麦饭石. 中国矿业，14（1）：45-48.
王岩.2015. 转 *bphC* 苜蓿-乳化蛋白 AlnA 联合修复多氯联苯污染土壤研究. 长春：吉林大学博士学位论文.
王银叶，马育莲，史艳娇.2003. 活性麦饭石孔结构的探讨及应用. 天津化工，17（2）：7-9.
吴建强.2011. 不同坡度缓冲带滞缓径流及污染物去除定量化. 水科学进展，22（1）：112-117.
徐礼生，吴龙华，高贵珍，等.2010. 重金属污染土壤的植物修复及其机理研究进展. 地球与环境，38（3）：372-377.
许红艳.2005. 小流域综合治理对地表径流污染的影响. 重庆：西南农业大学硕士论文.
杨爱民.2007. 水土保持措施防治面源污染的作用机制. 中国水土保持科学，5（6）：98-101.
杨献忠.1993. 伊利石的结晶度及其地质意义综述. 沉积学报，11（4）：92-98.
杨洋，铁柏清，张鹏，等.2011. 降雨和植被覆盖对土壤重金属流失的影响. 水土保持学报，25（1）：39-42.
张磊，宋凤斌.2005. 土壤吸附重金属的影响因素研究现状及展望. 土壤通报，36（4）：628-631.
张清海，林绍霞，林昌虎.2011. 贵州农业面源污染土壤重金属含量特征及区域差异性研究. 中国环境监测，27（1）：88-91.
郑海，易自成，黎俏文，等.2014. 多功能作物皇竹草引种的环境风险评价. 农业环境科学学报，6（2）：288-297.
周慧平，高超.2008. 巢湖流域面源磷流失关键源区识别. 环境科学，29（10）：2696-2702.
朱立禄，阎百兴，王莉霞.2010. 第二松花江下游稻田土壤重金属含量特征及来源分析. 应用生态学报，21（11）：2965-2970.
朱丽珺.2007. 不同林分类型土壤及主要组分对重金属吸附特征研究. 南京：南京林业大学硕士学位论文.

Abhilash P C, Jamil S, Singh N. 2009. Transgenic plants for enhanced biodegradation and phytoremediation of organic xenobiotics. Biotechnol Advances, 27: 474-488.

Abraham W R, Nogales B, Golyshin P N, et al. 2002. Polychlorinated biphenyl-degrading microbial communities in soils and sediments. Curr Opin Microbiol, 5: 246-253.

Aken B V, Correa P A, Schnoor J L. 2009. Phytoremediation of polychlorinated biphenyls: new trends and promises. Environmental Science and Technology, 44 (8): 2767-2776.

Alder A C, Haggblom M, Oppenheimer S R, et al. 1993. Reductive dechlorination of polychlorinated biphenyls in anaerobic sediments. Environmental Science and Technology, 27: 530-538.

Arias M, Barral M T, Mejuto J C. 2002. Enhancement of copper and cadmium adsorption on kaolin by the presence of humic acids. Chemosphere, 48 (10): 1081-1088.

Åslund M L, Rutter A, Reimer K J, et al. 2008. The effects of repeated planting, planting density, and specific transfer pathways on PCB uptake by Cucurbita pepo grown in field conditions. Science of the Total Environment, 405: 14-25.

Åslund M L, Zeeb B A, Rutter A, et al. 2017. In situ phytoextraction of polychlorinated biphenyl-(PCB) contaminated soil. Science of the Total Environment, 374: 1-12.

Bedard D L, Bailey J J, Reiss B L, et al. 2006. Development and characterization of stable sediment-free anaerobic bacterial enrichment cultures that dechlorinate Aroclor 1260. Applied and Environmental Microbiology, 72: 2460-2470.

Bedard D L, Haberl M L, May R J, et al. 1987a. Evidence for novel mechanisms of polychlorinated biphenyl metabolism in *Alcaligenes eutrophus* H850. Applied and Environment Microbiology, 53: 1103-1112.

Bedard D L, Van Dort H, Deweerd K A, 1998. Brominated biphenyls prime extensive microbial reductive dehalogenation of Aroclor 1260 in Housatonic River sediment. Applied and Environmental Microbiology, 64 (5): 1786-1795.

Bedard D L, Wagner R E, Brennan M J, et al. 1987b. Extensive degradation of Aroclors and environmentally transformed polychlorinated biphenyls by *Alcaligenes eutrophus* H850. Applied and Environmental Microbiology, 53: 1094-1102.

Borja J, Taleon D M, Auresenia J, et al. 2005. Polychlorinated biphenyls and their biodegradation. Process Biochemistry, 40: 1999-2013.

Brazil G M, Kenefick L, Callanan M, et al. 1995. Construction of a rhizosphere Pseudomonad with potential to degrade polychlorinated biphenyls and detection of bph gene-expression in the rhizosphere. Applied and Environmental Microbiology, 61: 1946-1952.

Brown S, Christensen B, Lombi E, et al. 2005. An inter-laboratory study to test the ability of amendments to reduce the availability of Cd, Pb, and Zn in situ. Environmental Pollution, 138 (1): 34-45.

Cao X, Ma L Q. 2004. Effects of compost and phosphate on plant arsenic accumulation from soils near pressure-treated wood. Environmental Pollution, 132 (3): 435-442.

Castaldi P, Santona L, Melis P. 2005. Heavy metal immobilization by chemical amendments in a polluted soil and influence on white lupin growth. Chemosphere, 60 (3): 365-371.

Chaudhry Q, Blom-Zandstra M, Gupta S, et al. 2005. Utillising the synergy between plants andrhizosphere microorganisms to enhance breakdown of organic pollutants in the environment. Environmental Science Pollution Research-International, 12: 34-48.

Chrastilova Z, Mackova M, Novakova M, et al. 2007. Transgenic plants for effective phytoremediation of persistent toxic organic pollutants present in the environment. Journal of Biotechnology, 131 (2): S38.

Chroma L, Moeder M, Kučerova P, et al. 2003. Plant enzymes in metabolism of polychlorinated biphenyls. Fresenius Environmental Bullein, 12: 291-295.

Chun C L, Payne R B, Sowers K R, et al. 2013. Electrical stimulation of microbial PCB degradation in sediment. Water Research, 47: 141-152.

Correll D L. 2005. Principles of planning and establishment of buffer zones. Ecological Engineering, 24: 433-439.

Cutter L A, Watts J E, Sowers K R, et al. 2001. Identification of a microorganism that links its growth to the reductive dechlorination of 2, 3, 5, 6-chlorobiphenyl. Environmental Microbiology, 3 (11): 699-709.

de Weerd K A, Bedard D L. 1996. Microbial dechlorination of polychlorinatedbiphenyl compounds. Google Patents.

Ding N, Guo H, Hayat T, et al. 2009. Microbial community structure changes during Aroclor 1242 degradation in the rhizosphere of ryegrass (*Lolium multiflorum* L.). Fems Microbiology Ecology, 70: 305-314.

Donnelly P, Fletcher J. 1995. PCB metabolism by ectomycorrhizal fungi. Bulletin of Environmental Contamination Toxicology, 54: 507-513.

Dudášová H, Lukáčová L, Murínová S, et al. 2012. Effects of plant terpenes on biodegradation of polychlorinated biphenyls (PCBs). International Biodeterioration Biodegradation, 69: 23-27.

Eapen S, D'Souza S F. 2005. Prospects of genetic engineering of plants for phytoremediation of toxic metals. Biotechnol Advances, 23: 97-114.

Eapen S, Singh S, D'Souza S F. 2007. Advances in development of transgenic plants for remediation of xenobiotic pollutants. Biotechnol Advances, 25: 442-451.

Eberl D D, Velde B, Mccormick T. 1993. Synthesis of illite-smectite from smectite at earth surface temperatures and high pH. Clay Minerals, 26: 49-60.

Faroon O, Keith L, Smith-Simon C, et al. 2003. Poly-chlorinated Biphenyls: Human Health Aspects. Concise International Chemical Assessment Document 55, World Health Organization, Geneva.

Ficko S A, Rutter A, Zeeb B A. 2010. Potential for phytoextraction of PCBs from contaminated soils using weeds. Science of the Total Environmental, 408: 3469-3476.

Field J A, Sierra-Alvarez R. 2008. Microbial transformation and degradation of polychlorinated biphenyls. Environment Pollution, 155: 1-12.

Francova K, Sura M, Macek T, et al. 2003. Preparation of plants containing bacterial enzyme for degradation of poly chlorinated biphenyls. Fresenius Environmental Bulletin, 12: 309-313.

Furukawa K. 2000. Biochemical and genetic bases of microbial degradation of polychlorinated biphenyls (PCBs). Journal of General and Applied Microbiology, 46 (6): 283-296.

Furukawa K, Fujihara H. 2008. Microbial degradation of polychlorinated biphenyls: biochemical and molecular features. Journal of Bioscience Bioengineering, 105: 433-449.

Furukawa K, Tomizuka N, Kamibayashi A. 1979. Effect of chlorine substitution on the bacterial metabolism of various polychlorinated biphenyls. Applied and Environmental Microbiology, 38: 301-310.

Gaskin J L, J Fletcher. 1997. The metabolism of exogenously provided atrazine by the ectomycorrhizal fungus *Hebeloma crustuliniforme* and the host plant Pinus ponderosa. ACS Symposium Series , 664: 152-160.

Gerhardt K E, Huang X D, Glick B R, et al. 2009. Phytoremediation and rhizoremediation of organic soil contaminants: potential and challenge. Plant Science, 176: 20-30.

Glick B R. 2003. Phytoremediation: synergistic use of plants and bacteria to clean up the environment. Biotechnology Advances, 21: 239-244.

Hamon R E, Mclaughlin M J, Cozens G. 2002. Mechanisms of attenuation of metal availability in in situ remediation treatments. Environmental Science and Technology, 36 (18): 3991-3996.

Harms H, Bokern M, Kolb M, et al. 2003. Transformation of organic contaminants by different plant systems In Phytoremediation. Transformation and Control of Contaminants. Wiley- Blackwell. : 285-316.

Hatzioz K K. 1997. Regulation of Enzymatic Systems Detoxifying Xenobiotics in Plants: A Brief Overview and Directions for Future Research. Dordrecht: Kluwer Academic Publishers.

Hawker D W, Connell D W. 1998. Octanol-water partition coefficients of polychlorinated biphenyl congeners. Environmental Science and Technology, 22: 382-387.

Illera V, Garrido F, Serrano S, et al. 2003. Immobilization of the heavy metals Cd, Cu and Pb in an acid soil amended with gypsum- and lime- rich industrial by- products. European Journal of Soil Science, 55 (1): 135-145.

Karlsson T, Elgh- Dalgren K, Björn E, et al. 2007. Complexation of cadmium to sulfur and oxygen functional groups in an organic soil. Geochimica et Cosmochimica Acta, 71 (3): 604-614.

Kawahigashi H. 2009. Transgenic plants for phytoremediation of herbicides. Current Opinion in Biotechnology, 20 (2): 225-230.

Kevin G R, Mriganka M G, Zhou S. 1996. Mineralization enhancement of non-aqueous phase and soil-bound PCBs using biosurfactant. Water Science and Technology, 34: 303-309.

Khorzughy S H, Eslamkish T, Ardejani F D, et al. 2015. Cadmium removal from aqueous solutions by pumice and nano-pumice. Korean Journal of Chemical Engineering, 32 (1): 88-96.

Koh S C, Park Y I, Koo Y M, et al. 2000. Plant terpenes and lignin as natural cosubstrates in biodegradation of polychlorinated biphenyls (PCBs) and polycyclic aromatic hydrocarbons (PAHs). Bi-

an atrazine-degrading bacterial strain possessing the gene trzN from bulk and maize rhizosphere soil. FEMS Microbiology Letters, 221: 111-117.

Quensen J F, Tiedje J M, Boyd S A. 1988. Reductive dechlorination of polychlorinated biphenyls by anaerobic microorganisms from sediments. Science, 242: 752-754.

Rainer F, Detlef S, Jae-Chun C, et al. 1997. Biodegradation of polychlorinated biphenyls (PCBs) in the presence of a bioemulsifier produced on sunflower oil. Biodegradation, 8: 67-75.

Rezek J, Macek T, Mackova M, et al. 2007. Plant metabolites of polychlorinatedbiphenyls in hairy root culture of black nightshade *Solanum nigrum* SNC-9O. Chemosphere, 69: 1221-1227.

Rhee G, Bush B, Brown M, 1989. Anaerobic biodegradation of polychlorinated biphenyls in Hudson River sediments and dredged sediments in clay encapsulation. Water Resource, 23: 957-964.

Ryan J, Bell R, Davidson J, et al. 1988. Plant uptake of non-ionic organic chemicals from soils. Chemosphere, 17: 2299-2323.

Schmidt B, Faymonville T, Gembé E, et al. 2006a. Comparison of the biotransformation of the 14C-labelled insecticide carbaryl by non- transformed and human CYP1A1, CYP1A2-, and CYP3A4-transgenic cell cultures of *Nicotiana tabacum*. Chemistry and Biodiversity, 3: 878-896.

Schmidt B, Joussen N, Bode M, et al. 2006b. Oxidative metabolic profiling of xenobiotics by human P450s expressed in tobacco cell suspension cultures. Biochemical Society Transactions, 34: 1241-1245.

Seshadri R, Adrian L, Fouts D E, et al. 2005. Genome sequence of the PCE-dechlorinating bacterium Dehalococcoides ethenogenes. Science, 307: 105-108.

Singer A C, Crowley D E, Thompson I P. 2003. Secondary plant metabolites in phytoremediation and biotransformation. Trends Biotechnology, 21: 123-130.

Solaiman Z M, Blackwell P, Abbott L K, et al. 2010. Direct and residual effect of biochar application on mycorrhizal root colonisation, growth and nutrition of wheat. Australian Journal of Soil Research, 48 (7): 546.

Sowers K R, May H D. 2013. In situ treatment of PCBs by anaerobic microbialdechlorination in aquatic sediment: are we there yet? Current Opinion Biotechnology, 24: 482-488.

Stixrude L, Peacor D R. 2002. First-principles study of illite-smectite and implications for clay mineral systems. Nature, 420: 265-268.

Strek H J, Weber J B, Shea P J, et al. 1981. Reduction of polychlorinated biphenyl toxicity and uptake of carbon-14 activity by plants through the use of activated carbon. Journal of Agricultural and Food Chemistry, 29: 288-293.

Sun Y, Li Y, Xu Y, et al. 2015. In situ stabilization remediation of cadmium (Cd) and lead (Pb) co-contaminated paddy soil using bentonite. Applied Clay Science, 105: 200-206.

Suzuki M, Aizawa N, Okano G, et al. 1977. Translocation of polychloro-biphenyls in soil into plants: a study by a method of culture of soybean sprouts. Archives of Environmental Contamination and Toxicology, 5: 343-352.

Sylvestre M, Macek T, Mackova M. 2009. Transgenic plants to improve rhizoremediation of polychlorinated biphenyls (PCBs). Current Opinion in Biotechnology, 20 (2): 242-247.

Tandlich R, Brězná B K, Dercová N. 2001. The effect of terpenes on the biodegradation of polychlorinated biphenyls by Pseudomonas stutzeri. Chemosphere, 44: 1547-1555.

Teng Y, Luo Y, Sun X, et al. 2010. Influence of arbuscular mycorrhiza and rhizobium on phytoremediation by alfalfa of an agricultural soil contaminated with weathered PCBs: a field study. International Journal of Phytoremediation, 12 (5): 516-533.

Theodoulou F L. 2000. Plant ABC transporters. Biochim Biochim Biophys Acta, 1465 (1-2): 79-103.

Tiedje J M, Quensen J F, Chee-Sanford J, et al. 1993. Microbial reductive dechlorination of PCBs. Biodegradation, 4: 231-240.

Tiwari S, Kumari B, Singh S N. 2008. Evaluation of metal mobility/immobility in fly ash induced by bacterial strains isolated from the rhizospheric zone of Typha latifolia growing on fly ash dumps. Bioresource Technology, 99: 1305-1310.

Uchida E, Ouchi T, Suzuki Y, et al. 2005. Secretion of bacterial xenobiotic-degrading enzymes from transgenic plants by an apoplastic expressional system: an applicability for phytoremediation. Environmental Science and Technology, 39: 7671-7677.

Van Beek C L, Marius H, Olga A C. 2007. Reduced nitrate concentrations in shallow ground water under a non-fertilised grass buffer strip. Nutrient Cycling in Agroecosystems, 79: 81-91.

Van Gronsveld J, Herzig R, Weyens N, et al. 2009. Phytoremediation of contaminated soils and groundwater: lessons from the field. Environmental Science and Pollution Research, 16 (7): 765-794.

Van Herwijnen R, Hutchings T R, Al-Tabbaa A, et al. 2007. Remediation of metal contaminated soil with mineral-amended composts. Environmental Pollution, 150 (3): 347-354.

Van Roy S, Vanbroekhoven K, Dejonghe W, et al. 2006. Immobilization of heavy metals in the saturated zone by sorption and in situ bioprecipitation processes. Hydrometallurgy, 83 (1-4): 195-203.

Vanbroekhoven K, Van Roy S, Gielen C, et al. 2007. Microbial processes as key drivers for metal (im)mobilization along a redox gradient in the saturated zone. Environmental Pollution, 148 (3): 759-769.

Vasilyeva G K, Strijakova E R. 2007. Bioremediation of soils and sediments contaminated by polychlorinated biphenyls. Microbiology, 76: 639-653.

Villacieros M, Whelan C, Mackova M. 2005. Polychlorinated biphenyl rhizoremediation by *Pseudomonas fluorescens* F113 derivatives, using a *Sinorhizobium meliloti nod* system to drive bph gene expression. Applied and Environmental Microbiology, 71: 2687-2694.

Webber M, Pietz R, Granato T, et al. 1994. Plant uptake of PCBs and other organic contaminants from sludge-treated coal refuse. Journal of Environmental Quality, 23: 1019-1026.

Wiegel J, Wu Q. 2000. Microbial reductive dehalogenation of polychlorinatedbiphenyls. Fems Microbiology Ecology, 32: 1-15.

Wilken A, Bock C, Bokern M, et al. 1995. Metabolism of different PCB congeners in plant cell cultures. Environmental. Toxicology Chemistry, 14: 2017-2022.

Wolfe N L, Hoehamer C F. 2003. Enzymes used by plants and microorganisms to detoxify organic compounds//McCutcheon S C, Schnoor J L. Phytoremediation: Transformation and Control of Contaminants.

Wu Q, Watts J E, Sowers K R, 2002. Identification of a bacterium that specifically catalyzes the reductive dechlorination of polychlorinated biphenyls with doubly flanked chlorines. Applied Environmental Microbiology, 68: 807-812.

Xu L, Teng Y, Li Z G, et al. 2010. Enhanced removal of polychlorinated biphenyls from alfalfa rhizosphere soil in afield study: the impact of a rhizobial inoculums. Science of the Total Environment, 408: 1007-1013.

Xu Y, Zhao D. 2007. Reductive immobilization of chromate in water and soil using stabilized iron nanoparticles. Water Research, 41 (10): 2101-2108.

Yang Y, Sheng G. 2003. Enhanced pesticide sorption by soils containing particulate matter from crop residue burns. Environmental Science and Technology, 37 (16): 3635-3639.

Ye Q, Puri R, Kapila S, et al. 1992. Studies on the transport and transformation of PCBs in plants. Chemosphere, 25: 1475-1479.

Zhou Q. 2003. Interaction between heavy metals and nitrogen fertilizers applied to soil- vegetable systems. Bulletin of Environmental Contamination and Toxicology, 71 (2): 338-344.

第4章 城郊区农产品安全质量过程控制技术

城郊区农产品生产主要存在重金属、硝酸盐污染和农药残留等问题，这些污染物可在农产品中超量积累，经过生物富集作用，最终影响人体健康。因此，从污染物由土壤环境向植物迁移的过程入手，减少植物对污染物的直接吸收，从而阻控农产品中污染物的转运与积累，可以起到降低农产品中污染物含量、保障农产品质量安全的作用，这不仅是一个重要的科学命题，也是一个亟待解决的技术难题。

4.1 城郊区农田重金属及硝酸盐作物根际阻控技术

4.1.1 农田重金属污染根际阻控技术

目前，用于重金属污染控制的技术从属性分类来讲可以分为物理方法、生物方法和化学方法三大类（DalCorso et al.，2019；Sheoran et al.，2010；Wuana and Okieimen，2011）。从作物根际吸收过程入手，研发既能钝化根际土壤重金属，又能阻控重金属向地上部可食用部位转运的根际阻控技术，是重金属污染土壤定向修复的重要发展方向，因此结合根际土壤重金属（Cd）污染状况及作物根际特征，筛选出经济、高效且具有实际应用价值的基施型和灌根型 Cd 污染根际阻控剂，对修复城郊区菜地重金属污染土壤、保障城郊区农产品质量具有重要意义。

4.1.1.1 基施型 Cd 污染根际阻控剂的筛选

(1) 含硅藻土的基施型 Cd 污染根际阻控剂的筛选

土壤中加入硅能调节土壤 pH、钝化根际土壤 Cd 的有效性，从而减轻作物 Cd 毒害效应，另外硅可以提高植物抗逆性，降低植物重金属毒害，从而增加蔬菜的生物量，进而通过稀释效应降低蔬菜可食用部位的 Cd 含量。硅藻土是单细

4.1.1.2 灌根型Cd污染根际阻控剂及其应用

（1）灌根型Cd污染根际阻控剂在豇豆上的应用效果

在蔬菜生长前期，追施灌根型蔬菜Cd污染根际阻控剂可降低蔬菜产品重金属含量。与对照相比，各根际阻控剂均不同程度地降低了豇豆果实中的Cd含量，成熟中期采样降幅更大，降低幅度为2.04%～50.82%（表4-5），降Cd效果最好的处理为阻控剂Ⅳ，其次为阻控剂Ⅱ。综合考虑成熟期前后结果，本试验涉及的几种阻控剂黄腐酸钾、液态钙硅肥、PGA、茶渣提取物的组合在降低豇豆果实Cd含量上有一定的效果，其中阻控剂Ⅳ降Cd效果最明显。

表4-5 不同的Cd污染根剂阻控剂对豇豆果实Cd含量的影响

处理	Cd含量/(μg/kg)	降幅/%
对照	4.90±0.87[a]	—
阻控剂Ⅰ	4.75±1.50[a]	3.06
阻控剂Ⅱ	3.66±0.80[a]	25.31
阻控剂Ⅲ	4.39±1.48[a]	10.41
阻控剂Ⅳ	2.41±0.98[a]	50.82
阻控剂Ⅴ	4.80±1.02[a]	2.04

注：阻控剂Ⅰ为黄腐酸钾；阻控剂Ⅱ、Ⅲ、Ⅳ、Ⅴ分别为黄腐酸钾+液态钙硅肥、黄腐酸钾+液态钙硅肥+茶渣提取物、黄腐酸钾+液态钙硅肥+PGA、黄腐酸钾+液态钙硅肥+PGA+茶渣提取物；表4-6～表4-8同

与对照相比，不同Cd污染根际阻控剂提高了豇豆果实中维生素C含量（表4-6），其中阻控剂Ⅰ～Ⅴ的提高幅度分别为14.29%、21.16%、20.11%、24.34%和15.34%；从可溶性糖含量上看，效果最好的是阻控剂Ⅲ，达到了显著性差异，较对照提高了31.58%，其次是阻控剂Ⅱ和阻控剂Ⅰ；综上所述，通过黄腐酸钾、液态钙硅肥及茶渣提取物的适当配比与组合，可以有效降低豇豆中Cd含量，同时可改善豇豆的营养品质，其中以阻控剂Ⅳ降Cd效果最好，且能明显提升豇豆品质。

表4-6 Cd污染根际阻控剂处理对豇豆品质的影响

处理	维生素C含量/(mg/kg)	可溶性糖含量/%	可溶性蛋白含量/(mg/g)	硝酸盐含量/(mg/kg)
对照	1.89±0.06[a]	2.28±0.12[bc]	0.61±0.07[a]	995±19[a]
阻控剂Ⅰ	2.16±0.01[a]	2.45±0.06[abc]	0.68±0.09[a]	920±25[a]
阻控剂Ⅱ	2.29±0.32[a]	2.88±0.34[ab]	0.45±0.02[a]	1026±121[a]

续表

处理	维生素 C 含量 /(mg/kg)	可溶性糖含量 /%	可溶性蛋白含量 /(mg/g)	硝酸盐含量 /(mg/kg)
阻控剂Ⅲ	2.27±0.14[a]	3.00±0.19[a]	0.66±0.12[a]	959±58[a]
阻控剂Ⅳ	2.35±0.24[a]	2.51±0.18[abc]	0.67±0.05[a]	873±117[a]
阻控剂Ⅴ	2.18±0.10[a]	2.20±0.11[c]	0.56±0.06[a]	830±60[a]

(2) 灌根型 Cd 污染根际阻控剂在黄瓜上的应用效果

与灌施等量清水的对照相比，除了阻控剂Ⅲ和阻控剂Ⅴ处理黄瓜果实 Cd 含量没有降低外，其他各阻控剂处理均不同程度地降低了黄瓜果实 Cd 含量，其中以阻控剂Ⅳ的降幅最大，说明以黄腐酸钾、液态钙硅肥和 PGA 为主要组分的阻控剂能很好地降低黄瓜果实中的 Cd 含量（表 4-7）。

表 4-7　不同 Cd 污染根际阻控剂对黄瓜果实 Cd 含量的影响

处理	Cd 含量/(μg/kg)	降幅/%
对照	2.27±0.19[a]	—
阻控剂Ⅰ	1.80±0.29[a]	20.70
阻控剂Ⅱ	2.19±0.33[a]	3.52
阻控剂Ⅲ	2.55±0.46[a]	—
阻控剂Ⅳ	1.60±0.17[a]	29.52
阻控剂Ⅴ	2.46±0.31[a]	—

与对照相比，成熟前期黄瓜维生素 C 含量相差不大，成熟期阻控剂Ⅰ、阻控剂Ⅲ处理显著地提高了黄瓜维生素 C 含量，上升幅度为 15.22% 和 28.26%；阻控剂Ⅲ处理降低了黄瓜硝酸盐含量，整体上看，阻控剂Ⅲ处理在改善黄瓜品质方面的效果较好，阻控剂Ⅳ会显著增加黄瓜的硝酸盐含量，但对其他品质指标的影响不大（表 4-8）。

表 4-8　不同 Cd 污染根际阻控剂对黄瓜品质的影响

处理	维生素 C 含量 /(mg/kg)	可溶性糖含量 /%	可溶性蛋白含量 /(mg/g)	硝酸盐含量 /(mg/kg)
对照	0.46±0.01[c]	2.11±0.08[a]	1.41±0.10[a]	447±35[b]
阻控剂Ⅰ	0.53±0.04[b]	1.97±0.10[a]	1.04±0.07[a]	507±26[ab]
阻控剂Ⅱ	0.50±0.02[bc]	1.63±0.17[b]	1.22±0.08[a]	582±41[a]

表 4-13 不同处理对菠菜硝酸盐含量的影响

处理	硝酸盐含量/(mg/kg)	降幅/%
对照	3173.33±136.91[a]	—
黄腐酸钾	2930.00±96.09[ab]	7.7
甲壳素	2820.00±193.13[ab]	11.1
阻控剂Ⅰ	2943.33±67.66[ab]	7.2
阻控剂Ⅱ	2633.33±209.95[b]	17.0

灌根型硝酸盐根际阻控剂在果菜类蔬菜上的应用也得到相似的研究结果，从黄瓜硝酸盐含量上看，相对于对照，各处理在成熟前期和成熟中期均降低了黄瓜的硝酸盐含量，成熟期降低幅度为8.3%～33.5%，其中以黄腐酸钾、DCD和甲壳素为主要组分的根际阻控剂Ⅱ对黄瓜硝酸盐含量降幅最大（表4-14）。各处理对黄瓜维生素C、可溶性糖和可溶性蛋白等品质指标影响不大（表4-15）。

表 4-14 不同处理对黄瓜硝酸盐含量的影响

处理	硝酸盐含量/(mg/kg)	降幅/%
对照	1544.6±136.1[a]	—
黄腐酸钾	1416.5±98.2[ab]	8.3
阻控剂Ⅰ	1365.1±157.3[ab]	11.6
阻控剂Ⅱ	1027.8±133.3[b]	33.5

表 4-15 不同处理对黄瓜品质的影响

处理	维生素C含量/(mg/100g)	可溶性糖含量/%	可溶性蛋白含量/(mg/g·FW)
对照	0.51±0.05[a]	1.98±0.07[a]	1.24±0.13[a]
黄腐酸钾	0.48±0.07[a]	1.86±0.10[a]	1.15±0.07[a]
阻控剂Ⅰ	0.48±0.06[a]	1.88±0.19[a]	1.28±0.12[a]
阻控剂Ⅱ	0.55±0.06[a]	1.94±0.15[a]	1.41±0.09[a]

4.2　城郊区农田有机污染物与农药残留污染控制技术

4.2.1　城郊区有机污染物与农药残留污染的主要特征

随着现代农业集约化水平与人们生活水平的不断提高，城郊区农业生产中有机污染物与农药残留污染对农产品质量影响比较严重。该问题直接制约着中国农业综合生产能力与竞争力，已成为国际社会广为关注的敏感问题之一。农田土壤污染不仅会直接影响作物生长、农产品产量和质量，也会通过食物链富集直接威胁人类健康，还可能通过径流和淋溶等作用进入地表水和地下水，以及通过作物秸秆焚烧进入大气，由此引发水和大气环境的二次污染。因此，开展农产品有机污染物与农药残留污染控制技术具有重要现实意义。

4.2.1.1　有机污染物污染

PCBs 等是一类人工合成的有机物。该有机物残留直接造成农田土壤的污染，再进一步经过植物的吸收进入植物体，并向农产品采收部位转运影响农产品质量安全（Wu et al.，2011）。另外，难以自然降解的农用有机薄膜会在土壤耕作层聚集，并通过阻碍土壤毛管水的连接和水分自然入渗，严重影响土壤的通气透水性，同时，残留地膜还会影响土壤微生物活动和土壤正常结构的形成，导致土壤肥力下降，影响作物根系的正常生长，造成根系弯曲、变短，降低根系吸收性能，间接影响农产品产量与品质（邹小阳等，2017）。

4.2.1.2　农药残留污染

化学性质稳定且毒性高的农药及其残留污染是城郊区农田土壤污染的主要污染源之一。研发使用的一些稳定性强、毒性高的化学农药，加之其长期过量不合理的使用，造成农田土壤的农药残留污染。例如，有机氯农药（organochlorine pesticides，OCPs）是一类环境中广泛存在的高残留、生物富集性很强的农药，属于持久性有机污染物（persistent organic pollutants，POPs），其因高效、广谱、低成本等特点而被广泛应用，严重威胁城郊区农田土壤的生态环境与农产品质量安全（程丽红等，2018）。

4.2.2 有机污染物降解和农药残留污染控制技术

城郊区农田污染是一种典型的农业面源污染。近年来，我国针对典型污染区已经部署并开展了一些农业面源污染治理项目，并对农业面源污染进行了全方位治理，但其以解决下游水体富营养化为主要目标，而对农业生态系统本身，尤其是对农药、农膜以及重金属残留土壤、土壤退化问题尚未足够重视。农业面源污染治理思路应该是从整个农业生态系统出发，通过源头减量、过程控制（阻断）、末端治理三个环节的紧密结合，对城郊区农田污染进行水、土、气、生一体化控制。本节重点针对城郊区农田有机污染物和农药残留污染问题进行论述。

4.2.2.1 城郊区农业面源污染源治理技术

农业面源污染源治理已经成为当前农村环境整治的焦点，并逐步形成了一系列的技术模式，其中最主要的是针对农药、化肥、农膜等农业生产资料的源头减量及氮磷污染物迁移的过程拦截与末端消纳。针对城郊区主要存在的人口密度大、农业集约化程度高等特点，治理重点是在落实化肥、农药源头减量技术措施的前提下，根据污染源的分布特征（Liu et al., 2016），科学合理地构建生态沟、生态湿地、植被过滤带及植被缓冲带等系统（杨林章等，2005，2013；朱兆良等，2005），有效拦截消纳农田地表径流污染物向下游水体和地下水的迁移（郝小雨等，2012），并加强农业废弃物高效资源化利用技术的研发与应用，降低城郊区农田中的氮磷养分及有害物质的扩散与蔓延，有效控制城郊区农业面源污染的产生（吴金水等，2018），构建城郊区农产品质量安全生产的良好环境基础。

4.2.2.2 城郊区有机污染物与农药残留污染土壤生态修复技术

针对城郊区农田农药残留（莠去津等长残留农药）与有机污染物（多氯联苯、苯系物）的污染问题，有针对性地分离、鉴定与利用高效降解菌株，筛选环保型生物表面活性剂（茶皂苷、鼠李糖、蛋白 AlnA），开发利用生物表面活性剂和降解菌联合修复土壤中农药残留与有机污染物，保护并提高城郊区农产品安全生产所必需的良性生态环境。

（1）除草剂残留污染土壤微生物修复技术

针对北方城郊区农田农药污染问题，吉林大学等单位比较系统地研究了高效降解微生物分离筛选与菌剂加工应用技术，该项技术主要是针对高效降解菌对莠去津、烟嘧磺隆、嗪草酮、溴氰菊酯等城郊区农药的污染与二次药害问题，分离鉴定出 4 种微生物高效降解菌剂，分别被命名为克雷伯氏菌（*Klebsiella jilinsis* 2N3）、沙雷氏菌（*Serratia marcescens* N80）、芽孢杆菌（*Bacillus* sp. No. 1）和脱色希瓦氏菌属（*Shewanella decolorationis* P14）。在蔬菜苗床土修复、种苗定植、平菇与黑木耳等食用菌生产中应用发酵加工的高效降解菌剂，发现其效果较好，对靶标农药残留污染平均降解效果达到 80% 以上，所生产的农产品均达到绿色食品标准。

（2）有机污染物微生物修复技术

针对城郊区农田有机污染物 PCBs 和对硝基苯酚等残留污染问题，吉林大学等单位的科研人员分离并研制了有机污染物微生物高效降解菌剂（简称生物菌剂），试验表明，生物菌剂对 PCBs 和对硝基苯酚等有机污染物具有较好的修复作用，并可促进植物生长。该菌剂主要由鞘氨醇单胞菌（*Sphingomonas* sp.）（对联苯及 PCBs 具有降解活性）和蒙氏假单孢杆菌（*Pseudomonas monteilii*）（对硝基苯酚等有机污染物具有促进植物生长的特性）组成。两种降解菌分别经过培养、扩繁、发酵之后，取等量的菌料（蒙氏假单孢杆菌和鞘氨醇单胞菌）与载体（0. 5g 高岭土、0. 25g 凹凸棒土、0. 25g 腐殖酸）按 1 ∶ 1 比例混合，制成小球，装入广口瓶中备用，室温储存，在 1 天后测定活菌存活率，活菌数达到 4×10^8CFU/mL 以上。

生物菌剂的施用方法比较灵活，可以穴施，也可撒施，与土壤混合即可。生物菌剂与土壤按照质量比 0. 1% ~0. 5% 混拌，每穴加入 2 ~3 粒生物菌剂，每个生长季施用 2 ~3 次。生产上可以在播种前、播种期、定苗后或作物生长季结束后不同阶段施用。当施用一个月之后，土壤中的污染物含量显著降低，对硝基苯酚浓度在 50 ~150mg/kg，根际、非根际土降解效率达 85% 以上。此外，生物菌剂对植物的生长有显著的促进作用，植物的生长指标（株高、鲜重）显著高于未添加生物菌剂的对照处理。生物菌剂对混合多氯苯的降解效率可达 67% 。其中，对二氯代同系物的降解效率为 85% ，对 2,5-二氯苯（2,5-CB）甚至可完全降解，对三氯代同系物等的降解效率在 64% ~85% 。与对照组相比，生物菌剂对作物的株高、鲜重等生长发育具有显著的促进作用。

4. 2. 2. 3　城郊区农产品安全生产过程中的农药污染控制技术

针对城郊区农产品生产中所发生的病虫草害，应本着“预防为主、综合防控”绿色植物保护的理念，通过筛选抗病品种、生物农药新品种以及研发生物防治新技术及物理与机械防治技术，建立城郊区保护地蔬菜与水稻生产中主要病虫害综合防控关键技术体系，禁止使用长残效、有毒有害的化学农药，示范并推广城郊区保护地蔬菜与水稻生产中主要病虫害综合防控关键技术模式，以确保城郊区农产品生产过程的安全和产品的品质。

4.3 农产品营养品质提升养分调控技术

城郊区农业面向的消费群体主要为城市人群，消费层次一般较高，因此对农产品品质的要求也是多方面的，不仅要求农产品符合食用标准，还对蔬菜等农产品的营养价值有一定要求，如要求含有人体必需微量元素以及较高的维生素含量等，而采用植物营养调理剂技术可以在不同程度上实现对农产品营养品质的进一步提升。

4.3.1 矿质营养型蔬菜专用配方肥技术

4.3.1.1 硼锌钼及其配合施用对蔬菜产量和品质的影响

(1) 硼锌钼及其配合施用对萝卜产量和品质的影响

试验结果表明，与只施氮磷钾肥的对照（CK）相比，硼（B）、锌（Zn）、钼（Mo）及其配合施用能在一定程度上提高萝卜的产量水平，但差异未达到统计显著水平（表4-16），从整体上看，萝卜单产总量范围为77 685.19～88 074.08kg/hm^2，其中钼肥单施处理的萝卜总产量最高，锌钼肥配施处理的萝卜总产量最低。萝卜地下部产量范围为59 203.71～67 203.71kg/hm^2，其中钼肥单施处理的萝卜地下部产量最高，锌肥单施处理的萝卜产量最低（对照除外）。总体来说，在施用氮磷钾肥基础上，长期施用微量元素主要是确保植物的营养平衡，提高不同微量元素的含量和营养价值，但无论对萝卜总产量（地上部产量+地下部产量）的影响，还是对萝卜经济产量（地下部产量）的影响，均达不到统计显著水平。

表4-16 硼锌钼及其配合施用对萝卜产量的影响（单位：kg/hm^2）

处理	地下部	地上部	整株
CK	59 203.71[a]	20 962.96[a]	80 166.67[a]
B	66 925.93[a]	18 537.04[a]	85 462.97[a]
Zn	59 259.26[a]	19 370.38[a]	78 629.64[a]
Mo	67 203.71[a]	20 870.37[a]	88 074.08[a]
BMo	63 444.45[a]	17 425.93[a]	80 870.38[a]
ZnMo	59 666.67[a]	18 018.52[a]	77 685.19[a]
BZn	60 240.75[a]	17 722.22[a]	77 962.97[a]
BZnMo	61 574.08[a]	18 351.85[a]	79 925.93[a]

注：CK指对照处理，即只施用氮磷钾肥而不施微量元素肥料

硼、锌、钼都是人体所需的微量元素，是维持人体骨骼健康和钙、磷、镁正常代谢所必需的微量元素（Zhou et. al.，2019）。微量元素普遍存在于蔬菜水果中，人们主要通过摄食水果蔬菜获取这些微量元素，因此通过栽培技术适当提高蔬菜的微量元素含量品质具有重要意义。试验结果表明，凡是施用硼肥的处理，萝卜地下部及地上部硼含量均有较大幅度的提高，未施用硼肥的4个处理（包括CK、Zn、Mo、ZnMo）的萝卜地下部硼含量范围为29.18～33.75mg/kg·DW①，平均硼含量为31.92mg/kg·DW；而施用硼肥的4个处理（包括B、BMo、BZn、BZnMo）的萝卜地下部硼含量范围为43.22～46.48mg/kg·DW，平均硼含量为44.24mg/kg·DW（表4-17），比未施硼处理提高了38.60%，说明硼肥基施提高了蔬菜产品中的硼含量，有利于人们通过膳食途径补充人体必需微量元素硼。

表4-17　硼锌钼及其配合施用对萝卜中硼锌钼含量的影响　（单位：mg/kg·DW）

处理	B含量	Zn含量	Mo含量
CK	29.18[b]	80.54[b]	0.041[e]
B	43.93[a]	71.02[b]	0.081[cd]
Zn	33.75[b]	130.83[a]	0.045[e]
Mo	31.52[b]	77.64[b]	0.101[bc]
BMo	43.22[a]	124.78[a]	0.117[b]
ZnMo	33.22[b]	73.23[b]	0.144[a]
BZn	43.31[a]	121.30[a]	0.065[de]
BZnMo	46.48[a]	80.54[b]	0.144[a]

施用锌肥的试验结果表明，凡是施用锌肥处理的萝卜，其地下部及地上部锌含量均有较大幅度提高，未施用锌肥的4个处理（CK、B、Mo、BMo）的萝卜地下部锌含量范围为71.02～124.78mg/kg·DW，平均锌含量为88.50mg/kg·DW；而施用锌肥的4个处理（Zn、BZn、MoZn、BZnMo）的萝卜地下部锌含量范围为73.23～130.83mg/kg·DW，平均锌含量为104.48mg/kg·DW，比未施锌处理提高了14.67%，说明合理施用锌肥调控蔬菜产品中的锌含量，有利于人们通过膳食途径补充人体必需微量元素锌。

同样，凡是施用钼肥处理的萝卜地下部及地上部钼含量均有较大幅度的提高，未施用钼肥的4个处理（CK、B、Zn、BZn）的萝卜地下部钼含量范围为0.041～0.081mg/kg·DW，平均钼含量为0.058mg/kg·DW；而施用钼肥的4个

① DW为干重，dry weight。

处理（Mo、BMo、MoZn、BZnMo）的萝卜地下部钼含量范围为0.101～0.144mg/kg·DW，平均钼含量为0.127mg/kg·DW，比未施钼肥处理提高了118.97%，说明合理施用钼肥调控蔬菜产品中的钼含量，有利于人们通过膳食途径补充人体必需微量元素钼。

（2）硼锌钼及其配合施用对番茄产量和品质的影响

与仅施氮磷钾肥的对照处理（CK）相比，硼锌钼肥单施及其配施均能在不同程度上提高番茄产量，其中尤以锌钼肥配合施用处理的增产效果为最好，番茄产量最高达到35 528.17kg/hm^2，但是其差异均未达到统计显著水平（$P>0.05$）（表4-18）。

与对照相比，施硼锌钼肥增加了番茄的可滴定酸含量，增加了番茄的可溶性糖含量，显著增加了番茄的维生素C含量。与仅施用氮磷钾肥的对照处理相比，硼锌钼单施及其配施均能降低番茄的可滴定酸度，但未达到显著水平，施用锌肥处理的可溶性糖含量最高，锌钼肥配施处理的可溶性糖含量最低，可溶性糖含量范围为4.17%～4.90%；硼锌钼肥单施或配施对番茄维生素C含量的影响不大，其中硼锌钼肥配施处理的维生素含量最高，为120.07mg/kg，略高于仅施氮磷钾肥的对照处理（119.87mg/kg），其他处理除了单施锌肥的以外均略有降低，但总体差异均不显著（表4-18），表明施用微量元素肥料对番茄品质指标维生素含量的影响不大。

表4-18　硼锌钼及其配合施用对番茄产量及品质的影响

处理	产量/(kg/hm^2)	可滴定酸/%	可溶性糖含量/%	维生素C含量/(mg/kg)
CK	27 451.22[a]	0.20[a]	4.33[a]	119.87[a]
B	28 187.70[a]	0.16[a]	4.73[a]	96.66[ab]
Zn	28 837.33[a]	0.18[a]	4.90[a]	120.00[a]
Mo	28 938.08[a]	0.18[a]	4.20[a]	107.68[ab]
BZn	27 986.21[a]	0.19[a]	4.87[a]	96.12[ab]
BMo	30 244.28[a]	0.20[a]	4.30[a]	101.52[ab]
ZnMo	35 528.17[a]	0.18[a]	4.17[a]	112.26[ab]
BZnMo	34 440.82[a]	0.20[a]	4.70[a]	120.07[a]

番茄试验结果（表4-19）表明，施用硼肥能增加番茄中硼的含量，施用硼肥的四个处理的番茄硼含量均高于其他处理，未施用硼肥的4个处理的番茄硼含量范围为14.72～17.69mg/kg·DW，平均硼含量为16.49mg/kg·DW，而施用硼肥的4个处理，番茄果实中硼含量范围为19.32～23.74mg/kg，平均硼

含量为 20.79mg/kg・DW，比未施硼肥处理提高了 26.11%，说明硼肥基施提高了蔬菜产品中的硼含量，有利于人们通过膳食途径补充人体必需微量元素硼。

表 4-19　硼锌钼及其配合施用对番茄果实中硼、锌和钼含量的影响（单位：mg/kg・DW）

处理	B 含量	Zn 含量	Mo 含量
CK	17.69 ± 3.05^{a}	30.10 ± 1.44^{a}	0.06 ± 0.02^{c}
B	23.74 ± 3.42^{a}	28.59 ± 1.78^{a}	0.10 ± 0.06^{bc}
Zn	14.72 ± 4.30^{b}	37.34 ± 1.41^{a}	0.03 ± 0.01^{c}
Mo	17.50 ± 0.68^{a}	28.49 ± 6.75^{a}	0.27 ± 0.06^{ab}
BZn	19.32 ± 1.92^{a}	33.24 ± 1.18^{a}	0.20 ± 0.12^{abc}
BMo	20.58 ± 4.34^{a}	26.04 ± 3.47^{a}	0.27 ± 0.05^{ab}
ZnMo	16.03 ± 3.88^{a}	32.97 ± 3.90^{a}	0.36 ± 0.00^{a}
BZnMo	19.52 ± 2.61^{a}	33.04 ± 2.09^{a}	0.25 ± 0.05^{ab}

施用锌肥的四个处理的番茄根锌含量显著高于未施锌肥的处理；未施用锌肥的 4 个处理的番茄果实锌含量范围为 26.04～30.10mg/kg・DW，平均锌含量为 28.31mg/kg・DW；而施用锌肥的 4 个处理的番茄果实锌含量范围为 32.97～37.34mg/kg・DW，平均锌含量为 34.15mg/kg・DW，比未施锌肥处理提高了 20.63%，说明合理施用锌肥可调控蔬菜产品中的锌含量。

同样，施用钼肥后番茄果实钼含量有较大幅度的提高，未施钼肥的 4 个处理的番茄果实钼含量范围为 0.03～0.20mg/kg・DW，平均钼含量为 0.10mg/kg・DW；施用钼肥的 4 个处理的番茄果实钼含量范围为 0.25～0.36mg/kg・DW，平均钼含量为 0.29mg/kg・DW，比未施钼处理提高了 194.87%，说明合理施用钼肥调控蔬菜产品中的钼含量，有利于人们通过膳食途径补充人体必需微量元素钼。

4.3.1.2　矿质营养强化型专用复合肥对蔬菜产量及品质的影响

随着人们生活水平的提高，食品的安全与营养问题开始受到广泛的关注。锌、硒及钼等矿质营养是人体必需微量元素（Loix et al., 2017），为了提高作物可食用部分的矿质养分含量，改善人体健康状况，生物强化已经成为众多学者和专家研究的热点，即通过农业措施和一些现代生物方法来提高作物中的微量元素含量，如施肥强化及培育新品种等。应用现代生物技术培育矿质营养强化型新品种、提高农产品中矿质元素含量是营养强化的重要手段，但培育新品种过程复杂、所需时间长，并且成本较高。针对这种情况，在农业生产中施用微量元素肥料被看作是能在较短时间内有效增加作物可食用部位矿质元素含量及改善籽粒品质的重要措施。

根据不同蔬菜需肥规律，结合区域土壤大、中及微量元素丰缺状况，研制出富含锌、硒、钼等微量元素的系列矿质营养强化型专用配方肥。与普通复合肥相比，含硒专用配方肥、含钼专用配方肥和含锌专用配方肥均可提高小白菜产量，分别比施用普通复合肥增加了10.87%、12.06%和13.48%（表4-20）。

表4-20 硒钼锌施用对小白菜产量的影响 （单位：kg/亩）

处理	产量
普通复合肥	2350.12±304.64
含硒专用配方肥	2605.69±388.88
含钼专用配方肥	2633.47±248.26
含锌专用配方肥	2666.80±195.51

施用含硒专用配方肥、含钼专用配方肥和含锌专用配方肥均能降低小白菜中的硝酸盐含量，其中含硒专用配方肥处理的小白菜中的硝酸盐含量最低，相对于对照降低了5.72%。从各处理对小白菜维生素C含量的影响来看，与施用普通复合肥处理相比，其差异均不显著（$P>0.05$），但是含钼专用配方肥（维生素C含量增加幅度最大）与含锌专用配方肥（维生素C含量降低幅度最大）两处理间差异达到显著水平（$P<0.05$），且含锌专用配方肥处理VC含量显著低于含钼专用配方肥处理。各处理对可溶性蛋白含量并未表现出明显影响。施用含硒专用配方肥、含钼专用配方肥和含锌专用配方肥均能增加小白菜中可溶性糖含量，相对于对照分别提高了88.89%、188.89%和55.56%，其中钼专用配方肥处理达到了显著水平（表4-21）。

表4-21 硒钼锌施用对小白菜品质的影响

处理	硝酸盐含量/(mg/g)	维生素C含量/(mg/100g)	可溶性蛋白含量/(mg/g)	可溶性糖含量/%
普通复合肥	$2.97±0.15^{a}$	$0.52±0.15^{ab}$	$0.35±0.03^{a}$	$0.09±0.03^{b}$
含硒专用配方肥	$2.80±0.18^{a}$	$0.53±0.09^{ab}$	$0.30±0.04^{a}$	$0.17±0.04^{ab}$
含钼专用配方肥	$2.86±0.17^{a}$	$0.81±0.09^{a}$	$0.33±0.04^{a}$	$0.26±0.06^{a}$
含锌专用配方肥	$2.88±0.15^{a}$	$0.40±0.06^{b}$	$0.29±0.02^{a}$	$0.14±0.02^{ab}$

施用含锌专用配方肥不能显著提高小白菜锌的含量，与施用普通复合肥相比，小白菜地上部的锌含量下降1.74%；施用含钼专用配方肥后，小白菜地上部钼含量增加了111.76%。施用含硒专用配方肥后，小白菜地上部硒含量增加9.68%（表4-22）。

表 4-22　不同专用配方肥对小白菜地上部锌钼硒含量的影响（单位：mg/kg · DW）

处理	锌含量	钼含量	硒含量
普通复合肥	46.43±1.92[b]	0.34±0.02[b]	0.031±0.006[b]
含硒专用配方肥	59.12±2.95[a]	0.36±0.04[b]	0.034±0.002[b]
含钼专用配方肥	41.47±2.32[b]	0.72±0.09[a]	0.041±0.006[b]
含锌专用配方肥	45.62±1.21[b]	0.36±0.03[b]	0.114±0.019[a]

4.3.2　基于生物活性物质的蔬菜营养品质调理技术

有研究表明，聚天门冬氨酸钾、海藻糖及茉莉酸甲酯等生物活性物质在改善作物品质和提高作物产量上效果显著（Hibshman et al.，2017；Islam et al.，2019），但微量元素的作用也不容忽视，尤其是在微量元素缺乏的土壤上。以聚天门冬氨酸钾、海藻糖及茉莉酸甲酯等生物活性物质为基础，加入适量硫酸锌、钼酸铵和亚硒酸钠配制成不同类型的营养品质调理剂，即营养品质调理剂Ⅰ（含锌）、营养品质调理剂Ⅱ（含钼）和营养品质调理剂Ⅲ（含硒），开展了玉米田间试验。结果表明，在玉米拔节期，与对照相比，喷施 3 种营养品质调理剂对玉米株高、SPAD 值以及茎粗均无显著影响，喷施营养品质调理剂Ⅰ、营养品质调理剂Ⅱ、营养品质调理剂Ⅲ的玉米株高分别增加了 8.07%、7.40%、5.47%；茎粗分别增加了 12.61%、12.61%、8.56%；喷施营养品质调理剂Ⅰ和营养品质调理剂Ⅲ的玉米叶片 SPAD 值分别增加了 1.79% 和 1.19%，喷施营养品质调理剂Ⅱ的叶片 SPAD 值降低了 0.20%。在大喇叭口期，与对照相比，喷施营养品质调理剂Ⅱ和营养品质调理剂Ⅲ对玉米叶片 SPAD 值、茎粗无显著影响，但都有增加趋势，喷施营养品质调理剂Ⅰ、营养品质调理剂Ⅱ、营养品质调理剂Ⅲ的叶片 SPAD 值分别增加了 3.05%、2.57%、0.77%；茎粗分别增加了 12.45%、8.68%、6.42%（表 4-23）。

表 4-23　喷施型营养品质调理剂对玉米生长指标的影响

处理	拔节期			大喇叭口期	
	株高/cm	SPAD 值	茎粗/cm	SPAD 值	茎粗/cm
对照（CK）	118.9±4.64[a]	50.3±0.62[a]	2.22±0.13[a]	58.31±0.89[a]	2.65±0.12[a]
营养品质调理剂Ⅰ（含锌）	128.5±2.08[a]	51.2±0.41[a]	2.50±0.07[a]	60.09±0.82[a]	2.98±0.07[a]
营养品质调理剂Ⅱ（含钼）	127.7±2.36[a]	50.2±0.40[a]	2.50±0.07[a]	59.81±1.27[a]	2.88±0.05[a]
营养品质调理剂Ⅲ（含硒）	125.4±1.39[a]	50.9±0.29[a]	2.41±0.05[a]	58.76±0.92[a]	2.82±0.05[a]

成熟期，喷施3种营养品质调理剂的玉米长势较好，穗长明显高于对照处理（图4-1）。由表4-24的结果可以得出，与对照相比，喷施营养品质调理剂Ⅰ、营养品质调理剂Ⅱ、营养品质调理剂Ⅲ均显著增加玉米的产量，分别增加了42.30%、34.43%、38.04%。在产量构成因子中，各处理间的亩穗数相同；喷施营养品质调理剂Ⅰ、营养品质调理剂Ⅱ、营养品质调理剂Ⅲ的玉米百粒重均有所增加，分别增加了8.43%、8.22%、12.39%，其中喷施营养品质调理剂Ⅲ处理的增加效果最为显著；与对照处理的穗粒数相比，喷施营养品质调理剂Ⅰ、营养品质调理剂Ⅱ和营养品质调理剂Ⅲ可以显著增加玉米的穗粒数，分别增加了23.70%、26.58%和31.19%。

(a) 对照　(b) 营养品质调理剂Ⅰ

(c) 营养品质调理剂Ⅱ　(d) 营养品质调理剂Ⅲ

图4-1　锌钼硒叶面肥对玉米外观的影响

表4-24　喷施型营养品质调理剂对玉米产量及其构成因子的影响

处理	产量/(kg/亩)	百粒重/g	穗粒数/粒	亩穗数/穗
对照（CK）	642.46±43.07[a]	33.32±0.98[a]	475.1±20.63[a]	4135[a]
营养品质调理剂Ⅰ（含锌）	914.16±112.8[b]	36.13±0.98[ab]	587.7±25.82[b]	4135[a]

续表

处理	产量/(kg/亩)	百粒重/g	穗粒数/粒	亩穗数/穗
营养品质调理剂Ⅱ（含钼）	863.65±29.04[b]	36.06±0.59[ab]	601.4±26.35[b]	4135[a]
营养品质调理剂Ⅲ（含硒）	886.84±49.32[b]	37.45±1.03[b]	623.3±43.80[b]	4135[a]

相对于对照处理，喷施营养品质调理剂Ⅰ可以显著提高玉米籽粒中的锌含量，增加了30.99%，喷施营养品质调理剂Ⅱ可以显著增加玉米籽粒中的钼含量，增加了213.88%（表4-25）。与对照相比，喷施各营养品质调理剂对玉米籽粒中赖氨酸含量均无显著影响。与对照相比，营养品质调理剂Ⅱ使玉米籽粒色氨酸含量略微增加，增幅为5.77%（表4-26）。

表4-25　喷施型营养品质调理剂对玉米籽粒中锌钼含量的影响

（单位：mg/kg）

处理	锌含量	钼含量
对照（CK）	22.747±1.763[b]	0.209±0.013[b]
营养品质调理剂Ⅰ（含锌）	29.797±2.062[a]	0.169±0.017[b]
营养品质调理剂Ⅱ（含钼）	20.603±1.008[b]	0.656±0.039[a]
营养品质调理剂Ⅲ（含硒）	21.321±1.630[b]	0.157±0.018[b]

表4-26　喷施型营养品质调理剂对玉米籽粒中赖氨酸和色氨酸含量的影响

处理	赖氨酸/(μg/mg)	色氨酸/%
对照（CK）	0.2964±0.030[a]	0.970±0.103[a]
营养品质调理剂Ⅰ（含锌）	0.2331±0.018[a]	0.888±0.075[a]
营养品质调理剂Ⅱ（含钼）	0.3023±0.029[a]	1.026±0.064[a]
营养品质调理剂Ⅲ（含硒）	0.2367±0.007[a]	0.880±0.031[a]

4.4　农产品安全生产的田间管理关键技术

城郊区是围绕大中城市周围的农村演化形成的特殊区域。随着我国城市化进程的加快与城市群的建设，现在的城郊区界定、城郊区功能以及城郊区所特有的旅游观光农业、特色都市农业、循环农业等都被赋予了新的内涵。同时，人们对城郊区农产品高效、优质、特色安全生产的需求也越来越高，并且由原来的蔬菜和瓜果等“菜篮子”生产，发展到“菜篮子”“米袋子”的安全生产。田间病虫害防治是确保农产品安全生产管理的关键技术，必须坚持“预防为主、综合防治”的方针，树立“科学植保、公共植保、绿色植保”的理念，实现城郊区农产品质量提升与食品安全和生态安全的综合目标。本节以东北城郊区为例，简要介绍农产品安全生产的田间管理关键技术。

4.4.1 选用高产优质抗病品种

在城郊区农产品安全生产中，要筛选并利用高产优质抗病品种。研究表明，筛选并利用高产优质抗病品种是提升城郊区农产品质量的经济、安全、有效的措施。为此，课题组在长春国信现代农业科技发展股份有限公司示范基地进行了筛选试验与有机蔬菜认证。目前，基地共有 51 个蔬菜品种通过了有机蔬菜认证。例如，千禧、金妃等圣女果品种，楚龙、富思特等黄瓜品种，美惠子、硕丰 209 等番茄品种，堪特等青椒品种，郑研、捷秀美、韩红、西红丸等萝卜和胡萝卜品种，以及优秀西兰花、美国大速生生菜等。这些蔬菜品种品质好、抗病性较强，值得在城郊区农产品安全生产中推广应用。

在吉林城郊区水稻安全生产中，经过研究与田间评价，主要有白粳 1、吉粳 88、通禾 899、吉粳 803、五优稻 4 号、庆林 998、长白 9、宏科 57、吉农大 809、吉宏 6、通系 932、吉粳 809、长粳 819、吉农大 823、吉洋 100、吉农大 505、吉农大 878、宏科 88、吉粳 302、平安粳稻 8，20 个高产优质抗病水稻新品种可供在生产上合理选用与推广。

4.4.2 种子消毒与苗床土壤处理

在城郊区蔬菜与水稻安全生产过程中，病虫害的发生与危害普遍严重。其中，苗期立枯病、猝倒病、根腐病以及地下害虫等威胁种苗。此外，城郊区农田土壤还存在农药残留与有机污染物污染的问题。因此，为有效控制病虫害的发生与危害，采用温汤浸种办法进行种子消毒，即将蔬菜种子浸入 52 ~ 55℃ 的水中，边浸边搅拌 20min，捞出后用 30℃ 水保温浸种 4 ~ 6h 后可催芽。对于水稻种子，采用 50% 多菌灵 WP500 倍液浸种 24h，然后催芽播种。

对于苗床土壤也要进行消毒，营养土配备要在播种前 10 天准备好，根据不同的育苗方式，可将配制好的营养土装入育苗盘、纸袋、塑料钵或营养土方。选用无病虫源或 5 ~ 6 年轮作且经过 2 年转换期的田土与腐熟农家肥、草炭或砻糠灰等，按 3 : 3 : 1 比例配好拌匀，过筛后使用。要求疏松、保肥、保水、营养完全，孔隙度约 60%。将过筛后的营养土均匀铺在育苗床上，厚度 6 ~ 8cm，或直接装入育苗钵中。一般采用氯化苦或福尔马林进行土壤消毒。如果所配备营养土中具有除草剂等残留污染，可施用高效降解菌剂处理，并按照 1 : 100 的比例混拌，或者用 50% 多菌灵 WP500 倍液进行土壤修复处理，以确保安全无污染。

4.4.3　主要病虫害防治技术

病虫害防治是一个比较复杂的系统工程，在不同区域和季节、对不同的作物，病虫害防治有很大的差异，本节以东北城郊区的蔬菜生产为例，简要介绍城郊区病虫害的系统防治技术。

4.4.3.1　病虫害物理防治技术

作物病虫害的物理防治技术就是利用物理方法或生物学特性来清除、抑制、钝化和杀死有害生物的方法。例如，通过机械力的汰除法、比例汰除法，温度热力法（温汤浸种）、紫外线射线微波处理法，以及利用害虫趋光性、趋化性等的方法。课题组在东北城郊区研究与大面积示范推广了趋光性物理防控技术，对美洲斑潜蝇、温室白粉虱、蚜虫、螨类等小虫类害虫进行物理防控（图 4-2），并利用性诱剂诱杀水稻二化螟（图 4-3），防控效果十分显著，无毒副作用。

图 4-2　温室大棚害虫物理防控技术示范

长春国信现代农业科技发展股份有限公司基地，2015 年

(a) 吉林市昌邑区孤店子镇(2014~2015年)　　(b) 吉林市昌邑区孤店子镇(2016~2017年)

图 4-3　性诱剂诱杀水稻二化螟示范基地

频振式太阳能杀虫灯为典型的趋光性物理防控技术，目前市场上多见的为河南佳多科工贸有限责任公司生产的 PS-15VI-4 型频振式太阳能杀虫灯。研究表明，该杀虫灯对保护地蔬菜害虫、水稻二化螟的诱杀效果较好。根据课题要求，在吉林市昌邑区孤店子镇试验区的稻田中布局安装频振式太阳能杀虫灯（图 4-4），每个试验点安置 6 盏，南北纵向布局 3 盏，东西各一排，两灯间隔大于 240m，总体呈棋盘式布局，使两灯之间互不干扰。频振式太阳能杀虫灯安装高度为 1.3 ~ 1.5m。开灯时间为 20：00 至次日 7：00。试验点确定 3 盏灯进行每日统计诱虫量，其他 3 盏灯每日清理诱集到的害虫。观测结果表明，该杀虫灯诱虫效果良好，而且对一些害虫发生动态也可起到监测作用。

图 4-4　水稻生产基地频振式太阳能杀虫灯示范基地
吉林市昌邑区孤店子镇（2016 ~ 2017 年）

4.4.3.2　病虫害生物防治技术

城郊区病虫害的生物防治技术就是利用有益生物及其代谢产物来调节作物

生长、提高作物的抗病性与抗虫性并抑制有害生物生存数量与活动能力，从而控制病虫害的发生与发展的措施。目前，生产上主要是利用动物、植物和微生物源的生物活体农药、生物活性物质，以及人工合成的与天然产物结构完全相同的化合物。该类物质对有害生物具有拮菌作用、溶菌作用、重寄生作用、竞争作用、交互保护与诱导抗性作用。生物防治技术具有许多优点，特别是对环境安全、对维持生态平衡和种群稳定具有长效性。课题组在城郊区蔬菜保护地筛选并大面积推广了2%武夷霉素（阿司霉素、福提霉素、阿司米星）水剂、10%多氧霉素可湿性粉剂、2%多抗霉素可湿性粉剂、木霉菌剂等防控灰霉病、霜霉病、疫霉病等；采用农用链霉素、新植霉素等防控黄瓜细菌性角斑病等细菌病害；示范推广了阿维菌素、鱼藤酮、苦参碱等制剂防治斑潜蝇、螨类等害虫；示范推广了利用10%井冈芽孢菌悬浮剂100mL/亩防控稻瘟病、纹枯病、稻曲病等水稻病害。实践证明，上述生物防治药剂值得示范与推广。

此外，课题组开展了利用赤眼蜂防治水稻二化螟的试验，防控效果比较显著。具体方法是在水稻二化螟成虫发生高峰期，释放松毛虫赤眼蜂与稻螟赤眼蜂。一般采用松毛虫赤眼蜂8000头/亩+稻螟赤眼蜂2000头/亩的防控效果较好。研究表明，稻螟赤眼蜂寄生效果较好，松毛虫赤眼蜂对水稻二化螟次之。采用松毛虫赤眼蜂8000头/亩+稻螟赤眼蜂2000头/亩，放蜂2～3次对水稻二化螟的防治效果最好，可达84.52%。通过示范与推广该技术，可大幅度降低化学农药用量，有效减少田间污染，保护生态系统平衡，生产出绿色稻米。

4.4.3.3　保护地蔬菜病虫害生态防治技术

研究表明，在东北城郊区保护地蔬菜生产过程中，通过调控保护地温度、湿度、光照等生态因子来防控病虫害的发生与危害的措施是非常有效的（图4-5）。在东北城郊区保护地蔬菜生产过程中，通过物联网系统来调节棚室温度与湿度，实行变温管理、防止植被结露，创造一个不利于病虫害发生的环境条件。具体操作方法如下：早春栽培黄瓜与番茄，前期上午温度升到30～32℃开始放风，下午降到20～25℃闭风，使白天温度控制在20～32℃，夜间温度控制在10～15℃。5月后，随着外温升高，加大通风量。若夜间最低外温在10℃以上，开始放夜风，日落后放风1h，以后外温每升高1℃再增加夜间通风1h。当最低夜温在15℃以上时，整夜通风，即达到变温指标为上午30～32℃，下午20～25℃，前半夜14～15℃，后半夜12～13℃；棚室番茄变温管理指标为上午25～30℃，下午20～25℃，前半夜13～15℃，后半夜8～10℃。湿度管理要实行地膜覆盖与微管滴灌，要晴天上午浇水，灌后再通风，以降低相对湿度，从而达到生态调控的目的。

图4-5　长春国信现代农业科技发展公司示范基地的水肥一体化与监测系统

4.4.3.4　主要病虫害药剂防治技术试验实例研究

在城郊区农产品安全生产过程中，当有害生物大流行时，应科学合理地选用高效、环境友好型药剂，并且严格按照国家《绿色食品 农药使用准则》（NY/T 393—2020）安全使用，以确保城郊区农产品高产、高效与安全。有害生物的药剂防治技术是指利用化学药剂抑制、杀死或钝化有害生物及其有毒代谢产物的方法。一般可采用种苗处理、土壤处理与植株处理等方法。但是，要注意合理用药（选用药剂、混用药剂、轮换用药）、适时施药（施药适期、喷药时间、安全间隔期）、适量用药（减少用药量、降低用药浓度与施用次数）。吉林大学以吉林市昌邑区为例，对黄瓜霜霉病与疫病进行了比较系统的应急药剂防控研究，现将研究结果简要介绍如下。

黄瓜霜霉病是由古巴假霜霉菌引起的一种具有毁灭性的严重真菌病害，该病主要靠气流传播，潜伏期短，发病迅猛，受害严重。此外，番茄疫霉病和辣椒疫霉病也是一类十分严重的保护地真菌病害。筛选和应用针对这些病虫害的高效、环保的杀菌剂是防控这些病害的关键措施。

（1）不同杀菌剂对黄瓜霜霉病的毒力测定结果

11 种杀菌剂对黄瓜霜霉病室内毒力测定结果如表 4-27 所示，双炔酰菌胺、嘧菌酯、多抗霉素的 EC_{50} 值分别为 0.63mg/kg、0.73mg/kg、0.86mg/kg，都低于 1mg/kg，具有明显的抑菌效果，其中新型杀菌剂双炔酰菌胺和嘧菌酯的抑菌效果最为明显，作为下一步混配药剂的理论依据。

表 4-27　11 种杀菌剂对黄瓜霜霉病室内毒力测定结果

供试药剂	回归方程（y）	EC_{50}值/（mg/kg）	相关系数（r）
双炔酰菌胺	y=5.1785+0.5526x	0.63	0.9773
多抗霉素	y=6.3116+0.5031x	0.86	0.9189
醚菌酯	y=4.4529+0.7983x	6.04	0.9382
啶酰菌胺	y=4.9647+0.5441x	1.54	0.9629
氟吗啉	y=3.5171+1.5541x	10.54	0.9921
乙蒜素	y=4.3436+0.6928x	11.25	0.9765
四霉素	y=4.1518+1.2145x	5.95	0.9373
啶氧菌酯	y=4.0703+1.5019x	4.88	0.9557
氟啶胺	y=4.5911+0.6859x	5.02	0.9789
丙森锌	y=4.1407+0.960x	9.57	0.9750
嘧菌酯	y=5.2010+0.8953x	0.73	0.9910

注：EC_{50}表示半最大效应浓度，为药物安全性指标，是指引起 50% 个体有效的药物浓度。该值越低表示产生相同的毒力效果需用的药量越小，药效越好；下同

（2）双炔酰菌胺和嘧菌酯复配联合作用效果

双炔酰菌胺和嘧菌酯室内单用和联合作用毒力试验结果如表 4-28 所示。双炔酰菌胺和嘧菌酯单用和联合作用的抑菌效果均较好，双炔酰菌胺和嘧菌酯联合作用时，所有质量比条件下增效系数均表现为 $R>1.5$，表明二者联合作用的抑菌效果显著高于单用。但是综合比较而言，双炔酰菌胺和嘧菌酯两药剂的质量比为 3∶1 时，联合作用的增效系数为最高（$R=2.84$），且 EC_{50}为最低（0.23mg/L），因此质量比为 3∶1 时的毒力效果为最佳，杀菌作用最强。

表 4-28　双炔酰菌胺和嘧菌酯室内毒力联合作用结果

处理	质量配比	回归方程（y）	EC_{50}值/（mg/L）	相关系数（r）	增效系数（R）
双炔酰菌胺：嘧菌酯	1∶5	y=5.5484+0.8263x	0.27	0.9608	2.39
	3∶1	y=5.7798+1.0982x	0.23	0.9525	2.84
	1∶1	y=5.6448+0.9151x	0.24	0.9317	2.81
	1∶3	y=5.4132+0.6851x	0.31	0.9495	2.26
	1∶5	y=5.2889+0.5833x	0.42	0.9402	1.69
嘧菌酯		y=5.1785+0.5526x	0.73	0.9910	
双炔酰菌胺		y=5.1785+0.5526x	0.63	0.9773	

注：$R>1.5$ 表明二者具有增效作用；$0.5<R\leq1.5$ 表明二者具有相加作用；$R\leq0.5$ 表明二者具有拮抗作用。下同

（3）双炔酰菌胺和多抗霉素复配联合作用效果

试验表明，双炔酰菌胺和多抗霉素的质量比为5：1时，增效作用显著，增效系数 $R>1.5$，具有明显的增效作用；当质量比为3：1和1：1时，与单用具有基本相当的作用，而当质量比为1：3、1：5时，增效系数 $R<0.5$，表明二者具有拮抗作用（表4-29）。因此，当双炔酰菌胺和多抗霉素质量比为5：1时，抑菌效果最强，为建议的最佳混配比例。

表4-29　双炔酰菌胺和多抗霉素复配的联合作用试验结果

处理	质量配比	回归方程（y）	EC_{50}值/(mg/L)	相关系数（r）	增效系数（R）
双炔酰菌胺：多抗霉素	5：1	$y=5.5522+0.8470x$	0.28	0.8965	2.30
	3：1	$y=5.2987+0.7704x$	0.51	0.9612	1.32
	1：1	$y=5.2297+0.7984x$	0.64	0.9130	1.14
	1：3	$y=4.9356+0.5682x$	1.78	0.9543	0.44
	1：5	$y=4.8116+0.6044x$	2.66	0.9178	0.3
双炔酰菌胺	单用	$y=5.1785+0.5526x$	0.63	0.9773	
多抗霉素	单用	$y=6.3116+0.5031x$	0.86	0.9189	

（4）嘧菌酯和多抗霉素复配联合作用效果

嘧菌酯和多抗霉素复配的联合作用结果如表4-30所示，当嘧菌酯和多抗霉素的质量比为5：1、3：1时，增效系数 R 分别为2.77、2.00，二者具有明显的增效作用，质量比为1：1、1：3、1：5时，二者具有相加作用。其中，质量比为5：1时，抑菌效果最为明显。

表4-30　嘧菌酯和多抗霉素复配的联合作用试验结果

处理	质量配比	回归方程（y）	EC_{50}值/(mg/L)	回归系数（r）	增效系数（R）
嘧菌酯：多抗霉素	5：1	$y=5.5070+0.7576x$	0.27	0.9042	2.77
	3：1	$y=5.3540+0.6721x$	0.38	0.9220	2.00
	1：1	$y=5.2184+0.6154x$	0.58	0.9389	1.36
	1：3	$y=5.0767+0.6312x$	0.97	0.9154	0.85
	1：5	$y=4.9458+0.6736x$	1.54	0.9281	0.54
嘧菌酯		$y=5.1785+0.5526x$	0.73	0.9910	
多抗霉素		$y=6.3116+0.5031x$	0.86	0.9189	

（5）36%双炔酰菌胺与多抗霉素的田间药效试验结果

36%双炔酰菌胺（30%）与多抗霉素（6%）（SC①）和单剂防治黄瓜霜霉病的田间药效如表 4-31 所示。表 4-31 中数据显示，36%双炔酰菌胺（30%）与多抗霉素（6%）（SC）在 625g · ai/hm^{2}施用下，药效明显强于对照组 93%双炔酰菌胺、34%多抗霉素。

表 4-31　36%双炔酰菌胺（30%）与多抗霉素（6%）（SC）和单剂防治黄瓜霜霉病的田间药效试验结果

药剂名称	施药剂量/(g · ai/hm^2)	病情指数/%	防治效果/%	差异显著性	
				5%	1%
36%双炔酰菌胺（30%） · 多抗霉素（6%）（SC）	521	3. 09	82. 48	a	A
	625	1. 78	90. 27	ab	AB
	729	2. 48	85. 45	bc	B
93%双炔酰菌胺	625	3. 57	82. 03	c	B
34%多抗霉素	625	6. 49	62. 37	d	C
对照	清水	17. 11			

注：ai 表示药物的有效成分

综上，双炔酰菌胺、嘧菌酯、多抗霉素 3 种药剂杀菌作用最强。根据杀菌剂作用机制互补，增加杀菌剂抑菌作用的原理，分别对双炔酰菌胺和多抗霉素、双炔酰菌胺和嘧菌酯、嘧菌酯和多抗霉素进行混配。结果显示，当双炔酰菌胺和嘧菌酯的质量比为 3∶1 时，增效系数最大，杀菌作用最好，其余混配质量比均表现为相加或拮抗作用。黄瓜霜霉病田间药效试验研究结果显示，36%双炔酰菌胺（30%）与多抗霉素（6%）（SC）使用量在 625g · ai/hm^{2}时，防治效果高达 90. 27%。本试验将作用机制不同的化学杀菌剂和生物抗生素进行混配，既能有效防治黄瓜霜霉病，又能减少化学药剂的使用量及降低对环境污染程度，值得大面积推广应用。

主要参考文献

程丽红，丁攀，张敏 . 2018. 河南省农田土壤有机氯农药残留污染特征 . 江苏农业科学，46（14）：247-252.

郝小雨，高伟，王玉军，等 . 2012. 有机无机肥料配合施用对设施番茄产量、品质及土壤硝态氮淋失的影响 . 农业环境科学学报，31（3）：538-547.

① SC 表示悬浮剂。

李晓兰 . 2018. DMPP 及甲壳素对城郊蔬菜硝酸盐和 Cd 含量的影响 . 武汉：华中农业大学 .
罗梅，柏宏成，陈亭悦，等 . 2020. 腐殖酸对土壤铅镉吸附、赋存形态及生物可给性的影响 . 中国环境科学，40（3）：1191-1202.
谭骏，潘丽萍，黄雁飞，等 . 2020. 叶面阻隔联合土壤钝化对水稻镉吸收转运的影响 . 农业资源与环境学报，37（6）：981-987.
吴金水，等 . 2010. 城郊环境保育农业理论与实践 . 北京：科学出版社 .
吴金水，李勇，李裕元，等 . 2018. 亚热带区域农业面源污染流域源头防控机理与技术示范 . 农业现代化研究，39（6）：1009-1019.
杨林章，施卫明，薛利红，等 . 2013. 农村面源污染治理的“4R”理论与工程实践——总体思路与“4R”治理技术 . 农业环境科学学报，32（1）：1-8.
杨林章，周小平，王建国，等 . 2005. 用于农田非点源污染控制的生态拦截型沟渠系统及其效果 . 生态学杂志，24（11）：1371-1374.
邹小阳，牛文全，刘晶晶，等 . 2017. 残膜对土壤和作物的潜在风险研究进展 . 灌溉排水学报，36（7）：47-54.
朱兆良，孙波，杨林章，等 . 2005. 我国农业面源污染的控制政策和措施 . 科技导报，23（4）：47-51.
DalCorso G，Fasani E，Manra A，et al. 2019. Heavy metal pollutions：state of the art and innovation in phytoremediation：14. International Journal of Molecular Sciences，20（14）：3412.
Dapkekar A，Deshpande P，Oak M D，et al. 2018. Zinc use efficiency is enhanced in wheat through nanofertilization. Scientific Reports，8：6832.
Hernandez R B，Moteshareie H，Burnside D，et al. 2019. Manganese-induced cellular disturbance in the baker's yeast，Saccharomyces cerevisiae with putative implications in neuronal dysfunction. Scientific Reports，9：6563.
Hibshman J D，Doan A E，Moore B T，et al. 2017. Daf-16/FoxO promotes gluconeogenesis and trehalose synthesis during starvation to support survival. eLife，6：e30057.
Islam J，Phukan S，Chattopadhyay P. 2019. Development of a validated RP-HPLC/DAD method for the quantitative determination of methyl jasmonate in an insect repellent semi-solid formulation. Heliyon，5（5）：1-8.
Liu R，Xu F，Zhang P，et al. 2016. Identifying non-point source critical source areas based on multi-factors at a basin scale with SWAT. Journal of Hydrology，533：379.
Logozzi M，Mizzoni D，Di Raimo R，et al. 2020. In vivo antiaging effects of alkaline water supplementation. Journal of Enzyme Inhibition and Medicinal Chemistry，35（1）：657-664.
Loix C，Huybrechts M，Vangronsveld J，et al. 2017. Reciprocal interactions between cadmium-induced cell wall responses and oxidative stress in plants. Frontiers in Plant Science，8：1867.
Piri M，Sepehr E，Samadi A，et al. 2021. Contaminated soil amendment by diatomite：chemical fractions of zinc，lead，copper and cadmium. International Journal of Environmental Science and Technology，18：1191-1200.
Sheoran V，Sheoran A S，Poonia P. 2010. Role of hyperaccumulators in phytoextraction of metals from

contaminated mining sites: A review. Critical Reviews in Environmental Science and Technology, 41 (2): 168-214.

Wu S, Xia X, Yang L, et al. 2011. Distribution, source and risk assessment of polychlorinated biphenyls (PCBs) in urban soils of Beijing, China. Chemosphere, 82 (5): 732-738.

Wuana R A, Okieimen F E. 2011. Heavy metals in contaminated soils: a review of sources. chemistry, risks and best available strategies for remediation. Isrn Ecology: ID 402647.

Zhou G F, Zhang L P, Li B X, et al. 2019. Genome-wide identification of long non-coding RNA in trifoliate orange (*Poncirus trifoliata* (L.) Raf) leaves in response to boron deficiency. International Journal of Molecular Sciences, 17 (1): 666.

第 5 章　城郊区农产品安全生产优化管理技术体系

农产品安全生产优化管理技术体系的构建具有很强的综合性，在不同区域针对气候特点、作物种类、种植制度以及存在的主要问题，可利用先进的农产品安全生产与污染控制技术，构建出具有不同特色的技术模式与技术体系，从而在保障农产品质量的前提下实现经济效益的有效提升。本章主要以有机污染物与农药残留污染控制和蔬菜硝酸盐控制为例，介绍城郊区农产品安全生产优化管理技术体系的构建。

5.1　有机污染物与农药残留污染控制技术体系

5.1.1　有机污染物与农药残留污染控制技术体系组成

5.1.1.1　农田土壤中有机污染物与农药残留污染生物修复技术

(1) 农田土壤中有机污染物生物修复技术

城郊区农田土壤往往因为长期施用农药而产生大量的有机污染物与农药残留，以北京大兴某试验基地为例，检出的各类农药残留有 13 种之多（表 5-1），因此从源头控制而言，运用生物修复技术，可以在一定程度上强化土壤有机污染物与农药残留的分解，从而降低其向农产品的转移。针对城郊区农田土壤中 PCBs 和对硝基苯酚等有机污染物污染问题，王岩（2015）分离鉴定了高效降解菌株并提出了微生物修复技术。该项技术主要是利用鞘氨醇单胞菌和蒙氏假单孢杆菌生物菌种，经过培养、扩繁和发酵之后，取等量的菌料（蒙氏假单孢杆菌和鞘氨醇单胞菌）与载体（0.5g 高岭土、0.25g 凹凸棒土、0.25g 腐殖酸）按 1∶1 比例混合，制成生物菌剂，产品的活菌数达到 4×10^{8} CFU/mL 以上。

生物菌剂应用比较简便，生产上主要可在播种期前期、播种期、定苗后或作物生长季结束后施用，施用方法多样，可以穴施、撒施或与土壤混合。使用的剂量根据施用的方法而有所不同，一般按生物菌剂与土壤的质量比 0.1% ~0.5%（w/w）混拌，穴施用量为每穴 2 ~3 粒，每个生长季施用 1 ~2 次。该生物菌剂对 PCBs 降解效果可达 70% 以上。

表 5-1　北京大兴某试验基地试验地土壤中初始残留农药品种

序号	样品英文名称	中文名称	分类
1	amicarbazone	氨唑草酮	除草剂
2	azoxystrobin	嘧菌酯	杀菌剂
3	boscalid	啶酰菌胺	杀菌剂
4	chlorantraniliprole	氯虫苯甲酰胺	杀虫剂
5	chlorpyrifos（dursban）	毒死蜱	杀虫剂
6	DEET	避蚊胺	杀虫剂
7	difenoconazole	苯醚甲环唑	杀菌剂
8	dioxacarb	二氧威	杀虫剂
9	imidacloprid	吡虫啉	杀虫剂
10	ketoprofen	酪洛芬	抗生素
11	prednisolone 21-acetate	醋酸泼尼松龙	抗生素
12	pyriproxifen	吡丙醚	杀虫剂
13	triphenyl phosphate	磷酸三苯酯（TPP，杀虫剂的增效剂）	杀虫剂

（2）农田土壤中农药残留污染生物修复技术

针对莠去津、烟嘧磺隆、嗪草酮等城郊区农药残留污染与二次要害问题，吉林农业大学张浩研究团队（Zhang et al.，2010，2012，2014）分离得到了 4 种高效降解细菌，即克雷伯氏菌、沙雷氏菌、芽孢杆菌和脱色希瓦菌属。高效降解菌株经过菌种扩繁、发酵后，与填料直接混合加工成高效降解菌剂。每克活菌数达到 4×10^9 CFU/mL 以上。该高效降解菌剂主要用在效益较高的城郊区蔬菜、瓜果、食用菌生产中，主要用于苗床土处理与修复，也可在种苗定植、平菇与黑木耳生产中应用，该高效降解菌剂对靶标农药残留污染平均降解效果达到 80% 以上，所生产的农产品均达到绿色食品标准。

5.1.1.2　品种筛选与种子处理技术

（1）选用高产优质抗病品种

在城郊区农产品安全生产中，要筛选并利用高产优质抗病品种，抵抗病虫害的发生与危害，从根源上减少农药使用带来的污染，同时降低生产成本。例如，目前长春国信现代农业科技发展股份有限公司示范基地共有 51 个优质抗病蔬菜品种通过了有机蔬菜认证，主要有千禧、金妃等圣女果品种，楚龙、富思特等黄瓜品种，美惠子、硕丰 209 等番茄品种，堪特等青椒品种，郑研、捷秀美、韩红、西红丸等萝卜和胡萝卜品种，以及优秀西兰花、美国大速生生菜等。这些蔬菜品种品质好、抗病性较强，值得在城郊区农产品安全生产中推广应用。同时，在吉林市城郊区水稻安全生产中，大力示范推广了白粳 1、吉粳 88 通禾 899、吉粳 803、五优稻 4 号、庆林 998、长白 9、宏科 57、吉农大 809、吉宏 6、通系 932、吉粳 809、长粳 819、吉农大 823、吉洋 100、吉农大 505、吉农大 878、宏科 88、吉粳 302、平安粳稻 8，这 20 个水稻品种生产出的稻米可达到优质标准。

（2）种子消毒与苗床土壤处理

为防控蔬菜与水稻安全生产过程中苗期立枯病、猝倒病和根腐病等病虫害，生产上示范推广温汤浸种法进行种子消毒，具体方法为：将蔬菜种子浸入52～55℃的水中，边浸边搅拌 20min，捞出后用 30℃水保温浸种 4～6h 后可催芽。对于水稻种子采用咪鲜胺或精甲·噁霉灵浸种 24h，然后催芽播种。此外，采用甲霜·噁霉灵或噁霉灵等对苗床土壤进行消毒。同时，要加强苗期肥水管理，以及设施的职能控制，通风透光，及时炼苗，有效培育出健苗、壮苗。

5.1.1.3 病虫害防治技术

（1）主要病虫害物理防治技术

利用害虫自身的趋光性和趋化性，对美洲斑潜蝇、温室白粉虱、蚜虫、螨类等小虫类采用黏虫板诱杀技术，对于水稻二化螟可以应用性诱剂诱杀技术，此外，多种型号的频振式太阳能杀虫灯在各地病虫害物理防治中也值得大面积推广应用，这些技术不仅无毒副作用，害虫防控效果也十分显著。

（2）主要病虫害生物防治技术

示范推广生物防治技术，利用生物药剂代替化学农药，是降低城郊区农药用量、提升农产品品质的有效方法。目前，在保护地蔬菜生产中，常用的生物防治技术主要包括：①灰霉病、霜霉病、疫霉病的防控，一般可以采用2%武夷霉素水剂、10%多氧霉素可湿性粉剂、2%多抗霉素可湿性粉剂、木霉菌剂等；②细菌性病害的防控，一般采用农用链霉素、新植霉素等可防控黄瓜细菌性角斑病等；③斑潜蝇、螨类等害虫的防治，一般可采用阿维菌素、鱼藤酮、苦参碱等制剂防治。此外，对于水稻病虫害，可采用 10%井冈芽孢菌悬浮剂 100mL/亩防控稻瘟病、纹枯病、稻曲病，赤眼蜂可以代替化学农药防治水稻二化螟，治理效果很好。

(3) 有害生物应急防控技术

在农产品安全生产过程中，当有害生物大流行时，采用应急防控技术是必不可少的，合理选用高效、环境友好型药剂，并且要严格按照《农药合理使用准则(7)》(GB/T 8321.7—2002) 与《绿色食品 农药使用准则》(NY/T 393—2020) 的要求规范使用，既要确保城郊区农产品的高产、高效与安全，也要适当控制农药用量，以减少农药残留可能带来的污染问题。研究表明，通过合理掌握施药时间、施药次数与农药安全间隔期等关键环节，农药用量一般可减少 30% 以上。

5.1.1.4　农田安全生产肥水管理技术

农田肥水管理是确保农产品产量和品质安全生产的关键环节之一。尤其在保护地栽培中，应用棚室水肥一体化装置并结合温湿度传感器等系统，控制棚内温度、湿度、光照，能够非常有效地减轻高湿病害的发生与危害。

5.1.2　有机污染物与农药残留污染控制技术体系构建

主要针对城郊区农田土壤有机污染物与农药超标突出的问题，按照“土壤污染修复、品种筛选与种子处理、病虫害防治以及水肥管理”的全程防控思路，构建有机污染物与农药残留污染控制技术体系，其基本框架如图 5-1 所示。

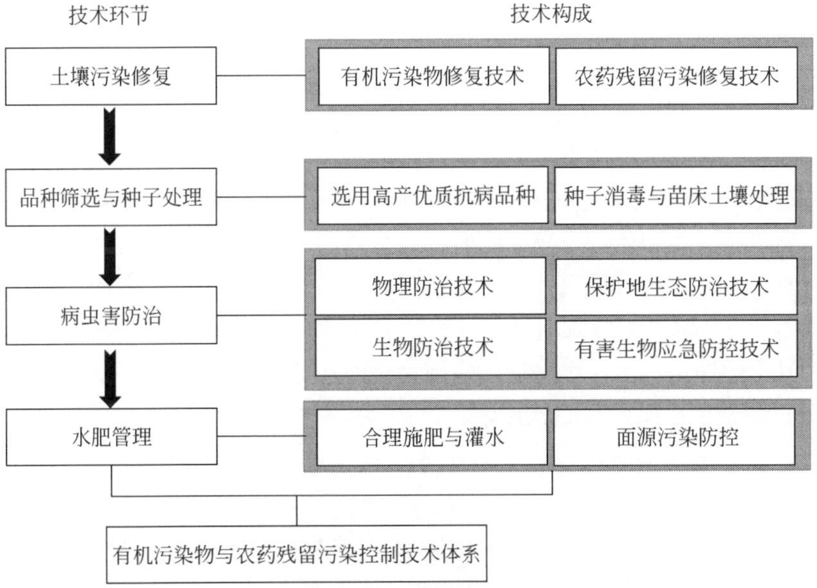

图 5-1　城郊区农田有机污染物与农药残留污染控制技术体系构建

该技术体系的核心是组装和集成有机污染物与农药残留污染的源头控制技术、土壤修复技术以及农艺管理技术等多方面的技术，实现城郊区农产品的安全生产和品质提升，为建立城郊区环保型农业、提高我国城郊区农产品健康质量、保障人体健康提供技术和理论支撑。

5.2 硝酸盐污染物控制技术体系

5.2.1 蔬菜硝酸盐控制技术体系组成

城郊区是我国重要的蔬菜生产基地，但城郊区蔬菜尤其是叶菜类和根菜类普遍存在硝酸盐过量积累的现象，对人体健康产生一定的风险（李涛等，2004）。因此，研发控制城郊区蔬菜硝酸盐过量积累的技术、构建蔬菜硝酸盐污染控制技术体系，对保障城市生态环境安全和食品安全具有重要意义。蔬菜硝酸盐污染控制技术体系可按照“从农田到餐桌”的全程控制思路，从产前、产中和产后关键环节入手，实现对蔬菜产品中硝酸盐的定量化逐级控制。

5.2.1.1 蔬菜硝酸盐污染源头控制技术

（1）菜地硝酸盐污染特征及安全生产评价技术

城郊区农田土壤的硝态氮含量普遍高于一般农田土壤，且在设施栽培土壤表层中的积聚现象尤为明显。硝态氮在设施栽培土体内的积聚最终会产生环境负效应（周建斌等，2004）。首先，表聚的硝态氮通过植物根系吸收进入蔬菜可食部位有可能导致可食部位硝态氮的积累量超出安全标准；其次，硝态氮的表聚易引起土壤次生盐渍化；最后，菜地土壤尤其是设施菜地土壤深层积聚的硝态氮极易进入地下水系，威胁生态安全。因此，有必要在对菜地土壤硝酸盐污染特征进行全面调查的基础上进行风险评价。胡学玉等（2011）根据人体对于硝酸盐的每日允许摄入量（ADI）采用健康风险评价模型对土壤-蔬菜系统的硝酸盐安全阈值进行推算，明确了武汉设施菜地土壤硝态氮的安全阈值为114mg/kg。

（2）菜地土壤硝酸盐削减技术

氮素在土壤中的转化过程复杂，要降低土壤中硝酸盐含量，必须从源头上控制氮的输入，大幅度削减城郊区菜地土壤的化肥施用量。土壤硝酸盐削减技术通常包括测土配方技术、精准施肥技术、作物种植模式优化配置技术等，根据土壤硝态氮污染程度，指定差异化的土壤硝酸盐削减技术方案，以达到减肥增效的目的。

(3) 蔬菜硝酸盐低积累品种筛选与配置技术

利用作物对硝酸盐的吸收累积存在基因型差异的原理，筛选和培育硝酸盐弱吸收、低累积蔬菜品种，从源头上减少进入作物体内的污染物，对从源头上控制蔬菜产品的硝酸盐含量具有重要意义。不同作物的硝酸盐累积特征不同，因此不同种类蔬菜的硝酸盐含量差异较大，硝酸盐含量较低的如黄瓜、番茄、大蒜等只有几十 mg/kg，含量较高的如小白菜、大白菜等可达几千 mg/kg，其高低排列顺序基本为：嫩茎、叶菜类>根茎类>葱蒜类>瓜类>鲜豆类>花菜类>茄果类（刘杏认等，2003；Corre and Breimer，1979；陈利梅等，2009；吴金水等，2010）；叶菜类蔬菜尤其是青菜等绿叶菜属于硝酸盐高积累型蔬菜，而大部分茄果类蔬菜则常为硝酸盐低积累型蔬菜。不同蔬菜品种间硝酸盐积累也存在明显差异（沈明珠等，1982）。利用蔬菜作物吸收积累硝酸盐的品种间差异，筛选弱吸收、低累积硝酸盐的蔬菜品种，既可以从品种资源源头上减少进入作物体内的污染物量，也可以缓解城郊区脆弱土壤生态环境下农产品生产对硝酸盐农艺削减与阻控措施的依赖，是突破城郊区农产品硝酸盐控制技术瓶颈的关键性步骤。另外，通过蔬菜硝酸盐高低积累品种的搭配、深根系与浅根系作物间作套种等种植模式优化技术也可以从源头上减少菜地土壤中硝酸盐含量。

5.2.1.2　蔬菜硝酸盐污染农艺控制技术

蔬菜硝酸盐污染农艺控制技术主要指从蔬菜育苗定植到成熟收获期可通过施肥、灌溉、光温调控等措施来降低蔬菜产品中硝酸盐含量的所有技术手段。从施肥措施来看，在保证产量和品质不降低的条件下，通过监测植株生理状态精确控制追肥时间、追肥量、追肥形态等，可以显著降低蔬菜产品的硝酸盐含量，目前已研发的基于 SPAD 值的蔬菜硝酸盐含量精确控制技术、蔬菜硝酸盐根际阻控技术、基于生物活性物质的营养调理技术等均可大幅降低蔬菜硝酸盐含量。另外，由于硝酸盐含量受光照、温度、二氧化碳浓度等因素影响较大，采取调节光照、温度及二氧化碳浓度等农艺措施可以控制蔬菜产品中的硝酸盐含量。

5.2.1.3　蔬菜硝酸盐污染采储控制技术

农产品采收技术包括采收时间、采收方式和采收前后的药剂处理等。采收时间主要取决于产品器官的成熟度，同时与作物品种、储运要求、市场远近和采后用途等有关。从降低蔬菜硝酸盐的角度考虑，采收蔬菜在下午日落前进行较好，但不宜在清晨采收，特别是叶菜类蔬菜。这是因为白天光照强，作物的光合作用强度大，硝酸还原酶的活性也高，此时蔬菜硝酸盐浓度较低，而清晨蔬菜的硝酸盐含量一般较高。此外，收获时间越早，蔬菜的硝酸盐含量越高，适当晚收可降低其硝酸盐含量（Amr and Hadidi，2001）。李群等（2005）的研究表明，为降低采收部位的硝酸盐含量，蔬菜应该在追肥至少 15 天后才可采收上市。

农产品采收后经过田间预处理就进入储藏阶段，该阶段可通过调节温度、湿度、环境气体及光照来降低蔬菜产品中的硝酸盐含量。采收时间对蔬菜硝酸盐含量有一定的影响。不同收获季节叶菜类蔬菜硝酸盐含量的大小顺序是：冬季>春季>秋季>夏季，冬季、夏季蔬菜硝酸盐含量可相差 5 倍左右（Vieira et al.，1998；黄建国和袁玲，1996）。因此，可以通过选择蔬菜（尤其是硝酸盐富集基因型）的种植和采收时间来控制其硝酸盐含量。温度条件对叶菜类和根茎类蔬菜的硝酸盐含量的影响明显。黄敏等（2011）将小白菜放在 20～25℃、10～15℃和 0～5℃三种温度条件下储藏，结果发现在 4 天储放时间内，小白菜硝酸盐含量在 20～25℃条件下由初始值 3138 mg/kg 持续增加至 6664mg/kg，而在 10～15℃和 0～5℃条件下则分别在 2726～4069mg/kg 和 2350～3387mg/kg 的范围内波动，说明较低的储藏温度是保持蔬菜产品硝酸盐含量比较稳定的措施之一。适当提高储藏环境中 CO_2浓度和降低 O_2浓度，可以有效降低蔬菜的呼吸强度，抑制乙烯的产生和乙烯的催熟致衰作用，从而延缓蔬菜的后熟与衰老过程。谭帼馨等（2003）比较研究了五类不同蔬菜在自然通风和自然密封的储藏条件下亚硝酸盐含量随时间的变化关系，结果表明与不密封储存时相比，茄果类、根茎类、豆芽类和白菜类蔬菜亚硝酸盐含量在密封下储存时增加较小，而绿叶菜中亚硝酸盐则有显著增加。

5.2.2 城郊区蔬菜硝酸盐控制技术体系构建

针对城郊区蔬菜硝酸盐含量尤其是叶菜类蔬菜硝酸盐含量超标问题，按照“从农田到餐桌”的全程控制的思路，参照危害分析与关键控制点（hazard analysis and critical control point，HACCP）评价管理体系的技术原理，构建城郊区蔬菜产品硝酸盐污染全程控制技术体系，其基本框架如图 5-2 所示。

该技术体系的核心是组装和集成蔬菜硝酸盐污染源头控制技术、农艺控制技术和采储控制技术，按照蔬菜生产 HACCP 评价管理体系的要求，形成一套能有效控制硝酸盐含量超标的蔬菜产品硝酸盐污染全程控制技术体系，为建立城郊区环保型农业、提高我国城郊区农产品健康质量、保障人体健康提供技术和理论支撑（Du et al.，2007；吴金水等，2010）。

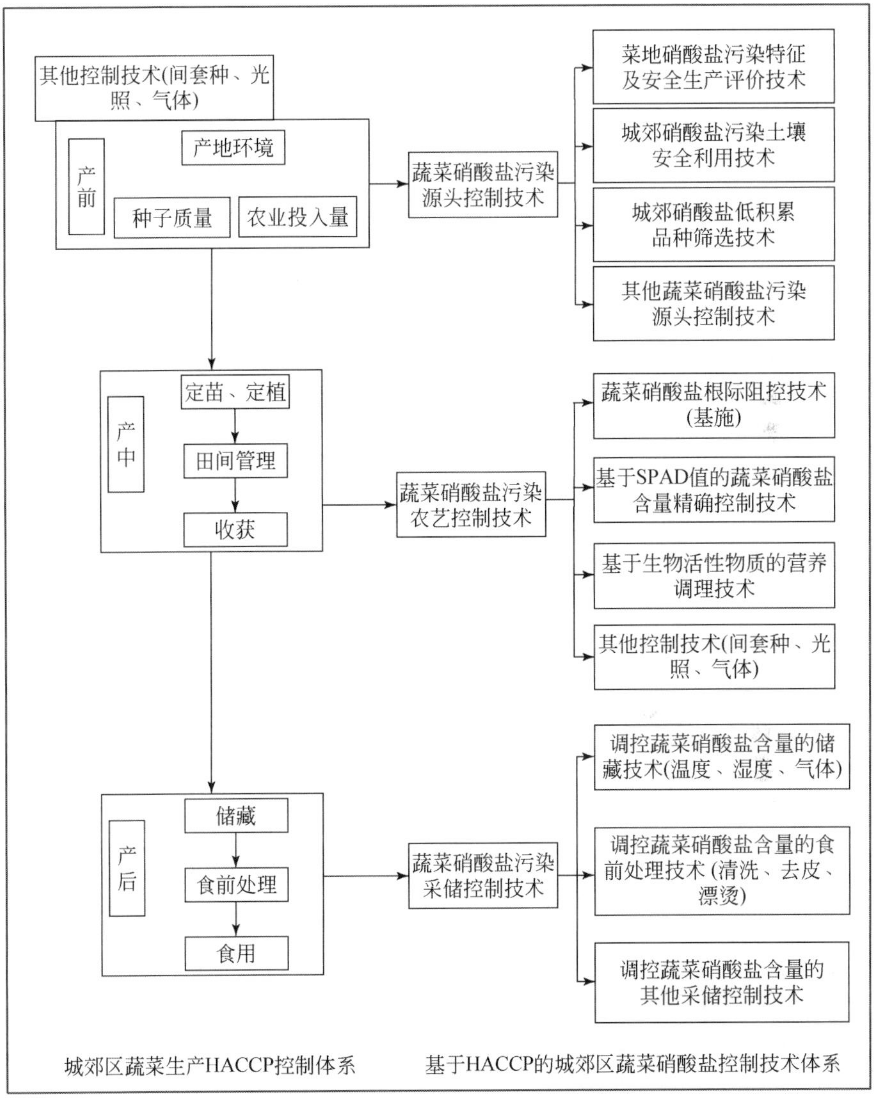

图 5-2　城郊区蔬菜产品硝酸盐污染全程控制技术体系

资料来源：吴金水等（2010）

主要参考文献

陈利梅，李德茂，曾庆华，等 . 2009. 不同条件下蔬菜中亚硝酸盐含量的变化 . 食品与机械，25（3）：103-105.

程丽红，丁攀，张敏 . 2018. 河南省农田土壤有机氯农药残留污染特征 . 江苏农业科学，46（14）：247-252.

高军 . 2005. 长江三角洲典型污染农田土壤多氯联苯分布、微生物效应和生物修复研究 . 浙江大学博士学位论文 .

胡学玉，殷俊，杨斯 . 2011. 蔬菜作物积累硝酸盐的基因型差异及环境意义 . 生态学杂志，30（12）：2923-2926.

黄建国，袁玲 . 1996. 重庆市蔬菜硝酸盐，亚硝酸盐含量及其与环境的关系 . 生态学报，16（4）：383-388.

黄敏，李静静，余萃，等 . 2011. 几种食前处理对蔬菜中硝酸盐和亚硝酸盐的去除效果 . 食品科学，32（9）：82-86.

李群，潘大丰，陕方，等 . 2005. 抑制小白菜、菜心硝酸盐积累的栽培技术研究 . 土壤通报，36（3）：387-390.

李涛，万广华，蒋庆功，等 . 2004. 施肥对蔬菜中硝酸盐含量的影响 . 土壤肥料，（4）：20-21.

刘杏认，任建强，甄兰 . 2003. 蔬菜硝酸盐累积及其影响因素的研究 . 土壤通报，34（4）：356-361.

沈明珠，翟宝杰，东惠茹，等 . 1982. 蔬菜硝酸盐累积的研究 I . 不同蔬菜硝酸盐和亚硝酸盐含量评价 . 园艺学报，9（4）：41-48.

谭帼馨，罗宗铭，崔英德 . 2003. 新鲜蔬菜贮藏时亚硝酸盐的含量变化 . 食品工业科技，（4）：74-75.

王岩 . 2015. 转 *bphC* 苜蓿-乳化蛋白 AlnA 联合修复多氯联苯污染土壤研究 . 长春：吉林大学博士学位论文 .

吴金水，等 . 2010. 城郊环境保育农业理论与实践 . 北京：科学出版社 .

吴金水，李勇，李裕元，等 . 2018. 亚热带区域农业面源污染流域源头防控机理与技术示范 . 农业现代化研究，39（6）：1009-1019.

周建斌，翟丙年，陈竹君 . 2004. 设施栽培菜地土壤养分的空间累积及其潜在的环境效应 . 农业环境科学学报，23（2）：332-335.

邹小阳，牛文全，刘晶晶，等 . 2017. 残膜对土壤和作物的潜在风险研究进展 . 灌溉排水学报，36（7）：47-54.

Amr A，Hadidi N. 2001. Effect of cultivar and harvest date on Nitrate（NO_3）and Nitrite（NO_2）content of selected vegetables grown under open field and greenhouse conditions in Jordan. Journal of Food Composition and Analysis，14（1）：59-67.

Corre W J，Breimer T. 1979. Nitrate and Nitrite in Vegetables. Wageningen：Pudoc.

Du S T，Zhang Y S，Lin X Y. 2007. Accumulation of nitrate in vegetables and its possible implications to human health. Agricultural Sciences in China，6（10）：1246-1255.

Vieira I S，Vasconcelos E P，Monteiro A A. 1998. Nitrate accumulation，yield and leaf quality of turnip greens in response to nitrogen fertilisation. Nutrient Cycling in Agroecosystems，51（3）：249-258.

Wang Y，Zhang J，Ren H，et al. 2015a. Phytoremediation potentiality of garlic roots for 2，4-dichlorophenol removal from aqueous solutions. Applied Microbiology and Biotechnology，99：3629-3637.

Wang Y, Ren H, Pan H, et al. 2015b. Enhanced tolerance and remediation to mixed contaminates of PCBs and 2, 4-DCP by transgenic alfalfa plants expressing the 2,3-dihydroxybiphenyl-1,2-dioxygenase. Journal of Hazardous Materials, 286: 269-275.

Wu S, Xia X, Yang L, et al. 2011. Distribution, source and risk assessment of polychlorinated biphenyls (PCBs) in urban soils of Beijing, China. Chemosphere, 82 (5): 732-738.

Zhang H, Mu W, Hou Z, et al. 2012. Biodegradation of nicosulfuron by the bacterium Serratia marcescens N80. Journal of Environmental Science and Health, Part B, 47 (3): 153-160.

Zhang H, Wang J, Mu W, et al. 2010. Biodegradation of chlorimuron-ethyl by the bacterium *Klebsiella jilinsis* 2N3. Journal of Environmental Science and Health, Part B, 45 (1): 1-7.

Zhang H, Zhang Y, Hou Z, et al. 2014. Biodegradation of triazine herbicide metribuzin by the strain Bacillus sp. N1. Journal of Environmental Science and Health, Part B, 49 (2): 79-86.

第6章　城郊区农产品安全种植技术模式及应用

我国地域辽阔，在不同气候区域的城郊区，其农产品安全种植技术模式具有很大差异，因此针对气候特点、作物种类、种植制度以及存在的突出问题，要选用不同的技术模式。本章主要以北京和长沙两个典型北方和南方城郊区为例，简要介绍城郊区农产品安全种植技术模式的构建与应用情况。

6.1　北方城郊区蔬菜安全种植技术模式

北京位于华北大平原的北端，太行山、燕山山脉自西向北环抱，西、北和东北为山区，东南为平原，地势呈现西北高、东南低的总体走势。北京地区属于典型暖温带半湿润季风型大陆性气候，年平均气温12.3℃，1月为最冷月，平均气温-3.7℃，7月为最热月，平均气温26.2℃。多年平均降水量为571.9mm，受季风气候影响，降水季节分配不均匀，大多集中在夏季，占全年降水量的70%～76%，春秋两季占10%～15%，冬季降水最少，只占2%。北京地区的地带性植被为温带落叶阔叶林并兼有温性针叶林分布，平原区农业以小麦玉米两熟制为主，近年来，按照“调粮、保菜、做精畜牧水产业”基本原则，调整思路，重点发展“菜篮子”农产品生产、现代种业和观光休闲产业，因此以观光休闲农业为代表的都市型城郊现代农业得到蓬勃发展。但是蔬菜生产依然是城郊区不可或缺的重要内容，本节主要介绍北京城郊区基于产品质量保障的蔬菜生产循环农业技术模式。

6.1.1　问题诊断

北京作为我国的首都，其循环农业在全国范围内开展得相对较早而且发展迅速，经过当地政府的努力和广大农民的积极配合，一直走在全国的前列，并逐步发挥了导向作用。调研发现，北京城郊区目前较典型的循环农业种植模式为畜禽养殖废弃物（猪粪、鸡粪）和居民生活废弃物沼气能源化利用模式（图6-1），生产的沼液、沼渣和畜禽粪便有机肥用来发展特色蔬菜种植，市场前景良好。但是近年来也发现，多年大量连续施用畜禽有机肥也在不同程度上导致土壤重金属含量的增加，农产品质量安全受到一定的威胁。对大兴区某蔬菜种植基地的采样调查发现，重金属污染物主要为 Cd 污染（表 6-1），污染程度为中轻度污染。基于此，该区域的安全生产技术模式主要以针对土壤重金属 Cd 的源头削减与过程阻控进行构建。

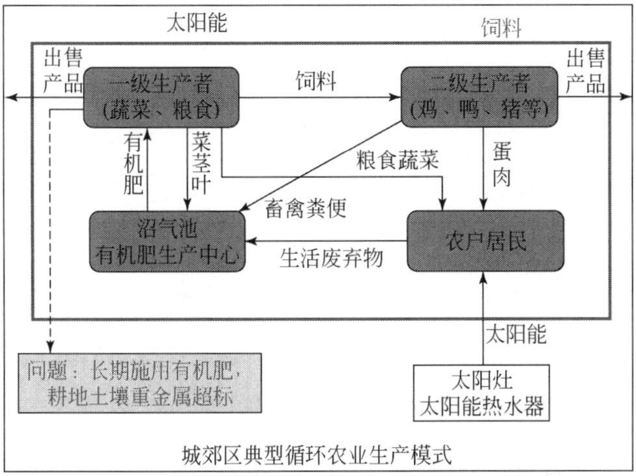

图 6-1　城郊区典型循环农业生产模式物质能量流动图

表 6-1　长子营镇蔬菜种植基地土壤质量情况

指标名称	测定结果	风险筛选值（pH>7.5）	风险管控值（pH>7.5）
pH	7.80 ± 0.08	—	—
有机质/(g/kg)	43.40 ± 8.03	—	—
全氮/(g/kg)	2.70	—	—
全磷/(g/kg)	30.04	—	—
碱解氮/(mg/kg)	194.15	—	—
有效磷/(mg/kg)	398.84	—	—
速效钾/(mg/kg)	225.00	—	—
EC/(μS/cm)	455.50± 115.60	—	—
CEC/(cmol/kg)	16.90 ± 1.20	—	—
Cd/(mg/kg)	1.50 ± 0.45	0.6	4.0
Cr/(mg/kg)	157.30 ± 4.11	250.0	1300.0
As/(mg/kg)	4.30 ± 0.97	25.0	100.0
Hg/(mg/kg)	0.12 ± 0.03	3.40	6.0
Pb/(mg/kg)	27.00 ± 1.78	170.0	1000.0

注：《土壤环境质量 农用地土壤污染风险管控标准（试行）》（GB 15618—2018）

6.1.2 模式概述

按照源头削减-过程阻控的基本思路，以蔬菜生产过程中的作物生育期关键节点为核心，将各单项技术进行整装和集成，最终形成循环型蔬菜种植安全生产模式，实现蔬菜重金属污染物含量明显下降，并达到食用安全标准。主要内容包括：①有机肥施用的环境风险评价和施用技术优化；②整地期土壤调理剂应用和生物炭基肥施用；③播种期低积累作物品种应用或蔬菜种类调整；④生长期叶面喷施技术应用等。具体的技术路线如图 6-2 所示。

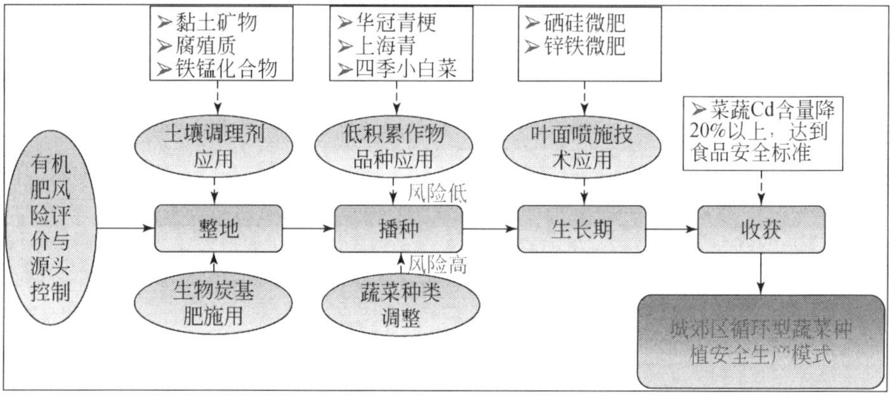

图 6-2 北方城郊区循环型蔬菜种植安全生产模式技术路线图

6.1.3 配套技术

6.1.3.1 堆肥/有机肥重金属安全限量标准控制

堆肥/有机肥安全合理使用是循环农业农产品质量安全的关键环节和技术难点，刘荣乐等（2005）和张树清等（2005）对我国畜禽粪便中的重金属含量的调查结果均表明，畜禽粪便中，尤其是猪粪中存在较为严重的重金属残留和超标现象，建立有机肥安全利用控制技术标准，是循环农业农产品质量安全生产的重要保障。许多国家对有机肥中的重金属含量进行了限定，欧洲各国均有各自不同的堆肥重金属限量标准（表 6-2），但由于城市废弃物堆肥中的重金属含量不同，限量标准各异。我国也于 2012 年颁布了《有机肥料》（NY 525—2012），对 As、Hg、Pb、Cd 和 Cr 重金属含量进行了限定，限定值分别为 15mg/kg、2mg/kg、

50mg/kg、3mg/kg 和 150mg/kg。在种养循环型蔬菜安全生产过程中要严格按照限量标准生产和使用有机肥。

表 6-2　不同国家堆肥/有机肥重金属含量限量标准（单位：mg/kg）

元素	国家名称								
	奥地利	比利时	瑞士	丹麦	法国	德国	意大利	荷兰	中国
Cd	4	5	3	1.2	8	1.5	1.5	2	3
Pb	500	600	150	120	800	150	140	140	50
Hg	4	5	3	1.2	8	1	1.5	1.5	2
Zn	1000	1000	500	—	—	400	500	500	—
Cu	400	100	150	—	—	100	300	300	—
Cr	150	150	150	—	—	100	100	200	150
Ni	100	50	50	45	200	50	50	50	—
As	—	—	—	25	—	—	10	25	15

6.1.3.2　土壤环境重金属污染评价技术

目前，许多发达国家建立了非常完整的土壤风险评估体系，主要包含两个方面，即人体健康风险评价和生态风险评价。国内外研究人员对土壤重金属的污染评价方法进行研究，总结出了众多的评价方法和模型，但主要分传统评价模型和综合评价模型。指数法是应用最广泛的传统评价模型，针对有机肥施用后土壤的重金属污染风险评价可采用单因指数法、综合指数法、地累积指数法、潜在生态危害指数法。

（1）单因子指数法

通过单因子指数法，可以确定主要的重金属污染物及其危害程度。一般以污染指数来表示，以重金属含量实测值和评价标准相比除去量纲来计算单因子污染指数：

$$P_i = C_i/S_i \tag{6-1}$$

式中，P_i为土壤中 i 元素单因子污染指数；C_i为 i 重金属含量实测值，mg/kg；S_i为 i 重金属在《土壤环境质量 农用地土壤污染风险管控标准（试行）》（GB 15618—2018）中的二级标准值。

单因子指数污染分级标准见表 6-3。

表 6-3　土壤单因子指数污染分级标准

P_i	$P_i \leqslant 1$	$1 < P_i \leqslant 2$	$2 < P_i \leqslant 3$	$P_i > 3$
污染水平	非污染	轻污染	中污染	重污染

（2）综合指数法

单因子指数法只能反映单个重金属元素的污染程度，不能全面地反映土壤的污染状况，而综合指数法兼顾了单因子污染指数平均值和最高值，可以突出污染较重的重金属污染物的作用。综合污染指数计算方法如下：

$$P_{综} = \sqrt{\frac{(\overline{P})^2 + P_{i\max}^2}{2}} \tag{6-2}$$

式中，$P_{综}$为采样点的综合污染指数；$P_{i\max}$为 i 采样点重金属污染物单因子污染指数中的最大值；$\overline{P}$ 为单因子污染指数平均值。由于不同重金属对土壤环境、生态环境的影响不同，采用加权计算法来求 $\overline{P}$，公式如下：

$$\overline{P} = \sum_{i=1}^{n} w_i \times P_i / \sum_{i=1}^{n} w_i \tag{6-3}$$

对于权重 w 的确立，Swaine（2000）按照重金属对环境的影响程度，将环境研究中人们都比较关注的微量元素分成了三类，Ⅰ类、Ⅱ类、Ⅲ类微量元素环境重要性逐渐下降，分别赋值为 3、2、1 作为权重。几种主要重金属的类别和权重分配如表 6-4 所示，综合污染指数分级标准见表 6-5。

表 6-4　重金属污染物对环境的重要性分类和权重值

项目	Hg	Pb	Cd	As	Zn	Cu	Cr	Ni
类别	Ⅰ	Ⅰ	Ⅰ	Ⅰ	Ⅱ	Ⅱ	Ⅱ	Ⅱ
权重	3	3	3	3	2	2	2	2

表 6-5　土壤综合污染指数分级标准

土壤综合污染等级	土壤综合污染指数	污染程度	污染水平
1	$P_{综} \leq 0.7$	安全	清洁
2	$0.7 < P_{综} \leq 1.0$	警戒线	尚清洁
3	$1.0 < P_{综} \leq 2.0$	轻污染	污染物超过起初污染值，作物开始污染
4	$2.0 < P_{综} \leq 3.0$	中污染	土壤和作物污染明显
5	$P_{综} > 3.0$	重污染	土壤和作物污染严重

（3）地累积指数法

地累积指数法是德国科学家 Muller 于 1969 年提出，并在欧洲发展起来用作研究沉积物及其他物质中重金属污染程度的定量指标，公式如下：

$$I_{geo} = \log_2[C_i/kB_i] \tag{6-4}$$

式中，C_i 为污染物 i 的实测含量的统计均值，mg/kg；B_i 为污染物 i 的地球化学背景值，mg/kg；k 为用于修正造岩运动引起的背景波动而设定的系数，一般取 1.5。分级标准见表 6-6。

表 6-6　基于地累积指数的土壤重金属污染程度分级

I_{geo}	级数	污染指标
≤0	0	清洁
0～1	1	轻度污染
1～2	2	偏中污染
2～3	3	中度污染
3～4	4	偏重污染
4～5	5	重度污染
>5	6	严重污染

(4) 潜在生态危害指数法

潜在生态危害指数法是瑞典学者 Hakanson 于 1980 年建立的一套应用沉积学原理评价重金属污染及生态危害的方法。其计算公式为

$$\mathrm{RI} = \sum_{i=1}^{n} E_i = \sum_{i=1}^{n} T_i \times P_i \tag{6-5}$$

式中，P_i 为单因子污染指数［计算见式（6-1）］；E_i 为单因子危害系数；T_i 为毒性响应系数（表 6-7）；RI 为多因子综合潜在生态危害指数。重金属污染潜在生态危害分级标准见表 6-8。

表 6-7　标准化重金属毒性响应系数

元素	Hg	Pb	Cd	As	Zn	Cu	Cr	Ni
毒性响应系数	40	5	30	10	1	5	2	5

表 6-8　重金属污染潜在生态危害分级标准

单个重金属潜在生态危害指数 E_i	单因子污染物生态风险程度	多种重金属潜在生态危害指数 RI	总潜在生态风险程度
E_i<40	低	RI<150	低
40≤E_i<80	中	150≤RI<300	中

续表

单个重金属潜在生态危害指数 E_i	单因子污染物生态风险程度	多种重金属潜在生态危害指数 RI	总潜在生态风险程度
$80 \leq E_i < 160$	较重	300≤RI<600	重
$160 \leq E_i < 320$	重	600≤RI	严重
$E_i \geq 320$	严重		

6.1.3.3 土壤调理剂和生物炭应用技术

（1）生物炭蔬菜重金属减控技术

生物炭是生物质慢速或快速热解析出挥发成分和气体所剩下的固体产物。实验结果表明生物炭作为基肥施用，能够提高小白菜产量，同时降低小白菜对重金属 Cd 的积累。表 6-9 表明，两个小白菜品种施用生物炭后，产量均显著提高，而 Cd 含量则显著降低，表明施用生物炭对小白菜有显著的增产和改善品质作用，其中施用量分别为 5.25t/hm^2 和 10.5t/hm^2 时，华冠青梗小白菜的增产幅度分别为 19.87% 和 5.77%，而可食用部分的 Cd 含量则分别下降 7.64% 和 8.33%；华绿 2 号小白菜的增产的幅度分别为 9.09% 和 38.18%，可食用部分 Cd 含量分别下降 27.48% 和 29.01%。此外，表 6-9 中小白菜 Cd 含量的测定结果均未超出《食品安全国家标准 食品中污染物限量》（GB 2762—2017）中的限值 0.2mg/kg，而且两个施用量处理的 Cd 降低效果差异也不显著。

表 6-9　生物炭对小白菜产量和 Cd 含量的影响

小白菜品种	施用量/(t/hm^2)	产量/(t/hm^2 · FW)	可食用部分 Cd 含量/(mg/kg · FW)
华冠青梗	0	31.2±2.18b	0.144±0.006a
	5.25	37.4±2.47a	0.133±0.006b
	10.5	33.0±1.89b	0.132±0.006b
华绿 2 号	0	27.5±2.54c	0.131±0.010b
	5.25	30.0±1.33b	0.095±0.011c
	10.5	38.0±2.15a	0.093±0.006c

注：同一品种标注不同的字母表示其差异达到显著水平（$P<0.05$）

（2）土壤调理剂蔬菜重金属减控技术

通过向污染土壤中加入物理、化学或生物材料，可调控土壤理化性质，将活化态重金属元素固定在土壤中，降低重金属有效性，从而阻止污染物在土壤环境、土壤-植物系统中的迁移、扩散，降低土壤中污染物的毒害程度及其在农产品可食用部分的累积量。土壤调理剂材料性质是影响重金属固化/稳定化效果的主导因素（Guo et al., 2006），目前土壤 Cd 污染固化/稳定化材料主要包括常规无机材料（磷化合物、碱性物质、黏土矿物、金属氧化物）、常规有机材料（有机物料、炭材料）和有机或无机类新材料，具体见表 1-3。

6.1.3.4　低积累作物品种应用或蔬菜种类调整

在相同污染水平下，不同作物对重金属的吸收积累量存在明显的种间差异。根据作物富集重金属能力的差异，作物可区分为低积累型、中等积累型和高积累型三类。其中，豆科植物（大豆、豌豆）属于低积累型作物，禾本科（水稻、大麦、小麦、玉米、高粱等）属于中等积累型作物，十字花科（油菜、萝卜、芜青等）、藜科（甜菜）、茄科（番茄、茄子）、菊科（莴苣）等属于高积累型作物（Arthur et al., 2000；Fismes et al., 2005）。较多研究表明，蔬菜富集 Cd 元素的能力强于禾谷类作物，重金属在植物体内的分布也存在较大差异，一般表现为根>茎>叶>籽实，一般而言，叶菜类蔬菜重金属富集能力最强，根茎类和果菜类相对较低（岳振华等，1992；赵小蓉等，2010）。针对污染程度和潜在生态风险低的土壤，叶菜类（如小白菜、菠菜、油麦菜等）蔬菜种植过程中可选择直接应用低积累品种；而针对污染程度和潜在生态风险相对较高的土壤，需选择低积累瓜果类蔬菜品种替代叶菜类蔬菜品种进行种植。推荐使用的低积累作物品种见表 6-10。

表 6-10　北京地区 Cd 低积累蔬菜推荐品种名称列表

蔬菜名称	推荐低积累型品种名称
小白菜（23 个）	矮箕苏州青、矮脚葵翩黑叶白菜、白梗白叶、高梗白、高华青梗白菜、杭州油冬儿、华冠青梗、金冠清江白、京冠 1 号、抗热四季水口超甜白菜、利丰青梗白菜、青优四号、秋田火之清、热优二号、上海青、泰国四季快菜、特选种矮脚黑叶白菜、夏王青梗菜、越秀三号、越秀四号、早生华京、长梗白菜、皱叶黑油冬儿
大白菜（8 个）	多抗四号、丰抗 70、丰研夏帅、改良夏帅、四季王春白菜、金丰 100、乐园翠峰 F1、玉丰 55 白菜
菠菜（2 个）	丹麦 988、荷兰绿美 828
苋菜（4 个）	台湾白苋、全红苋菜、圆叶花苋菜、花红圆叶苋菜
甘蓝（6 个）	新春甘蓝、苏晨一号、寒春、华甘一号、精品春丰、绿秀
油麦菜（6 个）	抗热 17、耐抽 518、四季绿、四季高产、四季尖叶大头、优良高产
芹菜（8 个）	宏程黄嫩、宏程四季、津南实芹 1 号、Sijiventuola（美国）、SG 黄嫩西芹、SG 抗病西芹、双港速生西芹、双港西芹

续表

蔬菜名称	推荐低积累型品种名称
菜心（6个）	迟花四号、绿宝70天、四九-19号菜心、四九菜心、香港四九菜心、油绿80天
茄子（4个）	宁茄一号、宁茄八号、秀美长、黑旋风
番茄（3个）	红大宝番茄、红宝石六号、元明粉玉女
萝卜（4个）	白沙南畔洲晚萝卜、白雪公主白萝卜、精选大韩白玉、种都春不老萝卜
胡萝卜（2个）	东京极品、特级三红七寸胡萝卜

6.1.3.5 蔬菜生长期微量元素叶面喷施

在蔬菜生长期，在叶片喷施锌、硒、硅和稀土等微量元素，可有效降低蔬菜产品重金属的含量。该技术主要通过在植物细胞壁上沉淀或螯合重金属以及提高作物对重金属的抗逆性等手段，来减少甚至完全阻断重金属向食物链的转移（章明奎等，2017）。由于该技术具有成本低、环境友好、操作方便等优势，近年来已成为我国农田重金属污染防治研究的一个新方向。另有研究表明，在水稻、生菜、芥菜、辣椒等作物叶面喷施硅肥也可有效降低作物对Cd的累积，降低幅度一般在13.4%～40.2%（刘传平等，2013；刘吉振等，2011）。在西红柿、黄瓜、西瓜、草莓等叶面喷施硒肥，可食用部分Cd含量下降最高可达75.8%（张丽霞等，2001；崔晓峰等，2012；刘俊，2014）。在生菜、番茄、黄瓜、油菜等作物上的试验结果也表明，叶面喷施稀土元素可显著降低作物的Cd积累，下降幅度一般达到7.26%～49.8%（刘俊，2014；张丽霞等，2001）。

6.2 南方城郊区农产品安全种植技术模式

湖南长沙城郊区地处南方红壤丘陵区，属于典型亚热带湿润季风气候，年平均降水量1200～1500mm，年平均气温17.2℃，相对湿度80%左右。区内地形起伏不大，相对高差一般在700m以内，小型水库与池塘星罗棋布，山上主要为中亚热带常绿落叶阔叶混交林，植被茂密，丘间为河流冲积平原，主要种植水稻或蔬菜。茶叶为该区域最具特色的农产品，“百里茶廊”和“生态茶园”是长沙城郊区近年来打造的一个重要城郊农旅品牌，是发展城郊特色休闲旅游的绝佳场所。本节以此为例，介绍长沙城郊区特色农产品的安全种植技术模式的构建与示范应用，并对其产生的综合效益进行初步分析。

6.2.1　问题诊断

我国南方红壤丘陵地区，包括长江流域的大部分及其南部，跨南方 10 个省（自治区）（湘、赣、粤、闽、浙、鄂、苏、皖、桂、琼），面积达 113 万 km^2，约占国土总面积的 12.3%，区域人口达 4.2 亿，区内水热丰沛，自然条件优越，是我国水稻、油菜、茶叶、生猪、油茶等多种大宗农产品的主产区（吴金水等，2010），但是由于国家农产品需求压力等种种原因，长期以来在政策层面上推行高投入、高产出的生产模式，从而导致该地区近年来出现了严重的环境富营养化问题。从湖南典型丘陵小流域氮磷平衡的研究结果来看，纯氮的年输入强度高达 154.6～334.0kg/hm^2，相当于尿素的用量为 336～726kg/hm^2，是联合国粮食及农业组织推荐的最佳施肥总量（225kg/hm^2）的 1.5～3.2 倍。由于氮素的利用率低，研究区小流域氮素的年输出强度也高达 80.5～169.9kg/hm^2，每年的盈余量为 70.4～166.1kg/hm^2，也就是说有近 50% 的氮未被有效利用而进入了环境（韩增等，2017）。从磷的平衡分析来看，其年输入强度为 26.7～49.6kg/hm^2，而以产品等形式的输出强度仅为 6.1～17.6kg/km^2，每年的环境滞留强度为 20.6～32.0kg/hm^2，环境滞留率高达 64.5%～77.2%（王美慧等，2016），输入远超输出，不仅导致养分在环境中的积累（杨文等，2015；Meng et al.，2015），还引起了当地地表水和地下水的富营养化问题（Wang et al.，2014；宋立芳等，2014；Li et al.，2014，2015；焦军霞等，2015）。此外，以生猪养殖为主的畜禽养殖业，近 30 年来呈现出明显的规模化发展趋势，但由于管理措施缺位等问题，养殖业与种植业出现严重脱节问题，畜禽粪污不能正常作为有机肥进入农田，而是直接流入环境，亦导致水体出现严重富营养化问题（孟岑等，2013；陈希等，2017）。尤其在城郊地区，这些问题的表现更为突出。因此，农业氮磷养分的过量投入与农业面源污染问题是南方城郊区最突出的环境问题。针对这一问题，建立循环农业模式，提高养分循环利用效率，并同时强化农业面源污染生态治理技术的应用（杨林章等，2013；刘锋等，2018），多措并举以降低污染物的输移与排放，建立基于农产品安全生产和效益综合提升的城郊区农产品生产农业综合技术模式，是促进城郊区农业可持续发展的重要途径。本章主要以长沙城郊区为例，简要介绍南方城郊区农产品安全种植模式的构建。

6.2.2　模式概述

长沙城郊区地处长江中游，为典型亚热带红壤丘陵区，蔬菜与茶叶种植、生猪与蛋鸡养殖是该区域最具特色的农业主导产业，也是农业面源污染产生的主要来源，因此结合当地传统的水稻、茶叶等生产，构建多种形式的水旱轮作与养分循环农业模式，可以起到一举多得之功效。本节简要介绍几个典型的农产品安全种植技术模式。

（1）稻–菜种植模式

针对南方稻区粮食种植经济效益低、蔬菜种植区农业环境污染日趋严峻等突出问题，推行水田–旱地轮作种植模式（即水旱轮作模式），是一种行之有效的解决方案，蔬菜种植施肥量大，病虫害相对较多，而水稻种植施肥量相对较少，前茬种植蔬菜的话水稻可以不施肥或适当少施肥，而且淹水环境还可以改善土壤环境条件，降低土传病害的发生，同时可降低农药使用量，因此二者相得益彰。以长沙为例，南方城郊区一般采用的水旱轮作模式主要包括“水稻–油菜两熟”和“水稻–蔬菜多熟”两种模式。“水稻–油菜两熟”典型种植模式的生育进程为：水稻（一季中稻）为 4 月播种、5 月移栽、9 月收割，油菜为 9 月播种、10 月移栽，翌年 5 月收获。“水稻–蔬菜多熟”典型种植模式的生育进程为：水稻（一季中稻）为 4 月播种、5 月移栽、9 月收割，9 月播种或移栽叶菜类蔬菜，一般采用多茬种植模式。长沙地区适合种植的秋冬季叶菜类蔬菜种类较多，主要包括：上海青、乌塌菜、小白菜、包菜、雪里蕻、莴苣、红菜薹、白菜薹、油菜薹等。

（2）种养结合模式

以小流域为规划单元，以区域内的种植业为基础，充分利用当地种植业产生的秸秆（稻草、玉米秆、红薯藤等）及农产品加工业的废弃物（红薯渣、酒糟、豆饼等）、田间杂草等有机物料资源，发展适度规模的草食性畜禽养殖业，既可以增加农民的经济收入，又可以实现废弃物的资源化利用。

在南方亚热带丘陵地区，“稻草（牧草）–黄牛–有机肥–蔬菜/水稻”种养结合模式是该地区较为适合的技术模式，技术流程见图 6-3。以位于长沙县金井镇脱甲村的中国科学院亚热带农业生态研究所长沙农业环境观测研究站为基地构建了小流域综合示范模式，流域面积 4.2km^2，其中农田面积约 350 亩（不含茶园 500 亩），每年种草（利用部分稻草和杂草）养牛模式平均可产生直接经济效益约 70 万元，其中包括：肉牛养殖效益 25 万元、30 亩蔬菜种植效益 15 万元、有机稻米（200 亩）效益 30 万元；间接收益合计 12 万元，其中有机肥替代化肥减少化肥成本投入 10 万元，农药减施节约投资 2 万元。另外还吸纳本地农民就业约 20 人，对当地经济发展有一定的促进作用。

此外，利用当地丰富的杂草资源优势发展小规模或分散型的养鹅、草鱼等草食性禽鱼养殖模式（详见 6.2.3 节旱地杂草综合防控技术），也可为农户带来一定的经济收益。

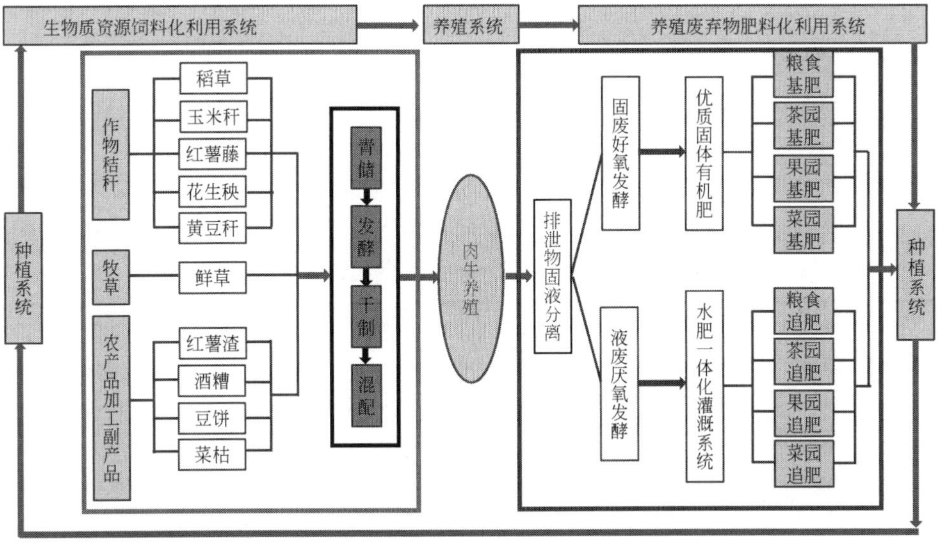

图 6-3 小流域种养结合模式技术流程图

（3）稻–茶–菜环境保育种植模式

作为城乡过渡地带，城郊区的土地（以耕地为主）具有特殊的地位和独特的利用方式。一方面，城郊区土地要承载城镇人口、产业和基础设施的外延扩展，还要为乡镇企业和农村居民点的成长提供空间；另一方面，城郊区是城镇蔬菜和副食品的供应基地。城郊区土地的这两种功能，既互相排斥又互相依存：一方面，非农建设的发展需要占用一定数量的耕地；另一方面，城镇人口的增长需要城郊区提供更多的蔬菜和农副产品。耕地是土地资源的精华，而城郊区的耕地是耕地中的精华。

我国的城镇大多位于河流的中下游地区，尤其是小流域或集水区是南方丘陵区最基本的地貌类型单元，是农业生产生活相对集中的场所，同时在每个小流域都有基本相似的土地利用格局：丘岗区主要为林地、果园、茶园或旱地，沟谷区则主要为水田、菜地、堰塘等。因此，以小流域或集水区为单元，针对不同土地利用方式，综合运用病虫害生物防控、茶园生态管理、农田面源污染综合治理等技术措施，系统构建流域或集水区单元农产品质量安全提升综合技术模式，具有很好的完整性和可操作性，可起到事半功倍之效。

稻–茶–菜环境保育种植模式是以中国科学院亚热带农业生态研究所长沙农业环境观测研究站为核心试验基地，通过系统开展技术研发与集成而构建的流域农产品安全提升综合技术模式，并在附近区域开展了技术示范与推广。通过推广应用该技术模式，可在小流域范围内实现农药用量降低80%以上，化肥用量减少50%以上，流域氮磷污染负荷降低70%以上，抗生素（兽用）污染负荷降低99%以上，流域末端出水水质平均达到国家地表水Ⅲ类水质标准（GB 3838—2002），以及农产品全部达到国家要求的质量标准，其中茶叶100%达到国家绿色农产品品质A级标准，稻米、蔬菜50%～70%达到AA级绿色农产品标准。

该技术模式主要适用于南方亚热带丘陵地区的小流域或集水区，其汇水面积为3～5km^2，不宜太大，土地利用类型具有多样化特征，主要包括茶园、旱地或蔬菜地、稻田、池塘或人工湿地，稻田与湿地占流域面积的比例为20%以上。

（4）稻–果–蔬–茶–鱼空间组合技术模式

近年来，中国科学院亚热带农业生态研究所在湖南长沙构建了新型稻–果–蔬–茶–鱼空间组合技术模式，该模式根据南方丘陵区地形特点，以小流域或集水区为单元，在空间上部署构建稻–果–蔬–茶–鱼空间组合，在集水区的源头相对较高的区域主要种植茶叶、果蔬，在中间较为平坦的区域主要种植水稻、蔬菜，在末端低洼区域主要种植水生蔬菜和进行池塘水产养殖，农田排水及上游随径流流失的养分通过中间的生态拦截沟渠进行拦截，最终在末端池塘湿地开展水产养殖，同时对集水区总的出水水质进行净化。该模式能够提高种植业系统的物质和能量的多级循环利用，有效控制和消解农田有害物质，最大限度地减轻环境污染，构建基于稻草生物质高效利用、环境安全、产品优质、低碳的区域特色农业体系。该模式主要包括种植系统、环境保育系统、农业文化园和产品营销与服务系统，其中种植系统和环境保育系统是核心。稻–果–蔬–茶–鱼空间组合技术模式倡导传统农业发展与生态环境保育共存的理念，强调农业与生态环境的调和，可实现农业与环境的协调发展。

种植系统的主要功能是为人们提供优质的粮食、蔬菜、水果，为农产品加工业提供优质原材料。主要土地利用类型包括稻田、牧草地、蔬菜地、果园、茶园。该模式的关键原则是减量施肥（节约成本）、产品优质（高值）、产业化(加工性能好)。该模式作物配置可选择粮食作物（水稻、玉米等）、蔬菜（叶菜、瓜类、薯类等）、经果（水果、茶叶、苗木、花卉等）、蘑菇。

环境保育系统主要包括生态林、景观园林、生态沟渠、池塘湿地等，主要作用在于拦截和消纳前端种植系统、养殖系统、农产品加工系统产生的废弃物，防控水土流失和氮磷迁移导致的水体污染，同时对生产生活环境实现美化效果，并可生产适量的优质水生植物产品和水产品。环境保育系统构建的主要原则在于系统完整、经济高效和景观优美。

6.2.3　配套技术

6.2.3.1　小流域生态茶园构建与管理技术

（1）生态茶园构建技术

亚热带丘陵区茶园一般分布于小流域的上游丘岗地貌上，针对山丘区大多土壤贫瘠、病虫草害严重、夏秋季高温强光和季节性干旱容易导致夏秋茶产量低、品质差等生态问题，因地制宜地构建生态有机茶园，主要在已经建成或新建茶园中通过应用间种遮阴小乔木、覆盖稻草或其他作物秸秆、间作豆科绿肥等关键技术措施，建立人工复合生态茶园，并创建亚热带丘陵茶园生态管理技术模式（图 6-4）。小乔木的栽植密度可以根据坡度、坡向等因素灵活掌握，一般密度为 80 ~ 300 株/hm^2，阳坡稍密，而阴坡稍稀。可选树种以小乔木为主，主要包括：桂花、杜仲、乐昌含笑、红枫、银杏、山杜英等。构建生态茶园的主要目的在于为茶树生长创造较适宜的遮阴环境、提高空气湿度，从而显著提高茶叶的品质。

图 6-4　生态茶园景观

（2）生态茶园管理与茶叶品质提升技术

1）杂草管理。杂草控制是生态茶园最主要的管理内容之一，尤其对未封行的幼年茶园，由于行间地面光照充足，各种杂草容易滋生，严重危害茶树的生长，因此通过实施行间覆盖技术可以有效控制杂草的滋生，需要的覆盖材料可以就地取材，如稻草或稻糠，或者用从生态沟或生态湿地收获的绿狐尾藻、美人蕉、梭鱼草等植物生物质，或者间种三叶草，这些均可显著减少茶树行间恶性杂草的数量（图 6-5）。覆盖控制杂草的主要机理在于地表覆盖物严密阻挡了光照，从而使得杂草因缺乏光照而黄化枯死。此外，利用草食性动物（如黑山羊）也可有效控制茶园杂草的滋生（图6-6）。

(a) 美人蕉覆盖

(b) 稻草覆盖

(c) 稻糠覆盖

(d) 间作三叶草

图6-5　茶园覆盖美人蕉、稻草、稻糠及间作三叶草

(a) 养殖黑山羊控制杂草

(b) 生态茶园的蜘蛛网

图6-6　茶园生态防控措施及效果

2）病虫害生物防治。通过改善茶园生态条件，增加茶园生物多样性，如种植乐昌含笑、桂花、杜仲等行道树和遮光树，或采用茶林间作；在梯坎和梯壁上种植护坡植物，冬季茶园铺草覆盖等均可给天敌创造良好的栖息、繁殖场所，保护和利用当地茶园中的草蛉、瓢虫以及寄生蜂等昆虫天敌，保护蜘蛛、辅食螨、蛙类、蜥蜴和鸟类等有益生物（图 6-6），从而减少人为因素对天敌的伤害，从总体上提高茶园的生物防治的水平。与此同时，依托现代科技培管技术，引进无人机航摄系统，对茶园周边地形地貌、道路建设、土地利用等进行实时监控；通过无人机红外遥感航拍加光谱分析，对茶园病虫害进行实时监控，可以及时准确地发现病虫害发生的区位，结合人工巡查结果，及时采用生物防控、定点捕杀、频振式太阳能杀虫灯等病虫害防治措施，有效控制茶园病虫害的发生（图 6-7）。

(a) 频振式太阳能杀虫灯　　(b) 黄纸板

图 6-7　茶园生物防控

（3）茶叶产量与品质提升技术

1）改善生态条件提升茶叶品质和产量。茶园的生态条件状况是茶叶品质优劣的关键，一般要求有效土层厚度在 1m 以上，表土层 20～30cm，土壤质地砂、黏适中，土壤 pH 在 4～5，土壤有机质及养分含量丰富。茶树生育的适温为 25～30℃，但就品质而论，以 25℃以下为好。茶树喜欢漫射光，水分充足能提高茶树物质合成的酶的活性，有利于品质成分的形成。间种乔木型植物，增加了茶园漫射光和遮阴度，茶叶叶绿素可增加 30%，氨基酸可增加 15%，极大地提高了茶叶品质。

2）改善栽培技术实现茶叶优质高产。栽培技术主要包括施肥、灌溉、采摘、耕作、防治病虫害等。施肥对茶叶产量品质的影响，在栽培管理中居首位。施肥不宜单施氮肥或过多施用氮肥，应该施用氮、磷、钾复合肥，其中铵态氮肥能有效地提高鲜叶中氨基酸的含量。茶树修剪是培养高产树冠、刺激新生芽叶生长和抑制花果发育的措施。在茶树不同生育阶段或在年周期中不同的季节，采取不同的采摘技术，合理采摘，可增加轮次、调节茶树生长、协调芽叶产量和质量之间关系。茶叶栽培技术主要抓好基础关、种植关、管理关，采取有效措施，创造良好条件，促进茶树生育，保持茶树的持续优质高产。

6.2.3.2 旱地农田或菜地生态管理技术

亚热带地区水热条件丰沛、农药用量大，是影响该区域农产品品质最主要因素，根据调查，湖南地区一般农田农药用量平均为1.5～3kg/亩，蔬菜地农药用量甚至高达5～6kg/亩，采用生态防控措施降低除草剂、杀虫剂等农药的用量是提高农产品品质的关键。另外，化肥用量过高也是影响农产品品质的重要环节。长沙城郊区普通农田化肥用量一般为50～80kg/亩，蔬菜地用量高达150～220kg/亩，有机肥使用比例不足20%，肥料的表观利用率普遍在35%以下，这一方面导致氮、磷养分资源的严重浪费，另一方面导致当地水体富营养化等农业面源污染问题十分突出。因此，以小流域为单元，综合应用种养结合技术、病虫害生物防控技术以及杂草生态防控技术等，在有效防控农业面源污染的同时，显著提高农产品品质，进而提高农业的综合效益。

（1）旱地农田病虫害生物防控技术

小流域示范区范围内病虫害防治主要通过物理方式驱虫防控，特殊情况下必须使用的，首选生物杀虫剂，严禁使用剧毒高残留农药，在作物收获前一个月内禁止使用任何形式的农药。中国科学院亚热带农业生态研究所长沙农业环境观测研究站示范区小流域的旱地区域（茶园、菜地）主要采用的防虫技术包括：黄板防虫技术、诱蛾灯防虫技术以及赤眼蜂防虫技术（图6-8），黄纸板安放密度为20～25块/亩，主要用于防治潜蝇成虫、粉虱、蚜虫、叶蝉、蓟马等小型昆虫；赤眼蜂投放密度为1万头/（亩·次），间隔5天，连续投放3次，可以防治

(a) 黄纸板　　(b) 诱虫灯

图6-8　旱地农田/菜地病虫害生态防控

多种类型的害虫；诱蛾灯安放密度为 30 盏/亩，主要用于防治趋光性害虫，如卷叶螟、地老虎、菜青虫、稻飞虱等。采用病虫害生物防控技术每亩平均可以节约农药投入成本 150 ~ 200 元。

（2）旱地杂草综合防控技术

亚热带地区水热条件丰沛，杂草十分繁盛，因此杂草防控是该地区的一项重要生态防控内容，主要通过发展适度规模的草食性畜禽和水产养殖业来大幅度降低除草剂的施用量，同时可以提高杂草的资源化利用效率，增加经济收益。

充分利用田间地头种植人工牧草，最大限度利用天然杂草和稻草发展养牛业是本地区良好的种养结合技术模式，也是杂草控制的最佳模式之一，可以实行以农户为单元的分散养殖，也可以实行适度的规模化养殖（存栏规模 30 ~ 60 头牛），经济效益均十分显著。一般每饲养一头黄牛可以有效控制杂草面积 15 ~ 20 亩，但是需要人工或机械割草，另外还要消耗部分稻草或者种植人工牧草（1.5 ~ 2 亩/牛）。养鹅控草也是亚热带地区比较容易被群众接受的杂草生态控制技术。鹅属于草食性禽类，利用农户周边区域以及道路、沟渠两侧的闲散土地散养鹅是控制杂草的有效措施，而且无须人工割草，鹅通过自由采食和踩踏可有效控制杂草的发育（图 6-9）。以长沙为例，鹅苗长成子鹅（体重 3 ~ 4kg）的时间为 70 ~ 80 天，散养子鹅或成鹅（体重 3 ~ 4kg）平均每只可采食牧草量为 0.25kg，可有效控制杂草 1 ~ 2 亩，但是相邻的农田需要用防护网与放牧区域隔离开，以防止鹅采食过程中对农田造成破坏。采用稻-鸭共生系统也可以有效控制稻田杂草的生长，完全不用施用除草剂（详见 6.2.3.3 节）。

图 6-9　旱地养鹅控草模式

6.2.3.3 稻田生态管理与水稻品质提升技术

(1) 水稻绿色栽培技术

根据产量与品质兼顾的原则，在示范小流域内采用国家绿色水稻栽培技术标准制定施肥与田间管理规程，主要包括有机肥，主要为腐熟的牛粪、禽粪、沼液等［用量占总施肥量的70%以上（以氮计）］，杂草与病虫害防治以物理和生物防控为主，不使用除草剂和杀虫剂，限量使用杀菌剂（用量不超过200g/亩双季稻），采用频振式太阳能杀虫灯诱杀水稻二化螟和稻纵卷叶螟，采用稻蛙混养模式控制稻飞虱等其他害虫，采用稻-鸭养殖模式控制田间杂草，最终可实现水稻品质达到国家A级或者AA级绿色食品等级标准，加工出的优质大米市场价高达40元/kg，经济效益比普通稻米增值1000～1500元/亩。

(2) 稻田病虫害生态防控技术

1）虫害生态防治技术。以示范小流域为单元，所有稻田虫害防治全部采用生态防治措施，不使用任何杀虫剂，采用的生态防控技术主要包括：布设频振式太阳能杀虫灯，主要是诱杀趋光性害虫，包括水稻二化螟、稻纵卷叶螟等，布设密度为30盏/亩；放置赤眼蜂，根据害虫动态监测结果及时定期放置赤眼蜂控制害虫发生，发现害虫密度达到危害虫口密度时，开始放蜂，放置方式为每次3000头/亩，间隔5天放蜂1次，连续放蜂3次；稻-蛙共生，100～150只蛙/亩，于水稻（早稻或晚稻）插秧后7～10天放入，稻田四周要用高80cm的尼龙丝网做成围栏，以防青蛙外逃，无须投放饵料。上述三种虫害防治技术均可以起到虫害生态防控的效果，而且三者相互结合效果更佳（图6-10）。

图6-10 诱虫灯-赤眼蜂-稻蛙共生稻田虫害生态防控

（a）稻蛙共生；（b）赤眼蜂；（c）杀虫灯

2）稻瘟病防治技术。根据试验结果，对稻瘟病防治采用最低限度药剂防治方法，采用 75% 肟菌戊唑醇 WDG 用量 250～350g/hm^2 或者 13% 春雷三环唑 WP 用量 800～1000g/hm^2，防治效果可达到 90%，对稻瘟病防治效果最好，药剂未见对水稻生长有不利影响。

3）稻田杂草生态防控技术。在施用腐熟有机肥的基础上（不腐熟的有机肥会含较多杂草种子），对稻田杂草的控制主要采用“稻-鸭共生”模式（图 6-11），周围不得使用任何农药。“稻-鸭共生”稻田四周用高 120cm 的尼龙丝网做成围栏，以防鸭子外逃，并在田块角落放置一鸭棚和饲料盆，以便鸭子休憩和喂食，同时防止鸭饲料进入稻田土壤和水体。鸭子放养期间根据田间饵料情况酌情补饲料。一般鸭苗放入稻田的时间为早稻移栽 20 天后晚稻为 15 天以后放置脱温鸭苗（鸭龄 15～30 日龄，体重 150g 左右），放置密度为 50 只/亩。

图 6-11 “稻-鸭共生”模式防控稻田杂草

6.2.3.4 沟塘湿地综合拦截消纳技术

以小流域或集水区为单元，结合农田、禽类养殖、水产养殖等农业面源污染源以及地表径流水系分布的特点，主要集成应用生态沟污染物拦截技术、末端池塘湿地污染消纳技术以及生态湿地综合水产养殖技术等多项技术，在小流域或集水区控制点附近建设农田面源污染防控工程体系，构建资源节约、环境友好且具有较强生态保育功能的可持续农业生产模式，显著提升小流域单元农业生产的环境质量，从而保障农产品生产环境的安全。

（1）生态沟面源污染生态拦截技术

因地制宜地利用集水区现有沟渠塘库生态系统（稻田排水/灌溉沟渠、农户生活污水排放沟渠、自然洼地等)，在雨污分流条件下构建适当规模的生态沟渠，主要利用沟渠中的水生植物对水体中的氮、磷等主要污染物进行有效拦截，以达到控制养分流失和实现再利用的目的。田间排水经过生态沟渠前段沉沙以后，水中的大颗粒悬浮物被拦截沉淀，而溶解态和悬移质颗粒态的氮、磷等营养物质可被沟渠中的水生植物拦截吸收或被底泥吸附，从而显著提升排水口的出水水质。

1）设计参数。生态沟的规模应根据汇水区内农田面积比例或者其他污染源状况来确定，同时应满足水力停留时间的要求，枯水期水力停留时间应为 4 ~ 6 天。生态沟面积占农田的比例宜根据试验资料确定，无试验资料时，可采用经验数据或下述推荐值：丘陵区取 0.2% ~0.3%，平湖区取 0.3% ~0.5%。生态沟比降应<1%，无论比降大小，沟底均应设置挡水坎，将生态沟分为多级。比降越大挡水坎间距越短。生态沟进水量较大或坡降较大时，要设置跌水坎等消能设施，一方面保障上游水深；另一方面防止流速过大对下游沟底产生冲刷。生态沟所有工程设计应符合国家和湖南有关部门（尤其是水利部门）关于建筑工程和水利工程设计的法律法规及规范。

2）主体工程建设要求。生态沟拦截沟断面一般应设计为倒梯形（图 6-12)，边坡坡度 1∶0.5 ~1∶1.2，深度根据实际情况确定，一般应<1.5m，沟底纵断面比降<1%。当土地面积不足时，在保证边坡稳定的前提下可以采用矩形断面。生态沟底部在一般地区应采取泥质土底，以利于水生植物生长，在喀斯特等易渗漏地区可参照《地下工程防水技术规范》(GB 50108—2008）标准对生态沟底部做防渗处理。生态沟应进行工程护坡。在满足沟坡稳定性基本要求的前提下，具体应根据污染源状况、原有沟渠断面情况、资金状况等选择适当的护坡类型，具体可参照《室外排水设计规范》(GB 50014—2006)、《给水排水构筑物工程施工及验收规范》(GB 50141—2008)、《水土保持综合治理 技术规范小型蓄排引水工程》(GB/T 16453.4—2008）等室外排水沟相关标准执行。生态沟护坡应采用有一定透水度的护坡形式，主要类型有多孔水泥砖、自嵌式水泥砖、格宾、雷诺、生态袋等护坡形式。不同类型护坡形式及其适用条件可参考表 6-11。生态沟护坡坡脚应设基础防滑墙，岸坡基础应为素土夯实加砂垫层（厚度≥30mm）和反滤土工布（厚度≥2mm)。生态沟沟底应设挡水坎（图 6-13)，挡水坎间距一般为 15 ~20m，挡水坎高度 20 ~30cm。当生态沟落差较大时，挡水坎间距和高度可根据具体情况进行适当调整，保证枯水期沟底水深≥10cm。生态沟挡水坎应为砖混结构或者石垅（透水坝）结构，挡水坎底部为混凝土地基，下游应设置防冲设施。

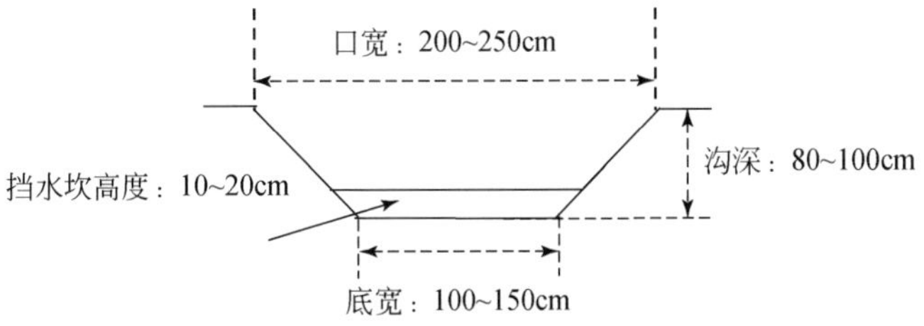

图 6-12　生态拦截沟断面示意图

表 6-11　生态沟护坡类型与适用条件

护坡类型	边坡坡度	主要参数	备注
多孔水泥砖	1：1～1：0.5	植草面积≥30%；厚度≥8cm	砼强度≥C25；开孔率≥30%
自嵌式水泥砖	1：0.8～1：0.5	植草面积≥30%；厚度≥8cm	砼强度 C25
格宾	1：0.2～1：0	宽度≥50cm	
雷诺	1：1.2～1：1	碎石厚度≥17cm	
生态袋	1：1～1：0.2	填装生土	材质抗紫外线

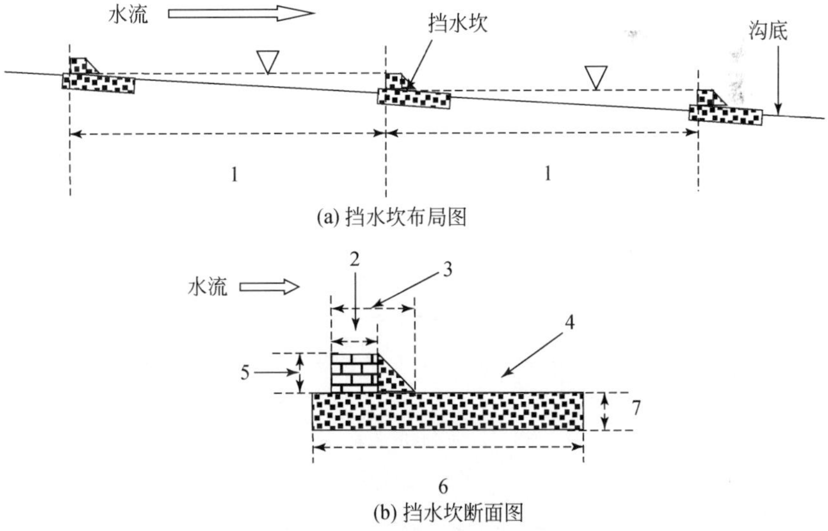

图 6-13　挡水坎设计示意图

1-挡水坎间距 1　5-20m；2-挡水坎顶宽 16～20cm；3-挡水坎底宽 36～40cm；4-沟底；5-挡水坎高度 20～30cm；6-混凝土坎基长度 140～160cm；7-混凝土坎基厚度 18～22cm

3）生态拦截植物选择与种植。生态沟宜选择耐污能力强、根系发达、生物量大、去污效果好、有一定经济价值、容易管护的植物，物种选择以本土植物和确认生态安全的水生植物为主。生态沟不同部位植物种类选择及栽植条件可参考表6-12，不同污染类型下生态沟植物的配置模式可参考表6-13。生态沟可以选用一种或几种植物作为优势种搭配栽种，应适当选择冬季常绿植物，以保障冬季处理效果，同时可增加植物多样性和景观效果。在有行洪功能的生态沟中不得种植浮水植物或设置生态浮岛。生态沟植物的栽种移植包括根芽幼苗移植、种子繁殖、盆栽移植以及营养体种植等。生态沟植物种植的适宜时间为春季。

表6-12　生态沟适宜栽培的主要植物类型及应用范围

类型		植物种名（拉丁学名）	适宜范围	栽植密度或盖度	备注
水生植物	挺水	达香蒲（*Typha davidiana*）、菖蒲（*Acorus calamus*）、石菖蒲（*Acorus tatarinowii*）、黄菖蒲（*Iris pseudacorus*）、水芹（*Oenanthe javanica*）、荷花（*Nelumbo nucifera*）、梭鱼草（*Pontederia cordata*）、灯心草（*Juncus effusus*）、纸莎草（*Cyperus papyrus*）、风车草（*Cyperus involucratus*）、泽泻（*Alisma plantago- aquatica*）、水生美人蕉（*Canna generalis*）、黑三棱（*Sparganium stoloniferum*）、千屈菜（*Lythrum salicaria*）、再力花（*Thalia dealbata*）、旱伞草（*Cyperus alternifolius*）、慈菇（*Sagittaria trifolia*）、茭草（*Zizania caduciflora*）、铜钱草（*Hydrocotyle vulgaris*）、荸荠（*Heleocharis dulcis*）	沟底与岸脚	栽植密度 9～25（株/芽）/m²	石菖蒲、水芹、风车草以及纸莎草为冬绿植物
	浮水	绿狐尾藻（*Myriophyllum elatinoides*）、水蕹菜（*Ipomoea aquatica*）	水面	盖度 20%～30%	水流缓慢区域
	浮叶	睡莲（*Nymphaea tetragona*）、荇菜（*Nymphoides peltata*）、丘角菱（*Trapa japonica*）、莼菜（*Brasenia schreberi*）、中华萍蓬草（*Nuphar sinensis*）、芡实（*Euryale ferox*）	沟底	栽植密度 3～9（株/芽）/m²	长期淹水区域
	沉水	狐尾藻（*Myriophyllum verticillatum*）、苦草（*Vallisneria spiralis*）、菹草（*Potamogeton ocrispus*）	沟底	栽植密度 3～9（株/芽）/m²	长期淹水区域
湿生植物		美人蕉（*Canna* indica）、野芋（*Colocasia antiquorum*）、鱼腥草（*Houttuynia cordata*）、香根草（*Vetiveria zizanioides*）	沟坡下部	栽植密度 6～15（株/芽）/m²	常水位以下
陆生植物		龙须草（*Eulaliopsis binata*）、狗牙根（*Cynodon dactylon*）、北黄花菜（*Hemerocallis lilioasphodelus*）、黑麦草（*Lolium perenne*）、皇竹草（*Pennisetum sinese*）、矮象草（*Pennisetum purpureum*）、桂牧一号（*Pennisetum americanum* × *P. purpureum*）× *P. durpureum schum. cv. Guimu No.* 1）、百喜草（*Paspalum notatum*）；白三叶草（*Trifolium repens*）	沟坡上部	盖度 40%～50%	常水位以上

表 6-13　几种生态沟植物配置模式及应用条件

主要污染物	护坡植物	沟内植物配置模式	备注
泥沙+氮磷	黄花菜、狗牙根、桂牧一号、三叶草	1）茭白-梭鱼草-水芹 2）香蒲-梭鱼草-水蕹菜 3）旱伞草-梭鱼草-石菖蒲	护坡植物可选一种或几种。下同
农田氮磷	百喜草、狗牙根、黑麦草		
农田氮为主	桂牧一号/矮象草/皇竹草	1）茭白-梭鱼草-水芹 2）旱伞草-梭鱼草-绿狐尾藻 3）水生美人蕉-梭鱼草-绿狐尾藻	绿狐尾藻仅用于湿地或固定式浮床；下同
农田磷为主	三叶草、狗牙根	1）纸莎草-黑三棱-香菇草/水芹 2）纸莎草-黑三棱-绿狐尾藻	
高氮磷（生活污水/养殖废水）	桂牧一号、矮象草、皇竹草	1）梭鱼草-绿狐尾藻 2）黄菖蒲-梭鱼草-水蕹菜 3）风车草-梭鱼草-水蕹菜	必须配置生态湿地

注：表中植物配置模式分别表示生态沟的前段、中段和后段应该种植的植物种类；生态沟中一般不专门种植沉水植物

图 6-14 为在长沙县金井镇脱甲村构建的绿狐尾藻生态沟渠示范工程，该工程长 400m，平均宽度 200cm，控制集水区面积约 1.2km^2，近 3 年的监测结果表明，该生态沟渠对农业面源物全氮和全磷的平均去除达 80%，出水水质接近地表水Ⅲ类（GB 3838—2002），效果良好。

图 6-14　生态沟渠

(2) 生态湿地污染消纳技术

在流域集水区末端建设生态湿地，进一步拦截消纳来源于上游生态沟渠未能完全拦截消纳的水体氮磷污染物，实现水质的综合提升，大幅度降低农田氮磷排放对下游水体的影响。湿地选址优先利用流域出口的池塘或低洼地，湿地面积按 $500m^2/km^2$ 汇水区比例设计，湿地建设最好在 3 级以上。湿地内种植多年生、生物量大、再生能力强的水生植物，南方地区优先选用绿狐尾藻等浮水植物。有条件的在其中兼顾放养耐污能力强的鲤、鲫等本地鱼种，构建成生态净化湿地。定期收获的绿狐尾藻还可以用于加工畜禽饲料，从而实现有机物的资源化利用（图 6-15）。

图 6-15 绿狐尾藻收获、加工及利用实景图

以绿狐尾藻为主的生态湿地对污染削减效果显著。长沙地区的应用实例证明，绿狐尾藻生态湿地技术可将农田排水为主的污水净化到地表水Ⅲ类；对分散性农村生活污水的处理效果可达到城镇污水处理排放一级 A 类标准；湿地系统还可对污水中残留的四环素、奎洛酮类、磺胺类等抗生素进行有效去除，去除率均在 94% 以上（表 6-14），能有效控制抗生素这一新型污染物的迁移扩散。

表 6-14 绿狐尾藻湿地系统对四环素、奎洛酮类、磺胺类等抗生素的去除效果

抗生素种类	污染物含量/(μg/L)		去除率/%
	湿地进水	湿地出水	
土霉素	10.44	0.22	97.8
四环素	5.92	0.33	94.4

续表

抗生素种类	污染物含量/(μg/L)		去除率/%
	湿地进水	湿地出水	
金霉素	16.79	0.59	96.4
氯霉素	6.42	0.02	99.7
环丙沙星	6.77	0.02	99.7
磺胺醋酰	1.29	0.05	96.1
磺胺嘧啶	21.31	0.04	99.8
甲氧苄啶	63.16	—	100.0
磺胺二甲嘧啶	7.48	0.06	99.2
磺胺间甲氧嘧啶	6.30	—	100.0

注：“—”指含量低于仪器检测下限

(3) 生态湿地综合养殖技术

在流域下流建设多级生态湿地，在水质改善到一定程度以后，其中部分湿地可用于种植有一定经济价值的水生植物，或开展水产养殖，即生态湿地综合种养。特别是利用末端绿狐尾藻生态湿地开展水产养殖。绿狐尾藻生态湿地可进行水产养殖的优势在于：①绿狐尾藻本身在消纳水体污染物的同时，也不断向水体大量泌氧，可以显著增加自然水体的溶氧浓度，从而有利于鱼类等浮游动物以及底栖动物的生存，促进水体良好生态系统的构建；②水体溶氧的增加也直接加速了水体有机污染物的降解，从而降低了水体化学需氧量。

在长沙地区开展的技术研发试验表明，在绿狐尾藻生态塘养殖黄鳝和大闸蟹的（中华绒螯蟹）生态效益和经济效益均十分显著，其中黄鳝饲养于以绿狐尾藻为介质的网箱中（图 6-16），用外购蚯蚓、杂鱼饲料喂养；大闸蟹养殖于集水区末端的绿狐尾藻生态塘内（图 6-16），主要以湿地内分布较多的底栖动物螺蛳为食，前期可以适当补充部分植物性饵料（如玉米等）。由于绿狐尾藻湿地对氮磷污染的强力消纳能力，绿狐尾藻湿地养殖黄鳝和大闸蟹不会增加水体污染物负荷，并且末端绿狐尾藻湿地养殖黄鳝和大闸蟹的收入显著高于一般水稻种植的收益。根据 2015 ~ 2016 年的试验示范结果，每亩湿地的黄鳝产量为 443kg、大闸蟹产量为 180kg，按市场均价黄鳝 60 元/kg、大闸蟹 90 元/kg 销售，扣除成本后折合利润为：黄鳝 1.1 万 ~ 1.2 万元/亩，大闸蟹 0.9 万 ~ 1.1 万元/亩。

(a) 生态塘（螃蟹塘）　(b)中华绒螯蟹

(c) 生态塘（鳝鱼塘）　(d)鳝鱼

图 6-16　生态湿地黄鳝和螃蟹养殖试验

主要参考文献

陈希，周脚根，李希，等 . 2017. 洞庭湖生态经济区养猪业污染物排放时空格局分析 . 农业现代化研究，38（2）：291-297.

崔晓峰，丁效东，李淑仪，等 . 2012. 叶面施硅和铈对缓解生菜镉、铅毒害作用的研究 . 安全与环境学报，12（5）：7-12.

韩增，王美慧，周脚根，等 . 2017. 亚热带丘陵小流域氮平衡及调控对策 . 农业环境科学学报，36（4）：743-752.

焦军霞，杨文，王美慧，等 . 2015. 亚热带红壤丘陵区浅层地下水氮淋失特征研究 . 环境科学学报，35（7）：2193-2201.

焦军霞，周脚根，杨文，等 . 2017. 亚热带小流域浅层地下水不同形态氮含量的时空变异特征. 农业环境科学学报，36（8）：1573-1582.

刘传平，徐向华，廖新荣，等 . 2013. 叶面喷施硅铈复合溶胶对水东芥菜重金属含量及其他品质的影响 . 生态环境学报，6：1053-1057.

刘锋，罗沛，刘新亮，等 . 2018. 绿狐尾藻生态湿地处理污染水体的研究评述 . 农业现代化研究，39（6）：1020-1029.

刘吉振，徐卫红，王慧先，等 . 2011. 硅对不同辣椒品种生理特性、镉积累及化学形态的影响.

中国蔬菜，1（10）：69-75.
刘俊 . 2014. 镧、硒对镉胁迫下番茄、黄瓜产量品质及 Cd 含量的调控作用 . 重庆：西南大学硕士学位论文 .
刘荣乐，李书田，王秀斌，等 . 2005. 我国商品有机肥料和有机废弃物中重金属的含量状况与分析 . 农业环境科学学报，24（2）：392-397.
孟岑，李裕元，许晓光，等 . 2013. 亚热带流域氮磷排放与养殖业环境承载力实例研究 . 环境科学学报，33（2）：635-643.
宋立芳，王毅，吴金水，等 . 2014. 水稻种植对中亚热带红壤丘陵区小流域氮磷养分输出的影响 . 环境科学，35（1）：150-156.
王美慧，周脚根，韩增，等 . 2016. 亚热带典型小流域磷收支及流失特征对比研究 . 自然资源学报，31（2）：321-330.
吴金水，等 . 2010. 城郊环境保育农业理论与实践 . 北京：科学出版社 .
吴金水，李勇，李裕元，等 . 2018. 亚热带区域农业面源污染流域源头防控机理与技术示范 . 农业现代化研究，39（6）：1009-1019.
杨林章，施卫明，薛利红，等 . 2013. 农村面源污染治理的“4R”理论与工程实践——总体思路与“4R”治理技术 . 农业环境科学学报，32（1）：1-8.
杨文，周脚根，焦军霞，等 . 2015. 亚热带丘陵小流域土壤有效磷空间变异与淋失风险研究 . 环境科学学报，35（2）：541-549.
岳振华，张富强，胡瑞芝，等 . 1992. 菜园土中重金属和氟的迁移累积及蔬菜对重金属的富集作用 . 湖南农业大学学报，4：929-937.
张翠翠，常介田，赵鹏 . 2013. 叶面施硒对西瓜镉和铅积累的影响 . 华北农学报，28（3）：159-163.
张丽霞，梁利芳，陈超球 . 2001. Nd（Ⅲ）及其配合物对重金属镉污染植物的缓解作用 . 广西师范学院学报（自然科学版），18（4）：47-49.
张树清，张夫道，刘秀梅，等 . 2005. 规模化养殖畜禽粪主要有害成分测定分析研究 . 植物营养与肥料学报，11（6）：116-123.
章明奎，倪中应，沈倩 . 2017. 农作物重金属污染的生理阻控研究进展 . 环境污染与防治，39（1）：96-101.
赵小蓉，杨谢，陈光辉，等 . 2010. 成都平原区不同蔬菜品种对重金属富集能力研究 . 西南农业学报，23（4）：1142-1146.
Arthur E，Crews H，Morgan C. 2000. Optimizing plant genetic strategies for minimizing environmental contamination in the food chain. International Journal of Phytoremediation，2（1）：1-21.
Fismes J，Echevarria G，Leclerc- Cessac E，et al. 2005. Uptake and transport of radioactive nickel and cadmium into three vegetables after wet aerial contamination. Journal of Environmental Quality，34（5）：1497-1507.
Guo G，Zhou Q，Ma L Q. 2006. Availability and assessment of fixing additives for the in situ remediation of heavy metal contaminated soils：a review. Environmental Monitoring and Assessment，116（3）：513-528.

Hakanson L. 1980. An ecological risk index for aquatic pollution control. a sedimentological approach. Water Research, 14 (8): 975-1001.

Li Y Y, Jiao J X, Wang Y, et al. 2015. Characteristics of nitrogen loading and influencing factors in agricultural watersheds of subtropical China. Environmental Science and Pollution Research, 22: 1831-1840.

Li Y Y, Meng C, Gao R, et al. 2014. Study on phosphorus loadings in ten natural and agricultural watersheds in subtropical region of China. Environmental Monitoring and Assessment, 186: 2717-2727.

Luo Q, Li Y, Li Y Y, Liu X L, et al. 2015. Spatio- temporal variability of shallow groundwater quality in a Hilly Red-Soil Agricultural Catchment in Subtropical Central China. International Journal of Geosciences, 6: 1-11.

Meng C, Li Y Y, Wang Y, et al. 2015. TMDL of phosphorus and influencing factors in subtropical watersheds in southern China. Environmental Monitoring and Assessment, 187 (8): 1-15.

Muller G. 1969. Index of geoaccumulation in sediments of the Rhine River. Geojournal, 2 (3): 109-118.

Swaine D J. 2000. Why trace elements are important. Fuel Processing Technology, 65- 66 (1): 21-33.

Wang Y, Li Y, Li Y, et al. 2015. Intensive rice agriculture deteriorates the quality of shallow groundwater in a typical agricultural catchment in subtropical central China. Environmental Science and Pollution Research, 22: 13278-13290.

Wang Y, Li Y, Liu F, et al. 2014. Linking rice agriculture to nutrient chemical composition, concentration and mass flux in catchment streams in subtropical central China. Agriculture, Ecosystems and Environment, 184: 9-20.